ANDREAS MARKUS MAYR

Schiedsvereinbarung und Privatrecht

Schriften zum Prozessrecht

Band 255

Schiedsvereinbarung und Privatrecht

Zu der Rechtsnatur und den Wirkungen
der Schiedsvereinbarung

Von

Andreas Markus Mayr

Duncker & Humblot · Berlin

Die Juristische Fakultät
der Eberhard Karls Universität Tübingen
hat diese Arbeit im Wintersemester 2017/2018
als Dissertation angenommen.

Bibliografische Information der Deutschen Nationalbibliothek

Die Deutsche Nationalbibliothek verzeichnet diese Publikation in
der Deutschen Nationalbibliografie; detaillierte bibliografische Daten
sind im Internet über http://dnb.d-nb.de abrufbar.

D 21
Alle Rechte vorbehalten
© 2019 Duncker & Humblot GmbH, Berlin
Satz: Klaus-Dieter Voigt, Berlin
Druck: CPI buchbücher.de GmbH, Birkach
Printed in Germany

ISSN 0582-0219
ISBN 978-3-428-15584-2 (Print)
ISBN 978-3-428-55584-0 (E-Book)
ISBN 978-3-428-85584-1 (Print & E-Book)

Gedruckt auf alterungsbeständigem (säurefreiem) Papier
entsprechend ISO 9706 ♾

Internet: http://www.duncker-humblot.de

Vorwort

Diese Arbeit entstand während meiner Zeit als Mitarbeiter am Lehrstuhl für Bürgerliches Recht, Internationales Privatrecht und Rechtsvergleichung der Universität Tübingen. Mein ganz herzlicher Dank gilt zuvorderst meinem Lehrer und Doktorvater, Herrn Professor Dr. Martin Gebauer. Sein Interesse und Zuspruch, sein Verständnis, seine allzeitige Hilfsbereitschaft und nicht zuletzt seine Geduld haben mich immer wieder aufs Neue zu diesem Projekt motiviert. Auch für die vielen Jahre, die ich als Mitarbeiter an seinem Lehrstuhl verbringen durfte und für den Freiraum, der mir dort im Rahmen meiner Promotion gewährt wurde, möchte ich mich ganz herzlich bedanken. Mein Dank gilt ferner Herrn Professor (em.) Dr. Dres. h. c. Harm Peter Westermann für die zügige Erstellung des Zweitgutachtens.

Mein größter Dank gilt an dieser Stelle meiner Familie, insbesondere meinen Eltern Katinka und Claus Mayr, meiner Lebensgefährtin Dilnaz Alhan und meinen engsten Freunden und Wegbegleitern, insbesondere Maik Fleuter. Sie haben mir nicht nur während meiner Promotion, sondern während meiner gesamten Ausbildung unterstützend zur Seite gestanden und mich in meinen Plänen bestärkt. Diese Arbeit wäre ohne sie nicht möglich gewesen und ist ihnen allen gewidmet.

Mein Dank gilt auch dem gesamten Lehrstuhlteam, das durch eine gute Arbeitsatmosphäre und fachlich konstruktive Anregungen zum Gelingen der Arbeit beigetragen hat. Darüber hinaus möchte ich mich auch bei Rechtsanwalt *Dr. Axel Sigle* (CMS Hasche Sigle) bedanken, der mir bereits promotionsbegleitend Einblicke in die anwaltliche Praxis ermöglicht hat.

Stuttgart, im Juni 2019   *Andreas Mayr*

Inhaltsverzeichnis

Kapitel 2

Die Qualifikation verfahrensbezogener Verträge 48

Kapitel 3

**Untersuchung und Qualifikation der einzelnen Elemente
der Schiedsvereinbarung** 86

Abkürzungsverzeichnis

a.	auch
A. A.	andere Ansicht
a. a. O.	am angegebenen Ort
AcP	Archiv für die civilistische Praxis
a. F.	alte Fassung
abl.	ablehnend/er
Abs.	Absatz
AG	Amtsgericht
ABGB	Allgemeines Bürgerliches Gesetzbuch
ALR	Allgemeines Landrecht für die Preußischen Staaten
Anm.	Anmerkung
Aufl.	Auflage
AWD	Außenwirtschaftsdienst des Betriebs-Beraters
BayObLG	Bayerisches Oberstes Landesgericht
BB	Betriebs-Berater
BeckRS	Beck-online Rechtsprechung
Begr.	Begründung
Beschl.	Beschluss
betr.	betreffende/r
BGB	Bürgerliches Gesetzbuch
BGBl.	Bundesgesetzblatt
BGE	Amtliche Sammlung der Entscheidungen des Schweizerischen Bundesgerichts
BGH	Bundesgerichtshof
BGHZ	Entscheidungen des Bundesgerichtshofs in Zivilsachen
BReg	Bundesregierung
bspw.	beispielsweise
BT-Drucks.	Bundestagsdrucksache
bzw.	beziehungsweise
CDRP	Canadian Dispute Resolution Rules and Procedures (Including Arbitration and Mediation)
CIETAC	China International Economic and Trade Arbitration Commission
CIETAC Rules 2015	Schiedsgerichtsordnung der CIETAC
CPO	Civilprozeßordnung
DIS	Deutsche Institution für Schiedsgerichtsbarkeit e. V.
DIS-Datenbank	Datenbank der Deutschen Institution für Schiedsgerichtsbarkeit e. V., abzurufen unter: http://www.dis-arb.de

EGBGB	Einführungsgesetz zum Bürgerlichen Gesetzbuche
Einf.	Einführung
Entsch.	Entscheidung
EuGH	Europäischer Gerichtshof
EuGVÜ	(Europäisches) Übereinkommen über die gerichtliche Zuständigkeit und die Vollstreckung gerichtlicher Entscheidungen in Zivil- und Handelssachen vom 27.9.1968
EuGVVO	Verordnung (EU) Nr. 1215/2012 des Europäischen Parlaments und des Rates vom 12. Dezember 2012 über die gerichtliche Zuständigkeit und die Anerkennung und Vollstreckung von Entscheidungen in Zivil- und Handelssachen
EuGVVO a. F.	Verordnung (EG) Nr. 44/2001 des Rates vom 22.12.2000 über die gerichtliche Zuständigkeit und die Anerkennung und Vollstreckung von Entscheidungen in Zivil- und Handelssachen
EuÜ	Europäisches Übereinkommen über die internationale Handelsschiedsgerichtsbarkeit vom 21.4.1961
FamRZ	Zeitschrift für das gesamte Familienrecht
GG	Grundgesetz
ggf.	gegebenenfalls
GPR	Zeitschrift für das Privatrecht der Europäischen Union
Grdz	Grundzüge
h. M.	herrschende Meinung
Hrsg.	Herausgeber
ICC	International Chamber of Commerce
i. d. F. v.	in der Fassung vom
i. E.	im Ergebnis
IDRP	International Dispute Resolution Procedures (Including Mediation and Arbitration Rules)
insb.	insbesondere
InsO	Insolvenzordnung
IPRax	Praxis des Internationalen Privat- und Verfahrensrechts
i. S. d.	im Sinne des
jdf.	jedenfalls
JZ	JuristenZeitung
Kap.	Kapitel
Kor.	Korinther
krit.	kritisch/er
KTS	Konkurs-, Treuhand- und Schiedsgerichtswesen
LCIA	London Court of International Arbitration
LCIA Rules 2014	Schiedsgerichtsordnung des LCIA
LG	Landesgericht
LugÜ	Lugano Übereinkommen über die gerichtliche Zuständigkeit und die Vollstreckung gerichtlicher Entscheidungen in Zivil- und Handelssachen vom 16. September 1988

m. Anm.	mit Anmerkung
MDR	Monatsschrift für Deutsches Recht
m. E.	meines Erachtens
m.w. N.	mit weiteren Nachweisen
m. z. N.	mit zahlreichen Nachweisen
Mot.	Motiv
n. F.	neue Fassung
NJOZ	Neue Juristische Online-Zeitschrift
NJW	Neue Juristische Wochenschrift
O.J.	Official Journal of the European Union
OLG	Oberlandesgericht
pr.	*principium*
RegBegrE	Begründung zum Gesetzentwurf der Bundesregierung
RG	Reichsgericht
RGZ	Entscheidungen des Reichsgerichts in Zivilsachen
RIW	Recht der Internationalen Wirtschaft
Rn.	Randnummer
Rom I-VO	Verordnung (EG) Nr. 593/2008 des Europäischen Parlaments und des Rates vom 17. Juni 2008 über das auf vertragliche Schuldverhältnisse anzuwendende Recht (Rom I)
Rom II-VO	Verordnung (EG) Nr. 864/2007 des Europäischen Parlaments und des Rates vom 11. Juli 2007 über das auf außervertragliche Schuldverhältnisse anzuwendende Recht („Rom II")
Rspr.	Rechtsprechung
S.	Satz
s. a.	siehe auch/siehe aber/so auch/so aber
s. o.	siehe oben
SAKIG	Schiedsgericht der Polnischen Wirtschaftskammer (Sąd Arbitrażowy przy Krajowej Izbie Gospodarczej w Warszawie)
SAKIG Rules 2015	Schiedsgerichtsordnung der Polnischen Wirtschaftskammer 2015
SchiedsVfG	Gesetz zur Neuregelung des Schiedsverfahrensrechts, BGBl. 1997 I, 3224
SchiedsVZ	Zeitschrift für Schiedsverfahren
st. Rspr.	ständige/r Rechtsprechung
IPRG	Schweizerisches Bundesgesetz über das Internationale Privatrecht
sog.	sogenannt/e/r
u.	und
UNCITRAL	United Nations Commission on International Trade Law (Kommission der Vereinten Nationen für internationales Handelsrecht)
UNCITRAL-ML	UNCITRAL Model Law on International Commercial Arbitration 1985 – With amendments as adopted in 2006 (Modellgesetz über die Internationale Handelsschiedsgerichtsbarkeit)

UNÜ	New Yorker UN-Übereinkommen über die Anerkennung und Vollstreckung ausländischer Schiedssprüche vom 10.6.1958
UrhWahrnG	Urheberrechtswahrnehmungsgesetz
Urt.	Urteil
v.	vom/von
v. Chr.	vor Christus
VerwArch	Verwaltungsarchiv
vgl.	vergleiche
Vorbem	Vorbemerkung
VwVfG	Verwaltungsverfahrensgesetz
z. T.	zum Teil
ZPO	Zivilprozessordnung
zust.	zustimmend
ZZP	Zeitschrift für Zivilprozess

Einleitung

Diese Arbeit widmet sich der Rechtsnatur und den Wirkungen der Schiedsvereinbarung. Sie macht damit ein Rechtsinstitut zum Gegenstand ihrer Betrachtung, das sich auf der Grenze zwischen Privat- und Prozessrecht zu befinden scheint. Denn einerseits mag die Schiedsvereinbarung Rechte und Pflichten zwischen den Parteien begründen, andererseits erscheint sie als prozessnaher oder prozessbezogener Vertrag[1], der die Unzuständigkeit der staatlichen Gerichte und die Zuständigkeit des Schiedsgerichts bewirkt. Und tatsächlich haben sich die Ansichten über die Rechtsnatur der Schiedsvereinbarung nicht nur über die Jahrhunderte stark gewandelt, ihre Qualifikation ist bis heute umstritten.[2] Zwar wird die Schiedsgerichtsbarkeit heutzutage ganz allgemein auch als „private Gerichtsbarkeit" bezeichnet, dennoch wird sie terminologisch überwiegend mit prozessualen Begriffen erfasst.[3] Dies lässt freilich keine Rückschlüsse auf ihre Rechtsnatur zu.[4] Es handelt sich allenfalls um eine begriffliche Abgrenzung zur staatlichen Gerichtsbarkeit.[5]

Während die Schiedsvereinbarung bis zum Anfang des 19. Jahrhunderts überwiegend als materiellrechtlicher Vertrag galt, wird sie von der heute herrschenden Meinung prozessrechtlich qualifiziert, also als Prozessvertrag angesehen. Ausschlaggebend für diese Wende war insbesondere, dass die grundsätzliche Anwendbarkeit des Privatrechts einschließlich des Internationalen Privatrechts auf Prozessverträge überwiegend anerkannt wurde und damit einer der Hauptgründe für die privatrechtliche Qualifikation entfiel. Damit wurde gleichermaßen die Relevanz einer Abgrenzung privatrechtlicher und prozessrechtlicher Verträge in Frage gestellt. Und tatsächlich wird der Streit um die Rechtsnatur teilweise als akademisch und für die Praxis letztlich bedeutungslos angesehen[6], denn es be-

---

[1] *Stacher,* S. 7 ff.; *Wagner,* S. 11 ff.

[2] Dieser Streit ist eingebettet in die umfassendere Diskussion um die Rechtsnatur der Schiedsgerichtsbarkeit insgesamt, vgl. *Solomon,* S. 288 f. m.w. N. Vgl. a. *Lionnet/Lionnet,* S. 48 ff.

[3] *Solomon,* S. 295 m. Fn. 32 m.w. N.

[4] Ähnlich *Solomon,* S. 295 Fn. 32: „wenig hilfreich". Ähnlich *Lorenz,* AcP 157 (1958), 265, 292 f. mit Fn. 83.

[5] So auch *Schäfer,* S. 107 f.

[6] Bereits *Henckel,* S. 37. Ebenso *Trittman/Hanefeld,* in: Arbitration in Germany, § 1029 Rn. 7 (S. 97); *Ebbing,* S. 127; *Schlosser,* Parteihandeln, S. 91; *ders.,* in: Stein/Jonas, Band 10, vor § 1025 Rn. 4; *Berger,* S. 73, der die Diskussion um die Rechtsnatur der Schiedsgerichtsbarkeit als „müßig" bewertet. A. A. *Solomon,* S. 300 f.; *Habscheid,* KTS 1955, 33, 33; *Schiedermair,* ZZP 1961, 142, 143. A. A. auch für die Abgrenzung

stünde jedenfalls Einigkeit darüber, dass eine Schiedsvereinbarung materiell-rechtliche Pflichten begründe. Dennoch widmet sich die vorliegende Arbeit der Rechtsnatur der Schiedsvereinbarung, wobei auf die Notwendigkeit einer rechtlichen Qualifikation an späterer Stelle noch zurückzukommen ist.

Die Arbeit verfolgt jedoch noch ein zweites Ziel: Neben der Rechtsnatur sollen auch die durch den Abschluss einer Schiedsvereinbarung ausgelösten Wirkungen untersucht werden. Und wie sich zeigen wird, bedingen sich beide Ziele gegenseitig, denn die Bestimmung der Rechtsnatur der Schiedsvereinbarung kann nicht ohne eine Bestimmung ihrer Wirkungen gelingen.

Bei der Untersuchung der Wirkungen der Schiedsvereinbarung steht ihre Verpflichtungswirkung im Vordergrund. Diese ist nicht nur mitentscheidend für die rechtliche Qualifikation der Schiedsvereinbarung, sie gibt auch Aufschluss über zahlreiche praxisrelevante Fragen: Welche Pflichten treffen die Parteien einer Schiedsvereinbarung? Können diese Pflichten klageweise durchgesetzt werden? Welche Folgen hat der Verstoß gegen eine solche Pflicht? Im Zuge der stetig wachsenden Bedeutung der Schiedsgerichtsbarkeit und der steigenden Anzahl der national wie international geführten Schiedsverfahren[7] verlangt nicht nur die Wissenschaft, sondern gerade die Praxis nach Antworten auf diese Fragen. Und dies gilt ganz unabhängig von der – möglicherweise nur wissenschaftlich relevanten – Frage nach der Rechtsnatur der Schiedsvereinbarung und der aus ihr resultierenden Pflichten.

Welche Rechtsnatur die Schiedsvereinbarung hat, welche Wirkungen ihr zukommen, insbesondere welche Verpflichtungen sie für die Parteien begründet, wird die folgende Untersuchung zeigen.

I. Gang der Untersuchung

Der stete Wandel, dem die Terminologie in Bezug auf die Schiedsgerichtsbarkeit – insbesondere in Bezug auf die Schiedsvereinbarung – unterlag und teilweise immer noch unterliegt, macht es unumgänglich, diese Entwicklungen kurz darzustellen und die in dieser Arbeit verwendete Terminologie klarzustellen. Unerlässlich erscheint auch eine thematische Eingrenzung der nachfolgenden Untersuchung.

---

verwaltungsrechtlicher und privatrechtlicher Verträge, vgl. *Wolff/Bachof/Stober/Kluth,* § 54 Rn. 30.

[7] *Leisinger,* S. 25; *Linke/Hau,* Rn. 11.38; *Elsing,* RIW Beil. 3 2002, 19; *Böckstiegel,* SchiedsVZ 2009, 3; *Hoffmann,* SchiedsVZ 2010, 96; *Wilske/Markert/Bräuninger,* SchiedsVZ 2017, 49, 50; *Wilske/Markert/Bräuninger,* SchiedsVZ 2016, 127, 128; *Wilske/Markert/Bräuninger,* SchiedsVZ 2015, 49, 50; *Wilske/Markert/Bräuninger,* SchiedsVZ 2014, 49, 51; *Wilske/Markert,* SchiedsVZ 2013, 96, 97 f.; *Wilske/Markert,* SchiedsVZ 2012, 58, 58 f.; *Wilske/Markert,* SchiedsVZ 2011, 57, 58; *Markert/Wilske,* SchiedsVZ 2010, 62, 62 f. Die steigende Bedeutung bestätigen auch die zahlreichen Reformen im Bereich der Schiedsverfahrensgesetze, vgl. *Leisinger,* S. 26.

Im ersten Kapitel soll zunächst ein Überblick über die Entwicklung des Verständnisses von der Rechtsnatur der Schiedsvereinbarung vermittelt werden, um den Leser zu dem heutigen Diskussionsstand und damit gleichzeitig zum Ausgangspunkt der Untersuchung zu führen. Hierzu werden die verschiedenen Theorien zur Rechtsnatur der Schiedsvereinbarung dargestellt und sowohl zeitgeschichtlich als auch dogmatisch eingeordnet.

Das zweite Kapitel widmet sich der Methode der Qualifikation verfahrensbezogener Verträge. Hierzu werden die möglichen Qualifikationskriterien auf ihre Tauglichkeit hin untersucht und eine geeignete Qualifikationsmethode herausgearbeitet. Vorab soll aber auch der umstrittenen Frage nach Nutzen bzw. Notwendigkeit einer solchen Qualifikation nachgegangen werden.

Die im zweiten Kapitel gefundene Qualifikationsmethode soll dann auf die Schiedsvereinbarung angewendet werden. Wie sich zeigen wird, ist es hierzu notwendig, die einzelnen Wirkungen der Schiedsvereinbarung herauszuarbeiten und einzeln zu untersuchen. Die geschieht im dritten Kapitel, in welchem zunächst der genaue Untersuchungsgegenstand – die Muster-Schiedsvereinbarung – definiert wird und im Folgenden sowohl die Gestaltungs- als auch die Verpflichtungswirkungen einzeln untersucht werden. Die Rechtsnatur der einzelnen Wirkungen stellt in diesem Rahmen nur eine Teilfrage dar, denn in Bezug auf die aus einer Schiedsvereinbarung resultierenden Pflichten sollen insbesondere deren Klagbarkeit und die Möglichkeit privatrechtlicher Folgen, wie Kündigung oder Schadenersatz, geklärt werden.

Die Arbeit schließt mit einer Schlussbetrachtung, in welcher die wesentlichen Ergebnisse zusammengefasst und in ein Gesamtergebnis übertragen werden.

II. Begriffsbestimmung und Eingrenzung

Die Terminologie in Bezug auf die Schiedsvereinbarung unterlag einem steten Wandel. Die heutige ZPO, insbesondere in ihrer Ausgestaltung nach dem am 01.01.1998 in Kraft getretenen Gesetz zur Neuregelung des Schiedsverfahrensrechts vom 22.12.1997[8], spricht in § 1029 Abs. 1 ZPO von der Schiedsvereinbarung als „Vereinbarung der Parteien, alle oder einzelne Streitigkeiten, die zwischen ihnen in Bezug auf ein bestimmtes Rechtsverhältnis vertraglicher oder nichtvertraglicher Art entstanden sind oder künftig entstehen, der Entscheidung durch ein Schiedsgericht zu unterwerfen". Der Terminus „Schiedsvereinbarung" wird dabei als Oberbegriff verwendet, denn § 1029 Abs. 2 ZPO stellt klar, dass die Schiedsvereinbarung entweder „in Form einer selbständigen Vereinbarung (Schiedsabrede) oder in Form einer Klausel in einem Vertrag (Schiedsklausel) geschlossen werden" kann. Diese Differenzierung geht zurück auf Art. 7 Abs. 1

---

[8] BGBl. 1997 I, 3224.

S. 2 des UNCITRAL-ML, welches durch die Schiedsrechtsreform in den
§§ 1025 ff. ZPO umgesetzt wurde.[9] Vor dieser Reform sprachen die §§ 1025 ff.
ZPO aber ausschließlich und einheitlich von dem „Schiedsvertrag".[10] Die einheitliche Titulierung der Vereinbarung der Parteien, Rechtsstreitigkeiten von
einem Schiedsgericht entscheiden zu lassen, reicht zurück bis in das römische
Recht. Die Vereinbarung der Parteien über die schiedsgerichtliche Streitbeilegung wurde dort als „compromissum" bezeichnet. Diese Bezeichnung hielt sich
noch bis in das 19. Jahrhundert hinein.

In dieser Arbeit wird grundsätzlich der Begriff der „Schiedsvereinbarung" verwendet, daneben aber auch die Begriffe des „Schiedsvertrags" und des „compromissum". Gemeint ist jedoch stets dasselbe: die Vereinbarung der Parteien,
Rechtsstreitigkeiten von einem Schiedsgericht anstatt von einem staatlichen Gericht entscheiden zu lassen.[11]

Diese Arbeit bezieht sich auch nur auf Schiedsvereinbarungen, also auf echte
Schiedsgerichte[12] und Schiedsverfahren, die auf einer Vereinbarung der Parteien
basieren, nicht also auf außervertragliche und sondergesetzliche Schiedsgerichte.[13] Begutachtet werden nur die Wirkungen einer Schiedsvereinbarung zwischen
den unmittelbar daran beteiligten Parteien.[14] Zudem beschränkt sich die Untersuchung auf die reine Privatrechtssphäre, also auf Fälle, in denen der Hauptvertrag
zwischen den Parteien ein privatrechtlicher (und kein öffentlich-rechtlicher) ist
und eine Streitigkeit mangels Schiedsvereinbarung vor einem Zivilgericht (ordentlichen Gericht) in einem Zivilprozess entschieden würde. Folgerichtig wird
das Gegenstück zum Prozessvertrag daher im Rahmen dieser Untersuchung als
„privatrechtlicher" Vertrag und nicht als „materiell-rechtlicher" Vertrag bezeichnet.[15] Der exakte Untersuchungsgegenstand wird an späterer Stelle genauer definiert.[16]

---

[9] Beschlussempfehlung und Bericht des Rechtsausschusses, BT-Drucks. 13/9124,
S. 1 u. 44.

[10] Der Begriff der „Schiedsvereinbarung" wurde durch die Reform eingeführt, um
eine klare Abgrenzung vom Hauptvertrag zu ermöglichen, vgl. die Begründung der
Bundesregierung zum Entwurf des SchiedsVfG, BT-Drucks. 13/5274, S. 33. Kritisch
hierzu *Wagner*, S. 578 Fn. 108. Die Schiedsvereinbarung wird jedoch außerhalb des
10. Buches der ZPO weiterhin teilweise als Schiedsvertrag bezeichnet, bspw. in § 1822
Nr. 12 BGB, § 160 Abs. 2 Nr. 3 InsO und § 14 Abs. 7 UrhWahrnG. Hieraus ergeben sich
aber keine Konsequenzen – es handelt sich um bloße Redaktionsversehen, vgl. *Lachmann*, Rn. 263.

[11] Davon ist insbesondere der Schiedsrichtervertrag zu unterscheiden, den die Parteien mit dem/den Schiedsrichter/n abschließen, vgl. hierzu *Schwab/Walter*, Kap. 11;
Schäfer, S. 202 ff. Zu sonstigen Abgrenzungen vgl. *Schäfer*, S. 68 ff.

[12] Zu sog. unechten Schiedsgerichten vgl. *Lachmann*, Rn. 3.

[13] Hierzu *Henn*, Rn. 206 ff. Für die Schweiz: *Stacher*, S. 2.

[14] Siehe zur Bindung Dritter an die Schiedsvereinbarung *Gebauer*, FS Schütze,
S. 95 ff. mit umfangreichen Nachweisen.

[15] Ebenso *Stacher*, S. 2.

Auch wenn verschiedentlich das Kollisionsrecht beleuchtet wird, kann hier festgehalten werden, dass von der Anwendbarkeit der §§ 1025 ff. ZPO ausgegangen wird, also davon, dass das vereinbarte Schiedsgericht seinen Sitz in der Bundesrepublik Deutschland hat. Unabhängig davon ist die Frage, ob es sich um ein internationales Schiedsverfahren handelt, da die ZPO nicht zwischen nationalen und internationalen Schiedsverfahren differenziert.[17] Das UNCITRAL-ML, welches den §§ 1025 ff. ZPO als Vorlage diente, definiert in seinem Art. 1 Abs. 3 ein Schiedsverfahren als international, wenn die Parteien der Schiedsvereinbarung bei Abschluss dieser ihre Niederlassung in zwei verschiedenen Staaten haben oder sich der Schiedsort, der Erfüllungsort oder der Ort, mit dem der Gegenstand des Streits die engste Verbindung aufweist, außerhalb des Staates befindet, in welchem die Parteien ihre Niederlassungen haben.[18]

---

[16] Siehe Kap. 3 A.
[17] Anders bspw. in der Schweiz, vgl. Art. 1 u. 176 IPRG.
[18] s. a. *Schlosser*, Rn. 36 ff.; *Schroeder*, S. 18 ff.; *Redfern/Hunter*, Rn. 1.19 ff.

Kapitel 1

Stand der Diskussion über die Rechtsnatur der Schiedsvereinbarung

Bis heute ist die Rechtsnatur der Schiedsvereinbarung national wie international umstritten.[1] Insbesondere in Deutschland wurde der rechtlichen Natur der Schiedsvereinbarung nach Erlass der ZPO in einer Vielzahl von Veröffentlichungen nachgegangen.[2] 1999 veröffentlichte *Karl-Heinz Ziegler* in der Festschrift für *Hans Hermann Seiler* einen Beitrag, in welchem er „Geschichtliche und dogmatische Aspekte des Schiedsvertrages" nachzeichnete. Er unternahm hierin den Versuch, „scheinbar feste Positionen der gegenwärtigen Prozeßrechtsdogmatik mit einem nachdrücklichen Fragezeichen zu versehen", indem er die materiellrechtliche Herkunft der Schiedsvereinbarung betonte.[3] Im Folgenden sollen die verschiedenen zur Rechtsnatur der Schiedsvereinbarung vertretenen Theorien dargestellt und ihre Ursprünge und Entwicklungen nachgezeichnet werden.

A. Die materiellrechtliche Theorie

Bis in das 20. Jahrhundert hinein wurde die Schiedsvereinbarung als materiellrechtlicher Vertrag angesehen.

I. Ursprung und Entwicklung (des Verständnisses von) der Rechtsnatur der Schiedsvereinbarung

1. Das compromissum des römischen Rechts

Ebenso wie die Geburtsstunden der ordentlichen Gerichtsbarkeit, mithin des Richters an sich, sind und bleiben wohl auch jene der Schiedsgerichtsbarkeit ungeklärt.[4] Das gilt auch für die Schiedsgerichtsbarkeit im alten Rom.[5] Einen Aus-

---

[1] *Schlosser,* Rn. 40 ff.; *Schäfer,* S. 147. Ebenso die Rechtsnatur der Gerichtsstandsvereinbarung vgl. *Gottwald,* FS Henckel, S. 295 ff.

[2] *Blomeyer,* FS Rosenberg, S. 51 u. 59.

[3] *Ziegler,* S. 677.

[4] *Lammasch,* S. 3 ff. m.w.N.; *Strupp,* S. 1. s.a. *Bruns,* S. 489, der die Schiedsgerichtsbarkeit unter Berufung auf *Wlassak* als Ursprung der staatlichen Gerichtsbarkeit benennt.

[5] Zur Schiedsgerichtsbarkeit im antiken Griechenland s. *Lammasch,* S. 24 ff. m.w.N.; *Schöttler,* S. 3 ff.; *Strupp,* S. 1 m.w.N.

gangspunkt bildet lediglich das prätorische Edikt[6]: *Qui arbitrium pecunia compromissa receperit, eum sententiam dicere cogam.* Ziegler verortet seine Entstehung im 2. Jahrhundert v. Chr.[7] Es belegt, dass die Schiedsvereinbarung, das *compromissum*[8], im vorklassischen und klassischen römischen Recht kein ausgebildeter Kontrakttyp war – als *nudum pactum* besaß es keine Rechtswirksamkeit und keine selbständige Verpflichtungswirkung.[9] Keine der Parteien war also daran gehindert, vor ein ordentliches Gericht zu gehen. Vielmehr war das *compromissum* – ebenso wie die Vereinbarung der Parteien mit dem Schiedsrichter (*receptum arbitri*) – bloße Tatbestandsvoraussetzung für das obrigkeitliche Einschreiten des Prätors gegen den säumigen privaten Schiedsrichter (*arbiter ex compromisso*), der eben diese Funktion als solcher übernommen hatte (*qui arbitrium receperit*) und bei Pflichtvergessen zur Fällung einer Entscheidung (*sententiam dicere*) durch Zwangsmittel (*multa, pignoris capio*) gezwungen (*cogere*) werden konnte.[10] Es handelte sich also nicht um eine vertragliche Klage gegen den Schiedsrichter, „der Eingriff des Praetors stellte vielmehr eine Art öffentlich-rechtlicher Aufsicht, eine Art von Verwaltungszwang dar".[11]

Voraussetzung für die Verbindlichkeit des *compromissum* und damit für das Einschreiten des Prätors war, dass sich die Parteien für den Fall abredewidrigen Verhaltens eine Vertragsstrafe (*pecunia compromissa*) durch Stipulation versprochen hatten. Voraussetzung war also eine Pönalstipulation.[12] Hatte nur eine Partei stipuliert, die andere aber nicht restipuliert, war das *compromissum* ungültig.[13] Umstritten ist allerdings, „ob diesen wechselseitigen Strafstipulationen in klassischer Zeit eine formlose Parteiabmachung, *conventio*, zugrunde gelegen hat, und in welchem Verhältnis diese zu den Stipulationen stand."[14] Zudem setzte die Wirksamkeit voraus, dass der oder die Schiedsrichter bereits in der Vereinbarung festgelegt wurden. Eine nachträgliche Ernennung war nicht möglich.[15]

Die versprochene Vertragsstrafe konnte von den Parteien durch Stipulationsklage eingeklagt werden und war die einzige Sanktion, die auf den Bruch der Schiedsvereinbarung folgen konnte.[16] Der Zahlungswillige konnte somit vertragsbrüchig vor das ordentliche Gericht ziehen oder den Schiedsspruch (*senten-*

---

[6] Zu finden bei *Lenel*, EP, Tit. XI § 48.

[7] *Ziegler*, Schiedsgericht, S. 24.

[8] *Kaser/Hackl*, S. 639, mit umfangreichen Literaturnachweisen.

[9] *Ziegler*, Schiedsgericht, S. 7, 48; *Krause*, S. 48.

[10] *Kaser*, 584 f.; *Kaser/Hackl*, S. 639; *Ziegler*, S. 670; *Ziegler*, Schiedsgericht, S. 7; *Krause*, S. 48.

[11] *Krause*, S. 48 f.

[12] Erst unter *Justinian* genügte ein schriftlicher Vertrag, vgl. *Coing*, S. 487.

[13] *Glück*, S. 74.

[14] *Finkenauer*, S. 125 m.w.N., der selbst von einem vorhergehenden *pactum* ausgeht.

[15] *Krause*, S. 49.

[16] *Ziegler*, S. 670; *Krause*, S. 48.

tia arbitri) nicht befolgen. Eine Schiedseinrede i. S. v. § 1032 Abs. 1 ZPO oder die Möglichkeit der staatlichen Vollstreckung i. S. v. § 1060 ff. ZPO sucht man im römischen Recht vergeblich.[17] Auch Rechtsmittel gegen den Schiedsspruch gab es keine.[18] Prozessuale Wirkung kam der Schiedsvereinbarung nicht zu.[19] Das römische *compromissum* war rein privatrechtlich ausgestaltet, seine Rechtsnatur also materiellrechtlich.

Erst durch *Justinians* Gesetzgebung erhält der siegreiche Kläger eine *actio in factum* und der siegreiche Beklagte eine *exceptio veluti pacti ex compromisso* (um eine nochmalige gerichtliche Geltendmachung zu verhindern), aus der behördlicherseits (*officium*) vollstreckt werden kann.[20] „Zu einer unmittelbaren Vollziehung durch Gleichsetzung des Schiedsspruchs mit einem Urteil gelangte also auch *Justinian* nicht. Erforderlich blieb, im ordentlichen Verfahren aus dem Schiedsspruch zu klagen. Gleichermaßen sollte es gehalten werden, wenn die Parteien den Schiedsspruch binnen 10 Tagen durch ihre Unterschrift bekräftigt oder binnen der gleichen Zeit jedenfalls beim Richter oder der Gegenpartei keinen Protest eingelegt hatten."[21] Die *actio in factum* setzte jedoch voraus, dass der Schiedsvertrag durch die Parteien, den Schiedsrichter oder beide beschworen war, mithin ein sog. eidlicher Kompromiss vorlag. Dieser wird jedoch von *Justinian* selbst wieder abgeschafft, sodass es im römischen Recht bei Strafstipulation (*compromissum poenale*) und Bekräftigung bzw. Fehlen von Protest (später sog. *laudum homologatum*) bleibt.[22]

2. Die Schiedsvereinbarung von den Germanen bis zur Rezeption

Die im Folgenden betrachte Entwicklungsphase umfasst etwa die Zeitspanne vom 6. Jahrhundert bis zum 14./15. Jahrhundert. Zwei Umstände, in die unsere heutige Schiedsgerichtsbarkeit eingebettet ist, waren zu dieser Zeit grundsätzlich anders. *Krause*[23] bringt treffend auf den Punkt: „Einmal ist für jeden Rechtsstreit zwischen Privatpersonen ein von vornherein zuständiges Gericht vorhanden, das seine Befugnisse vom Staate ableitet und in seinem Bestande abhängig von staatlichen Gesetzen ist. Zweitens ist die Machtfülle des Staates so groß, daß er jede Partei vor seine Gerichte zwingen und jedes Urteil gewaltsam zu vollstrecken vermag. […] Es springt dabei sofort in die Augen, daß die Rolle der Schiedsgerichtsbarkeit eine sehr viel mannigfaltigere gewesen sein muß zu einer Zeit, da

---

[17] *Ziegler*, S. 670 f.; *Krause*, S. 48; *Schäfer*, S. 105.

[18] Zur Nichtigkeit s. *Krause*, S. 50.

[19] *Schäfer*, S. 105.

[20] *Kaser/Hackl*, S. 640; *Krause*, S. 48.

[21] *Krause*, S. 49.

[22] *Krause*, a. a. O.; *Ziegler*, Schiedsgericht, S. 248 f. Zu „*laudum*" vgl. *Hayum*, S. 92 Fn. 1.

[23] *Krause*, S. 2. Ähnlich auch *Hommerich*, S. 17.

weder eine Ausschließlichkeit staatlicher Gerichte noch eine Sicherheit für ihr Tätigwerden und die Durchführung ihrer Sprüche bestand." Es „fehlte die einheitliche, unteilbare Staatsgewalt, es fehlte die Herrschaft des Staates über das Recht."[24] Und tatsächlich sind die unterschiedlichen Bereiche und Ausprägungen der Schiedsgerichtsbarkeit in dieser Epoche so vielfältig, dass hier nur eine stark konzentrierte Darstellung möglich ist.

a) Die Schiedsvereinbarung und die Motive

Der Schiedsvertrag hieß „wilkore", „vorwillunge", „anlaß", in Süddeutschland meist „Hintergang" oder „Tädigung", und in ihm wurden regelmäßig bereits die Schiedsrichter, die „teidingsleute", „funelewte", „korrichter" oder „spruchleute" benannt.[25] Die eidliche Bekräftigung, das Stellen von Bürgen oder das Versprechen einer Vertragsstrafe, treten teils neben den Schiedsvertrag, um das Verfahren und die Bindung an den Schiedsspruch zu sichern.[26] Sie sind aber keine Wirksamkeitsvoraussetzungen.

Die Motive zum Abschluss einer Schiedsvereinbarung ähneln bereits den heutigen: sachverständige Rechtsprechung, Effektivität, Ausschluss bzw. Begrenzung von Rechtsmitteln, die Möglichkeit einer Billigkeitsentscheidung.[27] Aber es existierten auch Unterschiede: Vermeidung gewaltsamer Selbsthilfe, Richter eigenen Standes und Vertrauens, Ausdehnung des eigenen Machtbereichs.[28] Dabei kann das Motiv, eine selbstgewählte Instanz zur Streitentscheidung zu berufen anstatt sich gewaltsam Recht zu verschaffen, als eine der Hauptursachen für die große Bedeutung und weite Verbreitung des Schiedswesens in dieser Epoche angesehen werden.[29]

Zum Verständnis ist entscheidend zu wissen, dass jedes gerichtliche Verfahren ursprünglich ein Strafverfahren, jede Klage also eine Klage um Unrecht, um strafbare Handlung war.[30] Eine Missetat – auch bspw. die Nichterfüllung eines schuldrechtlichen Anspruchs – begründete eine Fehde (rechtmäßige Feindschaft) zwischen dem Täter und dem Verletzten, welche dem Verletzten das Recht gab, sich durch Selbsthilfe gewaltsam Genugtuung zu verschaffen. Alternativ konnten die Parteien, wenn Täterschuld und Bußhöhe unstreitig waren, die Fehde durch

---

[24] *Krause*, S. 15; s. a. *Lammasch*, S. 3 ff. u. 7; *Hommerich*, S. 17.

[25] *Krause*, S. 30 f. m. w. N.

[26] *Krause*, S. 31 m. w. N.

[27] *Lammasch*, S. 7. Die Vertraulichkeit spielte wohl eine geringere Rolle, da Schiedsvereinbarungen regelmäßig des Beweises wegen erst vor dem zuständigen Gericht geschlossen wurden, vgl. *Krause*, S. 30.

[28] *Hommerich*, S. 4; *Krause*, S. 38.

[29] Das Motiv kann bis zu den indogermanischen Urvölkern zurückverfolgt werden, vgl. *Lammasch*, S. 3 f.

[30] *Krause*, S. 4.

Sühnevertrag ersetzen oder sich, wenn Uneinigkeit bestand, auf Entscheidung durch eine Schiedsinstanz einigen (die Schiedsrichter wurden dementsprechend nicht nur *schidliute* = Schiedsleute, genannt, sondern auch *suoanliute* = Sühneleute).[31] Es ist Ziel einer erstarkenden Staatsgewalt, die Rechtsverschaffung weitgehend zu monopolisieren, und tatsächlich versuchten die Karolinger, das Fehdewesen durch Einführung eines Sühnezwangs zu beseitigen.[32] Derartiges Bestreben blieb jedoch ohne Erfolg, sodass die Selbsthilfe das gesamte Mittelalter hindurch neben der staatlichen Rechtspflege stand. Bemerkenswert ist, dass uns der Schiedsvertrag damit in einem Bereich begegnet, aus dem er heute aufgrund des Strafanspruchs (Strafmonopols) des Staates vollständig verdrängt wurde. Und tatsächlich war insbesondere die Totschlagsfehde (Blutrache) ein häufiger Fall der Anrufung eines Schiedsgerichts. Erst im 16. Jahrhundert verschwindet die Blutrache und damit auch die Schiedsgerichtsbarkeit aus dem Strafrecht.

Dem Bestreben, die Selbsthilfe zu verdrängen, dem Fehlen einer einheitlichen Staatsgewalt und der dadurch bedingten starken Lückenhaftigkeit des Rechtsschutzes war es geschuldet, dass es keine Beschränkung der Schiedsfähigkeit gab, sowohl in objektiver wie in subjektiver Hinsicht. Die Schiedsfähigkeit wurde in vollem Maße anerkannt. *Krause*[33] identifiziert „wilkor bricht lantrecht" als herrschenden Grundsatz. So war eben auch Strafrecht schiedsfähig. Recht und Rechtsprechung waren der Schiedsgerichtsbarkeit gegenüber sehr positiv eingestellt, es bestand keinerlei Schiedsfeindlichkeit.[34] Dem entsprach es, dass eine Nachprüfung durch den vollstreckenden ordentlichen Richter nicht stattfand.[35] Der Schiedsspruch glich dem Urteil, er hatte Einredewirkung und aus ihm konnte unmittelbar vollstreckt werden – allerdings mit dem Unterschied, dass die Bindung an ihn noch stärker war, da es gegen ihn keine Rechtsmittel gab.[36] Auch die mittelalterliche Schiedsvereinbarung wurde rein privatrechtlich verstanden.

b) Die gerichtsbildende Kraft der Schiedsgerichtsbarkeit und besondere Erscheinungen der Schiedsvereinbarung

Dem Umstand geschuldet, dass das Interesse des Gemeinwesens an friedlichen Streitentscheidungen wuchs und bestimmte Personen bevorzugt als Schiedsrichter berufen wurden, sowie dem Bestreben, eine Streitigkeit (soweit die Stadt nicht

---

[31] *Krause*, S. 5.

[32] *Brunner/v. Schwerin*, S. 696 f.; *v. Bethmann-Hollweg*, Band 5, S. 86 ff.; s.a. *Hommerich*, S. 17 f.

[33] *Krause*, S. 35.

[34] *Krause*, S. 39.

[35] *Krause*, S. 37, auch zu den Vollstreckungsvoraussetzungen m.w.N.

[36] Königliches Kammergericht im Jahre 1431: „da nyemant von seynem sulchem wilkurlichen hindergang […] sich nicht beruffen sol noch appelieren sol noch mag", bei *Franklin*, Nr. 333. s.a. *LS-Kisch*, Nr. 181, 661 u. 817.

selber die Blutgerichtsbarkeit, Blutbann, besaß) nicht vor den Hochgerichtsherrn gelangen zu lassen, bildeten sich vermehrt feste Sühneinstanzen. Diese institutionellen Schiedsgerichte, die sich alsbald zu Sühnebehörden fortentwickelten, wurden dann auch „schon auf Anrufen einer Partei oder schlechthin von Amts wegen" tätig.[37] Vielfach wird ein Sühnezwang ausgesprochen, teilweise sogar ein Sühnemonopol bestimmt. Letzterer Gesichtspunkt ist hier von besonderem Interesse, bedingte er doch den Ausschluss eines freiwilligen privatrechtlichen Sühnevertrags bzw. eines entsprechenden Schiedsvertrages im Bereich des Strafrechts. Erst allmählich setzte sich ein moderneres Verständnis des Strafanspruchs der öffentlichen Gewalt durch, nachdem dieser auch neben der Sühne bestehen blieb, sodass ein Sühnezwang/-monopol nicht mehr notwendig war.

Auffallend in der mittelalterlichen Epoche ist die Tendenz, aus in ihrem Ursprung freiwillig angerufenen Schiedsinstanzen ordentliche Gerichte entstehen zu lassen. *Krause* fasst diese Tendenz treffend zusammen:

> „Es hat sich als ein Grundzug der Entwicklung ergeben, daß den Schiedsgerichten überall da, wo sie nicht als einzelne zufällig und zusammenhanglos auftauchten, sondern Kräften ihr Leben verdanken, die unter den gegebenen Verhältnissen für eine gewisse Dauer wirkten, daß ihnen überall da die Tendenz innewohnte, über sich hinauszuwachsen und zu ordentlichen Gerichten zu werden. Wir sind sehr oft an den Punkt gelangt, wo wir feststellen mußten, daß die Basis des freiwilligen Vertrages und der Richterwahl verlorenging, daß objektive Norm und nicht mehr aus Parteiwillkür abgeleitete Gerichtsgewalt an ihre Stelle trat. Wo am Anfang der Entwicklung das Schiedsgericht stand, da stand am Ende das königliche Kammergericht, der Austrag, das Stadtgericht oder die städtische Sühneinstanz, das Zunft- und manches andere genossenschaftliche Gericht, die grundherrliche Gerichtsbarkeit über die Hintersassen und der württembergische Untergang. Alles waren Gebiete, auf denen der ordentlichen Rechtspflege entweder wegen ihrer Lückenhaftigkeit und ihres Versagens oder wegen der größeren Stärke der auf ihre Ausschaltung bedachten Mächte das Feld verlorenging, auf denen dann aber die Schiedsgerichtsbarkeit sich wiederum zu einer neuen obrigkeitlichen Gerichtsbarkeit wandelte und verdichtete. [...] Die Schiedsgerichtsbarkeit trägt eine gerichtsbildende Kraft in sich. Das lockere Gebilde des mittelalterlichen Staates ist der Entwicklung solcher Keime günstig. [...] Am Ende wird die Freiwilligkeit zum Zwang, der gewillkürte Richter zum Organ obrigkeitlicher Rechtspflege, der Schiedsspruch zum Urteil."[38]

Neben der gerichtsbildenden Kraft brachte das Mittelalter auch besondere Erscheinungen des Schiedsvertrages hervor, von denen eine hier beleuchtet werden soll. Bereits nach der Teilung des Frankenreichs im 9. Jahrhundert begannen die Territorialgewalten an Macht zu gewinnen.[39] Zu Beginn des 13. Jahrhunderts wurde den Landesherren durch den Hohenstaufenkaiser Friedrich II. die volle territoriale Unabhängigkeit zuerkannt. Das deutsche Reich wandelte sich in einen

---

[37] *Krause*, S. 6.
[38] *Krause*, S. 38 f. und für ein anschauliches Beispiel aus Mecklenburg vgl. S. 47.
[39] *Hommerich*, S. 18 f.

völkerrechtlichen Bund.[40] Eine besondere Erscheinung des Schiedsvertrags trat im 13. bis 15. Jahrhundert mit den Landfriedenseinungen zutage.[41] Aufgrund der schwindenden Macht des Kaisertums sahen sich die niederen Gewalten dazu gezwungen, den Friedensschutz eigenständig zu sichern. Bei den Landfriedens-einungen handelte es sich um neben die Landfriedensgesetze tretende Verträge, teils nur kurzfristige zwischen benachbarten Grafen, teils „machtvolle, weitaus-gedehnte Gebilde, wie der rheinische Städtebund von 1254".[42] Sie alle sahen die Abschaffung der Fehde zugunsten eines Sühnezwangs vor, verbunden mit Rechtsschutz durch Landfriedensgerichte. In Bezug auf Streitigkeiten zwischen den Vertragspartnern waren diese Landfriedensgerichte echte Schiedsgerichte und die Landfriedenseinungen echte Schiedsverträge.[43] Und letztlich sind in die-sen Gestaltungen der Schiedsgerichtsbarkeit die historischen Anfänge der inter-nationalen Schiedsgerichtsbarkeit auf dem Gebiet des öffentlichen Rechts zu sehen.[44] Waren die Gerichte aber auch zuständig für Streitigkeiten zwischen den Untertanen der Vertragspartner, so waren sie den einzelnen Untertanen gegenüber obrigkeitliche Gerichte.[45] Diese Erscheinung von Schiedsverträgen und Schieds-gerichten verschwindet durch das Ende des Fehdewesens im 16. Jahrhundert.

3. Die Schiedsvereinbarung im Lichte der Rezeption

Die Frühphase der Rezeption begann zwar bereits im 11. Jahrhundert, hier ist jedoch insbesondere die Zeitspanne ab dem 14./15. Jahrhundert bis in das 18. Jahrhundert gemeint. Im Heiligen Römischen Reich dienten Schiedsgerichte zu jener Zeit insbesondere dazu, die durch den Verfall von königlicher Gewalt und des Reichshofgerichts entstehende Lücke zu schließen.[46] Die Schiedsge-richtsbarkeit war eine der Türen, durch die das römische Recht Eingang in unse-ren Rechtsraum fand. Gleichzeitig wandelte sich die Schiedsgerichtsbarkeit unter diesem Einfluss[47]: Die Schiedsvereinbarung des Mittelalters wurde durch das römische *compromissum* ersetzt. Dem römischen Schiedsrichter (*arbiter*) wird durch *Duranti*[48] schon im 13. Jahrhundert im kanonischen Recht die Figur des

---

[40] *Zorn*, S. IX.

[41] *Hommerich*, S. 29 ff.

[42] *Krause*, S. 8.

[43] *Krause*, S. 8.

[44] *Zorn*, S. IX f.

[45] Allerdings mit der Besonderheit, dass sie für mehrere Territorien zuständig waren, weshalb sie auch als „international" bezeichnet werden können, vgl. *Krause*, S. 9.

[46] In der ersten Hälfte des 15. Jahrhunderts verliert das Reichshofgericht zugunsten des königlichen Kammergerichts an Bedeutung, urkundete 1451 zum letzten Mal und wurde 1495 endgültig vom Reichskammergericht abgelöst, s. *Hähnchen*, Rn. 421.

[47] „Der Geist, den es gerufen hatte, bemächtigte sich seiner.", *Krause*, S. 48.

[48] Zu seiner Person siehe *Lange/Kriechbaum*, S. 477 ff.

arbitrator gegenübergestellt.[49] Mit Letzterem ist der *amicabilis compositor* geschaffen. Er darf nur *ex bono et aequo* entscheiden, weshalb sein Spruch anfechtbar ist. Die Unterscheidung zwischen *arbiter* und *arbitrator* wird im *Ius Commune* übernommen, führt aber aufgrund zunehmend abweichender Definitionen[50] zu Unsicherheiten, insbesondere in Bezug auf die Rechtsmittel.

Nährboden für diese Entwicklung war insbesondere der Umstand, dass Geistliche vermehrt und bald nahezu stets als Schiedsrichter berufen wurden.[51] Einen Einfluss übte hier auch das Christentum aus, das dem Schlichtungsgedanken entsprechend dem 1. Korintherbrief des Apostels *Paulus*[52] ebenfalls zur Verbreitung verhalf.[53] Diese Geistlichen waren zwar nicht durchweg ausgebildete Juristen, jedoch mit dem kanonischen Recht vertraut und übertrugen den auf römischem Recht beruhenden kanonischen Prozess auf das Schiedsverfahren. „Die fremden Prozeßregeln ergriffen dann langsam auch die vor Laien-Schiedsrichtern durchgeführten Verfahren. Auf diese Weise wurde der romanisch-kanonische Prozeß bekannt und seine generelle Rezeption vorbereitet.“[54] Die Rolle der Schiedsgerichte für die Rezeption darf jedoch nicht überschätzt werden, sie war einer von vielen Faktoren.[55]

Den Vorgang der wissenschaftlichen Rezeption dagegen kritisiert *Krause* nachdrücklich: „Kritiklos wurde übernommen; ob das Neue immer das Bessere war, darüber machte man sich keine Gedanken. […] Die eigenartige, unausgeglichene, nur aus dem Gegensatz von *stipulatio* und *pactum nudum* verständliche Gestaltung wird ohne Sinn und Verstand an die Stelle der brauchbaren, in sich einfach und klar durchgebildeten deutschen Rechtseinrichtung gesetzt.“[56] Die Kritik erscheint jedenfalls nach damals noch vorherrschendem Verständnis der Rezeption begründet. Die Literatur übernimmt nicht nur das *compromissum poenale* und das *laudum emologatum*.[57] Gleichzeitig setzt sich im *ius commune* neben

---

[49] *Ortmann,* ZZP 47 (1918), 105, 108; *Coing,* S. 487 f.

[50] Hierzu *Coing,* S. 488 ff.

[51] *Krause,* S. 40 f. Zur Berufung Geistlicher bereits in früherer Zeit und insb. zur *audientiae episcopales* vgl. *Hommerich,* S. 10 ff.

[52] 1. Kor. Kap. 6 Vers 1–11 „Rechtshändel unter Christen“: „Und wenn durch euch die Welt gerichtet wird, seid ihr dann nicht zuständig, einen Rechtsstreit über Kleinigkeiten zu schlichten? […] Wie könnt ihr dann jene, die im Urteil der Gemeinde nichts gelten, als Richter einsetzen, wenn ihr einen Rechtsstreit über Alltägliches auszutragen habt? […] Gibt es denn unter euch wirklich keinen, der die Gabe hat, zwischen Brüdern zu schlichten? Stattdessen zieht ein Bruder den andern vor Gericht, und zwar vor Ungläubige.“ Zu Rückschlüssen hieraus auf die Rechtsnatur vgl. *Schäfer,* S. 105.

[53] *Hommerich,* S. 9.

[54] *Krause,* S. 41 f. m.w.N.

[55] *Krause,* S. 42 u. 46.

[56] *Krause,* S. 51 f.

[57] *Krause,* S. 52 f.

dieser klassischen Konzeption des *compromissum* durch die Arbeit der Glossatoren auch die im *Codex Iustinianus* angedeutete Möglichkeit eines *compromissum sine poena* durch.[58] Folglich wird teilweise auch ein solcher als voll wirksam anerkannt.[59] Entscheidend dafür war auch, dass „der im kanonischen Recht ausgebildete Grundsatz allgemeiner Vertragstreue (*pacta sunt servanda*) in der frühen Neuzeit in das europäische gemeine Recht übernommen wird".[60] Zudem wird auch das von *Justinian* eingeführte, dann aber wieder abgeschaffte eidliche *compromissum* wieder eingeführt.[61] Der „einfache" Schiedsvertrag wandelt sich also in einen eidlichen, „in einen solchen mit Strafgedinge bei befreiender Kraft der Strafzahlung oder mit dem Erfordernis ausdrücklicher oder stillschweigender Genehmigung".[62] Zudem verschwand die Gleichstellung von Schiedsspruch und Urteil, die unmittelbare Vollstreckung wich dem übernommenen umständlichen Weg der besonderen Klage aus dem Schiedsspruch.[63] Außerdem wurde eine Berufung bei offensichtlicher Unbilligkeit des Spruchs anerkannt.

Gesetzgebung und Praxis ließen sich, anders als die Wissenschaft, weniger durch das römische Recht beeinflussen. Vollständig widersetzte sich zwar nur das kulmische Recht von 1594. Aber auch das bayerische Landrecht von 1518, das jülisch-bergische Landrecht von 1555 und die Nürnberger Reformation von 1564 bewahrten den deutschen „einfachen" Schiedsvertrag, die Einrede- und Urteilswirkung des Schiedsspruchs sowie die unmittelbare Vollstreckung aus selbigem.[64] „Es ergibt sich das eigenartige Bild, daß die praktische Schiedsgerichtsbarkeit, die seit dem 14. Jahrhundert auf Grund ihrer Verfahrensfreiheit dem römisch-kanonischen Prozeß und damit der Rezeption den Weg ebnete, innerhalb ihres eigenen engsten Bereiches sich im wesentlichen unberührt zu erhalten vermochte."[65]

Das *compromissum* wird im gemeineuropäischen Recht als Institut dem Obligationenrecht zugeordnet.[66] So finden sich dann auch in vielen Gerichtsordnungen des 16. Jahrhunderts – bspw. in der Mainzer Untergerichtsordnung von 1534, in der Kölner Gerichtsordnung von 1538, in der Trierer Gerichtsordnung von 1539, in der Münsterschen Landgerichtsordnung und Hofgerichtsordnung von 1571, in der Pfälzer Unter- und Hofgerichtsordnung von 1582, in der Hofgerichtsordnung der Grafschaft Sponheim von 1586 – keine Regelungen hierzu.

---

[58] *Ziegler*, Schiedsgericht, S. 212 f.; *Kaser/Hackl*, S. 640.
[59] *Ziegler*, S. 672 m.w.N.
[60] *Ziegler*, S. 671 f. m.w.N.
[61] *Krause*, S. 50.
[62] *Krause*, S. 55.
[63] *Krause*, S. 52.
[64] *Krause*, S. 58 f. m.w.N.
[65] *Krause*, S. 60.
[66] *Coing*, S. 487 ff.; *Zimmermann*, S. 526 ff.

Auch in dieser Epoche herrscht die materiellrechtliche Konzeption des Schieds-vertrags vor.[67] Zudem ist auch die Unterscheidung von Schiedsvertrag bzw. Schiedsspruch und Vergleich noch sehr bewusst.[68]

4. Die Schiedsvereinbarung im usus modernus pandectarum

Ab dem Ende des 17. Jahrhunderts werden Schiedsvereinbarungen immer sel-tener geschlossen, und es taucht das Sprichwort auf: „Laß dich in kein Kom-promiß, du verlierst die Sach, das ist gewiß".[69] Hierfür mögen verschiedene Entwicklungen ursächlich gewesen sein: Die verworrenen Verhältnisse des Mittelalters ordnen sich. Der Staat entwickelt sich zur Zentralgewalt, welcher Rechtsetzung und Rechtsprechung ausschließlich unterstehen sollen. Ein gleich-mäßiger Rechtsrahmen entsteht. Die Lückenhaftigkeit des Rechts, die so lange Nährboden des Schiedswesens war, schwindet, und die Machtmittel des Staates beseitigen die Notwendigkeit der Selbsthilfe. *Krause* vermutet die Ursache für das Schwinden der Schiedsgerichtsbarkeit jedoch einerseits „in der Entwicklung der Rechtsmittelzulässigkeit, die das Schiedsgericht zu einer bloßen prozeßver-längernden Vorinstanz herabdrückte"[70], andererseits darin, dass „das von oben so beförderte Verfahrenskompromiß den Gedanken des freien außergerichtlichen Schiedsvertrages allmählich überdeckte und zurücktreten ließ."[71]

a) Die Praxis: Das Verfahrenskompromiss

Mit dem Verfahrenskompromiss ist eine besondere Art der Schiedsvereinba-rung angesprochen, die sich in dieser Epoche in Form eines Schiedsvertrages auf das zuständige ordentliche Gericht zeigt und bereits in der zweiten Württem-berger Hofgerichtsordnung von 1514 angelegt war. Der Staat war bereits ab dem 16. Jahrhundert bestrebt, umständliche, zeitintensive und kostspielige Prozesse zu vermeiden. Und da das klassische deutsche sowie das kanonische Recht im Ge-gensatz zum römischen Recht den zuständigen ordentlichen Richter als Schieds-richter nicht ausschloss, trat neben „Güteversuch, Vorbescheid und Zwangsver-gleich [...] der obrigkeitlich geförderte Schiedsvertrag der Parteien", welcher meist auf das zuständige Gericht lautete.[72] Die Schiedsvereinbarung wurde also geradezu staatlich empfohlen. Einerseits wurde damit der ordentliche Prozess vermieden und die Staatskosten für die Unterhaltung der Gerichte gering gehal-

---

[67] *Schäfer,* S. 105.

[68] *Krause,* S. 46 m.w.N.

[69] *Krause,* S. 63 m.w.N., der den Spruch bereits bei *Kreitmayr* in dessen Anmerkun-gen über den Codex iuris Bavarici judiciarii, 1. Ausgabe 1754, S. 564 findet: „mach kein Kompromiß, du verlierst es gewiß".

[70] *Krause,* S. 64, wohl im Anschluss an *Puchta,* S. 46 f.

[71] *Krause,* S. 69.

[72] *Krause,* S. 65 m.w.N.

ten, andererseits wurde der Machtbereich des staatlichen Richters nicht verkleinert. Der zuständige Richter wurde aber hierdurch nicht Schiedsrichter, sondern blieb ordentlicher Richter und er fällte auch keinen Schiedsspruch, sondern ein Urteil. Tatsächlich schufen sich die Parteien durch diese Vereinbarung also nur ihre eigene Verfahrensordnung. Dementsprechend wurden zu jener Zeit auch „Parteivereinbarungen über einzelne Prozeßhandlungen schon als Kompromiß" bezeichnet.[73] Nun hatte aber der Verfahrenskompromiss seine Verbreitung nicht allein obrigkeitlicher Anordnung zu verdanken, sondern auch dem Umstand, dass es den Parteien maßgeblich darum ging, statt des unverständlichen und umständlichen ordentlichen Prozesses ein schnelles und zweckmäßiges Verfahren zu wählen. Für *Krause* schließt sich hier – seinem Verständnis der Rezeption entsprechend – ein Kreis: „So diente denn der Gedanke des Schiedsvertrages nun dazu, das fremde Recht auszuschalten oder doch umzugestalten, dasselbe fremde Recht, dem einst das Schiedswesen eine Tür geöffnet hatte. Damals war der deutsche Rechtsgang in alten Formen verknöchert gewesen und hatte der Erneuerung bedurft. Jetzt galt es, die Mißstände, die sich aus der zu bereitwilligen Rezeption ergeben hatten, wieder zu beseitigen. Beide Male war es der fehlende Zusammenhang des Rechts mit den Erfordernissen der Wirklichkeit, der die Schiedsgerichte zu Trägern umgestaltender Kräfte werden ließ."[74] Hatte die Schiedsgerichtsbarkeit einst dem römischen Recht die Türen geöffnet, so war sie nun „sogar auf dem Wege, dem fremden Recht eben auf dem Boden des allgemeinen Prozesses das eroberte Gebiet wieder streitig zu machen."[75]

b) Wissenschaft und Gesetzgebung: die Einstufung mit dem Vergleich und die Rechtsmittel

Die veränderte Sicht der Praxis auf das römische Recht beeinflusste auch die Wissenschaft. Im *usus modernus pandectarum,* dessen Beginn *Buschmann* zeitlich in der Mitte des 17. Jahrhunderts verortet und „mit dem Erscheinen des [...] barocken Helmstedter Universalgelehrten Hermann Conring über den Ursprung des deutschen Rechts im Jahre 1643"[76] verknüpft, wird „nicht nur die Gleichberechtigung des einheimischen mit dem rezipierten Römischen Recht festgestellt, sondern vor allem die Möglichkeit von dessen Fortbildung bei der Anwendung auf die einheimischen Rechtsverhältnisse legitimiert"[77]. Die Vertreter der römischen Lehre blieben in der Minderzahl. Das römische Pönalkompromiss hielt sich zwar teilweise als Nebenform – aber selten und teils abgeschwächt.[78] Die

---

[73] *Krause,* S. 68 m.w.N.
[74] *Krause,* S. 69 f.
[75] *Krause,* S. 60.
[76] *Buschmann,* S. 109.
[77] *Buschmann,* S. 109 f.
[78] *Krause,* S. 84.

Mehrzahl jedoch bejahte wieder die volle Rechtswirksamkeit des einfachen Schiedsvertrags, der „stets eine Einrede gegen die Klage beim ordentlichen Gericht und jedenfalls eine Klage auf das Interesse"[79] erzeuge und die Möglichkeit, aus dem auf Grund dessen ergangenen Schiedsspruchs auf Erfüllung zu klagen.[80] „Über die systematische Einordnung des Instituts machte man sich wenig Sorgen."[81] Teils wurde der Schiedsvertrag unter dem Digestentitel *de receptis* – also im Schuldrecht –, teils wurde er im Prozessrecht behandelt.

Bereits das bayerische Landrecht von 1616 erklärt den Schiedsvertrag – in der Gesetzgebung erstmals – ausdrücklich für eine Art des Vergleichs.[82] Hierdurch sollte Klarheit in Bezug auf den Unterschied von *arbiter* und *arbitrator* sowie in Bezug auf die Rechtsmittel geschaffen werden. Tatsächlich aber förderte man damit die Ausweitung der Rechtsmittel.[83] Auch *Glück*[84] setzt in seinem Pandekten-Kommentar zu Digestentitel 4, 8 das *compromissum* – historisch unrichtig, wie *Ziegler* anmerkt[85] – mit dem Vergleich auf eine Stufe: „Es hat die Natur und Kraft eines Vergleichs". Die Gleichsetzung mit dem Vergleich etablierte sich.[86] Dementsprechend bestimmte man einerseits die Kompromissfähigkeit nach der allgemeinen Fähigkeit, Verträge oder Vergleiche abzuschließen, andererseits orientierte man hieran die Abgrenzung in schiedsfähige und schiedsunfähige Gegenstände, also die Beantwortung der Frage, ob der Gegenstand „der Privatwillkühr der Partheyen unterworfen" ist.[87] So auch bspw. im *Codex iuris Bavarici iudiciarii* von 1753: „Wer nun sich nicht vergleichen kann, der kann auch kein gültiges Compromiß angeben."[88] Weiterhin streitig war, ob Schiedsverträge über künftige Streitigkeiten möglich sein sollten.[89]

Die bereits erwähnte Ausweitung der Rechtsmittelzulässigkeit hängt unmittelbar mit der Erscheinung der Verfahrenskompromisse zusammen, da „bei diesen, da sie zu einem Urteil des ordentlichen Richters führten, die Berufungsmöglichkeit in der Natur der Sache lag, und daß sich von hier aus auf die allgemeinen Anschauungen über das Schiedsrecht Rückwirkungen ergeben mußten, da man einen begrifflichen Unterschied zwischen gewöhnlichen Schiedsverträgen und

---

[79] *Krause*, S. 74 f. m.w.N.

[80] *Glück*, 74 u. 92 ff.

[81] *Krause*, S. 76.

[82] *Krause*, S. 83.

[83] *Krause*, S. 83.

[84] *Glück*, S. 72 u. 76.

[85] *Ziegler*, S. 672 f.

[86] *Kohler*, KV, 470; *Risch*, S. 41 f.; *Bolley*, S. 106. *Thibaut*, § 577 ff., bringt ihn mit dem Vergleich und anderen Verträgen unter die Rubrik „Proceßverhindernde pacta".

[87] *Glück*, S. 78 m.w.N.; s.a. *Krause*, S. 76.

[88] Siebenzehendes Capitel, § 2 Satz 2 des Codex iuris Bavarici iudiciarii von 1753. Vgl. auch *Krause*, S. 84.

[89] Dafür: *Glück*, S. 73, „*compromissum plenum*". Dagegen: *Claproth*, S. 34.

Verfahrenskompromissen nicht machte."[90] „Praktisch konnte die unterlegene Partei jedenfalls immer auf dem einen oder anderen Wege die Sache vor den ordentlichen Richter bringen oder wenigstens einen Aufschub gewährenden Versuch dazu machen. Wer einen Schiedsvertrag schloß, lief Gefahr, nur eine Instanz mehr zu schaffen, nur eine Verlängerung des Rechtsstreits herbeizuführen; denn alle Rechtsmittel führten zunächst an den in erster Instanz an sich zuständigen Richter, von dem dann der gewöhnliche Rechtszug weiter ging."[91] Die unbeschränkte Zulässigkeit von Rechtsmitteln stellt sich damit als größter Mangel des Schiedsrechts im 17. und 18. Jahrhundert und gleichzeitig als Ursache für den starken Rückgang von Schiedsvereinbarungen dar.

5. Die Schiedsvereinbarung im 19. Jahrhundert

War das Schiedswesen im 17. und 18. Jahrhundert zum Erliegen gekommen, so brachte das 19. Jahrhundert den Aufschwung.[92] Entscheidend war vor allem die veränderte Rolle des Staates. Der konstitutionelle löste den absoluten Staat ab. Der Staat sollte nicht mehr regeln und bevormunden, „sondern sich auf den Schutz der Rechtsordnung beschränken."[93] Das Verfahrenskompromiss war nicht kompatibel mit diesem Liberalismus, wurde daher zeitweise als Prorogation gewertet und verschwand schließlich vollständig. Die Gesetzgebung strebte folglich nach Ausgestaltung der Schiedsgerichtsbarkeit, um dem Einzelnen die Freiheit in der Verfolgung seiner Rechte zu ermöglichen.[94] Treibende Faktoren waren aber auch der wirtschaftliche Aufstieg, die Bildung von kaufmännischen Berufsvertretungen und das sich verbreitende Aktienwesen. „Jeder Geschäftszweig strebte nach eigener Organisation und nach eigenem Gericht".[95] Die Handelsgerichte konnten der raschen Entwicklung des Wirtschaftslebens und der Handelsbräuche nicht folgen und untermauerten so den Anspruch der Schiedsgerichtsbarkeit. Dieses Aufstreben der Schiedsgerichte wirkte auch in andere Rechtsbereiche hinein.

a) Die Kodifikationen bis zur CPO

In den größeren Naturrechtskodifikationen finden sich keine näheren Regelungen der Schiedsvereinbarung.[96] Denn obwohl sich die traditionelle, privat-schuldrechtliche Konzeption in der Zivilrechtswissenschaft des 19. Jahrhunderts hielt,

---

[90] *Krause,* S. 81.

[91] *Krause,* a. a. O.

[92] *Blomeyer,* FS Rosenberg, S. 52 f.

[93] *Krause,* S. 97.

[94] *Krause,* S. 101 m. w. N.

[95] *Krause,* S. 93 f.

[96] *Ziegler,* S. 673. Das Allgemeine Landrecht für die Preußischen Staaten (ALR) erwähnt den Schiedsvertrag nur im Vormundschaftsrecht, vgl. ALR, Zweiter Theil, Achtzehnter Titel, § 521.

wurde die Schiedsvereinbarung überwiegend in den Prozessordnungen kodifiziert[97] – so bereits im Landrecht des Herzogtums Preußen von 1620 (1685 und 1721 wesentlich unverändert neu erlassen).[98] Ebenso im *Codex iuris Bavarici iudiciarii* von 1753 und im *Corpus iuris Fridericianum* von 1781, dessen Vorschriften 1794 Eingang in die Allgemeine Gerichtsordnung für die preußischen Staaten fanden.[99] Im *Code de procédure civile* von 1806 finden sich Regelungen über den *compromis* in den Art. 1003 ff.[100] Im Gegenzug erwähnte der *Code civil* den Schiedsvertrag nur in Art. 1989 bei der Vollmacht des Beauftragten.[101] § 1391[102] des 1812 in Kraft getretenen (und auch heute noch gültigen) österreichischen ABGB enthielt schlicht eine Verweisungsnorm: „Der Vertrag, wodurch Parteyen zur Entscheidung streitiger Rechte einen Schiedsrichter bestellen, erhält seine Bestimmung in der Gerichtsordnung." Dennoch belegt die weitere Gesetzgebung des 19. Jahrhunderts, dass sich die privatrechtliche Konzeption nicht nur in der Wissenschaft hielt. Hier findet sich der Schiedsvertrag unter den Vertragstypen des Bürgerlichen Rechts. So regeln ihn Art. 1046–1063 des preußischen Entwurfs eines Handelsgesetzbuchs von 1857. Ebenso §§ 1417–1427 des Sächsischen BGB von 1865 im Anschluss an den Vergleich. Auch der Dresdener Entwurf eines allgemeinen deutschen Gesetzes über Schuldverhältnisse von 1866, der nach dem Ende des Deutschen Bundes nie Gesetz geworden ist, regelte in den Art. 969–975 das „Uebereinkommen auf Schiedsspruch". Die Schiedsfähigkeit wurde in diesen prozess- und materiellrechtlichen Rechtsakten (bis zur CPO von 1877) kontinuierlich erweitert, indem auch künftige Streitigkeiten für schiedsfähig erklärt wurden. Dies bedeutete gleichzeitig die endgültige Abkehr von der römischen und gemeinrechtlichen Doktrin, die besagte, dass die Schiedsrichter bereits im Schiedsvertrag benannt sein müssten. „Zulassung des Schiedsvertrages für künftige Rechtsstreitigkeiten, Sicherung seiner Ausführung durch Ersatznennung der Schiedsrichter, gänzliche Befreiung von der Beobachtung des geltenden Rechts, unabdingbarer Ausschluß der ordentlichen Rechtsmittel, das waren die Hauptmomente, durch die sich das Reichsrecht von dem gemeinen Recht unterschied."[103]

---

[97] *Krause,* S. 109 m.w.N.

[98] *Krause,* S. 83 f.

[99] *Ziegler,* S. 673; *Krause,* S. 84.

[100] Zu der die Schiedsgerichtsbarkeit eng begrenzenden Auslegung von Art. 1006 durch die französische Praxis vgl. *Blomeyer,* FS Rosenberg, S. 55 f. Zum Regelungsinhalt und der Bedeutung für die Entwicklung des deutschen Schiedsrechts vgl. *Krause,* S. 107 f.

[101] Unerklärlich erscheint, warum hier trotz des angenommenen Gleichlaufs von Vergleich und Schiedsvertrag dort eine klare Trennung normiert wird.

[102] Die Norm steht am Ende der Regelungen über den Vergleich, §§ 1380–1391 ABGB.

[103] *Krause,* S. 116.

b) Die Schiedsvereinbarung in der CPO

Die CPO von 1877[104] brachte eine einheitliche gesetzliche Regelung für Deutschland. Ihr Zehntes Buch (§§ 851–872) war betitelt mit „Schiedsrichterliches Verfahren". Dabei ist die Vermutung naheliegend, die Regelung des Schiedsverfahrens – insbesondere des Schiedsvertrags – in der CPO sowie die Verknüpfung mit dem Vergleich erkläre sich schlicht aus einer Kontinuität oder Tradition. Sicherlich ist hierin auch ein Grund zu finden.[105] Die Motive lassen aber erkennen, dass den Gesetzgeber mehr noch das Bedürfnis nach einer einheitlichen deutschen Regelung unter Maßgabe der Zweckmäßigkeit drängte. Zum einen sollte damit der für lückenhaft und kontrovers befundenen Lehre des gemeinen Rechts begegnet werden: „Das gemeine Recht ist lückenhaft und kontrovers; auch entspricht es in mannigfacher Beziehung nicht den Anforderungen der Gegenwart."[106] Zum anderen wollte man die Anerkennung von Schiedsverträgen und Schiedssprüchen gewährleisten und ging zudem davon aus, dass die Voraussetzungen der Rechtshilfe (zur Durchführung des Schiedsverfahrens) sowie der Vollstreckbarkeit von Schiedssprüchen nur in der Prozessordnung geregelt werden könnten: „Soll nach der gegenwärtigen Entwicklung des Verkehrs das Institut der Schiedsrichter zur vollen Wirksamkeit gelangen, so müssen Schiedsverträge und Schiedssprüche in allen deutschen Rechtsgebieten auf gleichmäßige Anerkennung rechnen können. Eine gemeinsame Regelung des schiedsrichterlichen Verfahrens war daher geboten. Sie mußte in der Prozeßordnung erfolgen, weil nur im Zusammenhange mit deren Bestimmungen die Voraussetzungen normiert werden können, unter denen zur Durchführung des schiedsrichterlichen Verfahrens Rechtshülfe und den Schiedssprüchen die Vollstreckbarkeit zu gewähren ist. Bei Prüfung dieser Voraussetzungen kann die Frage nach der Zulässigkeit des schiedsrichterlichen Verfahrens selbst und nach der Anfechtbarkeit der Schiedssprüche nicht umgangen werden. Der Entwurf durfte sich deshalb nicht auf den Erlaß rein prozessualischer Vorschriften beschränken: er mußte auch die Vorschriften über die Gültigkeit eines Schiedsvertrags und die Erfordernisse der Klage auf Aufhebung eines Schiedsspruchs in seinen Bereich ziehen."[107] Es sollte auch in Bezug auf das Schiedsverfahren ein „gemeinsames deutsches Recht" geschaffen werden.[108]

---

[104] Inkrafttreten am 1. Oktober 1879.

[105] *Ziegler*, S. 674 f.

[106] *Hahn*, S. 489.

[107] *Hahn*, S. 489 f. Laut *Hayum*, S. 7, aber anders die Motive zu §§ 1361–1389 des Entwurfs einer preussischen Processordnung von 1864: „Das schiedsrichterliche Verfahren behufs Erledigung eines bürgerlichen Rechtsstreits ist unverkennbar nicht weniger als dasjenige, welches bei den gewöhnlichen Gerichten anhängig wird, ein processuales Verfahren. Eine Processordnung, welche über dasselbe keine Bestimmungen enthält, würde mithin unvollständig sein."

[108] *Kohler*, KV, S. 469.

Krause erkennt hier den eigentlichen Beginn der Kontroverse um die dogmatische Verortung der Schiedsvereinbarung: „Erst seit der Zivilprozeßordnung ist das Schiedsgericht zur unbestrittenen Domäne der Prozessualisten geworden. Damit war jedoch keineswegs gesagt, daß man sich über die Rechtsnatur des Schiedsvertrages geeinigt hätte. Im Gegenteil hat, während man sich gemeinrechtlich bei einem durch das Rezeptum bedingten Vergleich im wesentlichen beruhigt hatte, der Streit über den bürgerlich-rechtlichen oder prozeßrechtlichen Charakter der Rechtsfigur erst unter der Herrschaft der ZPO. mit voller Wirkung eingesetzt."[109] Tatsächlich aber war der materiellrechtliche Charakter zu jener Zeit noch weitgehend unbestritten.[110] Die Schiedsvereinbarung wurde überwiegend als Vergleichsvertrag oder „privatrechtlicher Feststellungsvertrag"[111] verstanden.[112]

So plädierte beispielsweise *Hayum*[113] bereits vor Inkrafttreten des BGB dafür, die Regelungen über den Schiedsvertrag – entsprechend seiner Rechtsnatur – in das BGB zu verlegen: „Eben die Zusammenstellung mit dem Vergleich lässt [...] die Aufnahme eines grossen Teils der Bestimmungen des X. Buches in die C.P.O. als an sich unbegründet erscheinen; denn so wenig wie dieser bedurfte der Schiedsvertrag in der Processordnung einer ausdrücklichen Anerkennung und Genehmigung, um rechtswirksam zu werden [...]. Ein positiver Ausspruch der Processgesetzgebung war nur nötig, um dem auf den Schiedsvertrag sich stützenden, durch das schiedsrichterliche Verfahren erzielten Schiedsspruch die Vollstreckbarkeit durch die vom Staate bestellten Gerichte ebenso wie den von diesen selbst ausgegangenen rechtskräftigen oder wenigstens vollstreckbaren Entscheidungen zu sichern."[114]

Auch *Pfizer*[115] fragt: „was hat die Civilprozeßordnung mit der Regelung des schiedsgerichtlichen Verfahrens zu thun? Die Antwort kann meines Erachtens nur lauten: nichts Weiteres, als daß sie die Voraussetzungen für die aus dem Schiedsspruch verlangte Zwangsvollstreckung festzustellen hat. Der Schiedsspruch selbst gehört durchaus dem materiellen Recht an, und die Bestimmungen über die Voraussetzungen eines gültigen Schiedsspruchs und über dessen Wir-

---

[109] *Krause,* S. 104 m.w.N.; ähnlich *Blomeyer,* FS Rosenberg, S. 51, 52. Vgl. auch *Pfizer,* S. 314.

[110] *Schäfer,* S. 105, vermutet, dass diese Einordnung „aufgrund einer gewissen Skepsis v. a. der Rechtsgelehrten und Richter gegenüber privaten Streitschlichtungsmethoden und der Angst der Anerkennung einer richtergleichen Rechtsfigur" erfolgte.

[111] *Blomeyer,* FS Rosenberg, S. 51, 52.

[112] *Schäfer,* S. 106. Auch RGZ 108, 194, 198 bezeichnet die Schiedsvereinbarung als Abmachung „privatrechtlicher Art".

[113] *Hayum,* S. 1 ff. u. 109.

[114] *Hayum,* S. 2 f.

[115] *Pfizer,* S. 314.

kungen müssen im bürgerlichen Gesetzbuch ihre Stelle finden." Für die trotz des Regelungsortes weitgehend unstreitige Verwurzelung im materiellen Recht sprach § 851 CPO, der (wie später § 1025 Abs. 1 ZPO) lautete: „Die Vereinbarung, daß die Entscheidung einer Rechtsstreitigkeit durch einen oder mehrere Schiedsrichter erfolgen solle, hat insoweit rechtliche Wirkung, als die Parteien berechtigt sind, über den Gegenstand des Streits einen Vergleich zu schließen."[116] Und der Entwurf zur ZPO von 1931 sprach dem Schiedsspruch die Wirkungen eines zwischen den Parteien über die Rechtslage geschlossenen Vertrages zu und bezeichnete dies als herrschende Meinung.[117] Zudem belegte auch die Formvorschrift des § 853 CPO die materiell-rechtliche Konzeption.[118] Auch das Reichsgericht argumentierte auf der Grundlage dieser Herkunft und verneinte konsequent die Ableitung einer prozesshindernden Einrede.[119] Erst die Neufassung der Zivilprozessordnung von 1898[120] brachte eine Änderung und normierte in § 274 Abs. 2 Nr. 3 ZPO die aus der Schiedsvereinbarung resultierende prozesshindernde Einrede. Und erst in die ZPO von 1924 wurde ein Verfahren zur Vollstreckbarerklärung von Schiedssprüchen aufgenommen, welches das dem Römischen Recht nachgebildete Klageverfahren aus § 868 CPO ablöste.[121] War aber die traditionelle Verankerung der Schiedsvereinbarung im materiellen Recht zu dieser Zeit noch allgemein anerkannt, so stellt sich die Frage, warum die Schöpfer des BGB auf eine Normierung verzichtet haben. Ähnlich wie die Motive zur CPO die Zweckmäßigkeit als Beweggrund identifizieren, vermutet *Ziegler*[122] auch in Bezug auf das BGB nicht dogmatische, sondern rein praktische Erwägungen und verweist ebenfalls auf die Motive[123]: „Der Entw. übergeht den Schiedsvertrag und hat ihn zu übergehen, weil die Vorschriften der CPO (§§ 851–872) vollkommen genügen."

Dessen ungeachtet setzte sich in der Folgezeit, insbesondere in der zweiten Hälfte des 20. Jahrhunderts, verstärkt eine prozessuale Auffassung durch.[124] *Blomeyer* führt dies zum einen darauf zurück, dass der Schiedsvertrag aufgrund seines Regelungsortes in der ZPO „in der Prozeßrechtslehre und vornehmlich von

---

[116] Ebenso bereits im Entwurf zur CPO, vgl. *Schubert*, S. 195.

[117] *Real*, S. 17.

[118] § 853 CPO (= § 1027 ZPO von 1898) lautete: „Ist nach den Bestimmungen des bürgerlichen Rechts ein mündlich geschlossener Schiedsvertrag gültig, so kann jede Partei die Errichtung einer schriftlichen Urkunde über den Vertrag verlangen."; vgl. hierzu auch *Ziegler*, S. 674 f.

[119] RGZ 8, 347 ff.; RGZ 8, 397 ff.; RGZ 10, 367 ff.

[120] Durch die Novelle wurde § 851 CPO zu § 1025 ZPO und § 853 CPO zu § 1027 ZPO.

[121] *Schäfer*, S. 105 f.

[122] *Ziegler*, S. 675.

[123] *Mugdan*, S. 367 (Mot. II, 657).

[124] *Schäfer*, S. 106.

Prozessualisten behandelt wurde."[125] Noch mehr aber habe „dazu wohl das Vordringen der Auffassung beigetragen, daß der Staat das Rechtssetzungs- und das Rechtsprechungsmonopol haben oder doch die Rechtsbildung fest in der Hand behalten müsse."[126]

II. Die materiellrechtliche Theorie heute

Die vorstehende Darstellung hat gezeigt, dass die Schiedsvereinbarung stets und bis in das 20. Jahrhundert hinein überwiegend als materiellrechtlicher Vertrag verstanden wurde.[127] Wie noch gezeigt wird, überwiegt demgegenüber heutzutage ein gemischtrechtliches oder rein prozessrechtliches Verständnis der Schiedsvereinbarung. Soweit ersichtlich, hat zuletzt[128] *Karl Blomeyer*[129] – historisch zutreffend, wie *Ziegler*[130] bemerkt – noch bis Mitte des letzten Jahrhunderts die rein privatrechtliche Konzeption der Schiedsvereinbarung vertreten.[131] Die Schiedseinrede, die den heute herrschenden Ansichten als Argument für die – jedenfalls teilweise – prozessuale Natur der Schiedsvereinbarung dient, steht für *Blomeyer* einer materiell-rechtlichen Verortung nicht entgegen. Für ihn „haben diese prozessualen Vorschriften doch nur sekundäre Bedeutung, kann doch sogar die wichtigste von ihnen – daß vor dem staatlichen Gericht die Einrede des Schiedsvertrags erhoben werden kann – für eine Partei, ja auch für beide Parteien durch Vereinbarung ausgeschlossen werden. Diese prozessualen Bestimmungen ändern nichts daran, daß wir uns mit der Schiedsgerichtsbarkeit auf dem Boden des Privatrechts befinden. [...] Der Schiedsvertrag gehört zu den Verträgen, für die der Grundsatz der Vertragsfreiheit gilt".[132]

---

[125] *Blomeyer*, FS Rosenberg, S. 52. s. a. *Krause*, S. 104: „unbestrittene[n] Domäne der Prozessualisten". Ähnlich auch *Habscheid*, KTS 1955, 33, 33, der erklärt, dass sich die „prozessuale Doktrin" seit langem um die Beantwortung des Theorienstreits bemüht.

[126] *Blomeyer*, FS Rosenberg, S. 52.

[127] Vgl. RGZ 108, 194, 198.

[128] Ebenso noch *Prager*, S. 5 m. w. N. für Vertreter der materiellrechtlichen Theorie zu Beginn des 20. Jahrhunderts.

[129] *Blomeyer*, FS Rosenberg, S. 51 ff., 63.

[130] *Ziegler*, S. 676.

[131] Auch in Bezug auf die Gerichtsstandsvereinbarung ist die Anerkennung ihrer verpflichtenden Wirkung wohl älter als die Anerkennung ihrer Verfügungswirkung, vgl. *Gebauer*, FS Kaissis, S. 276.

[132] *Blomeyer*, FS Rosenberg, S. 63. Vgl. aber zur Vertragsfreiheit im Prozessrecht *Schäfer*, S. 9 ff. *Blomeyer* widmet sich aber nicht der prozessualen Wirkung des Ausschlusses der ordentlichen Gerichte, weshalb *Habscheid*, KTS 1955, 33, 34, die Erklärung der prozessualen Wirkungen für unbefriedigend hält. Ebenfalls kritisch *Hellwig*, S. 31.

B. Die vermittelnden Theorien

I. Materiellrechtlicher Vertrag
über prozessrechtliche Beziehungen

Zwar wurden einerseits die prozessualen Wirkungen der Schiedsvereinbarung erkannt und zunehmend betont, andererseits sah man das Bedürfnis, das materielle Vertragsrecht sowie das Kollisionsrecht auf die Schiedsvereinbarung anzuwenden. Zunehmend bildete sich daher ein gemischt-rechtliches Verständnis heraus.[133] *Adolf Baumbach*[134] soll die Schiedsvereinbarung erstmals als „materiellrechtlichen Vertrag über prozessrechtliche Beziehungen" bezeichnet haben.[135] Ein Großteil der Literatur schloss sich dem zunächst an.[136] So beispielsweise *Lorenz*, der im Anschluss an *Baumbach* ebenfalls zu dem Ergebnis kam, die Schiedsvereinbarung sei ein „schuldrechtliche[r] Vertrag, der künftige als möglich ins Auge gefaßte prozeßrechtliche Beziehungen der Parteien regelt."[137] Und auch die obergerichtliche Rechtsprechung ist dem zunächst bis in die frühen 1970er Jahre gefolgt und ging von einem „materiellrechtlichen Vertrag über prozessrechtliche Beziehungen" aus, dessen Zustandekommen sich nach bürgerlichem Recht beurteile und auf welchen die Kollisionsregeln für Schuldverträge Anwendung fänden.[138] Dieselbe Position bezog die Rechtsprechung in Bezug auf die Gerichtsstandsvereinbarung[139], die sie als „bürgerlichrechtlichen Vertrag über

---

[133] Ein doppelfunktionelles Verständnis klingt bereits an in RGZ 31, 370, 374: „Durch die besondere Regelung, welche dem schiedsrichterlichen Verfahren im zehnten Buche dieses Gesetzes zu teil geworden ist, sind die Rechtswirkungen des Schiedsvertrages aus der rein privatrechtlichen Sphäre herausgehoben worden; auch das Schiedsgericht ist im weiteren Sinne zu einem Gerichte im Sinne der Civilprozeßordnung, zu einem Bestandteile des Prozeßorganismus geworden. Insofern kann man jetzt die Einrede des Schiedsvertrages [...] eine ‚prozessualische‘, nennen."

[134] *Baumbach,* S. 37.

[135] *Münch,* in: MüKo/ZPO, Band 3, § 1029 Rn. 12. s. a. *Schäfer,* S. 106; *Stürner/Wendelstein,* IPRax 2014, 473, 474 Fn. 5. Aber bereits *Pollack,* GrünhutsZ. 18, 64, 73, sprach von „privatrechtlichen Verträge[n] mit processrechtlicher Wirkung", die er allerdings „processrechtliche Verträge" nannte. Auch *Rosenberg,* S. 100, sprach von Verträgen, die „trotz ihrer prozessualischen Wirkung dem bürgerlichen Rechte" angehören. Ähnlich *Oertmann,* ZZP 45 (1915), 389, 406, „privatrechtliche Akte („Geschäftsschlüsse") mit prozeßrechtlicher Wirkung".

[136] Vgl. nur *Niese,* S. 85; *Thomas/Putzo,* 3. Auflage, Vorbemerkung §§ 1025 ff. Nr. 1; *Maier,* in: MüKo/ZPO, Band 3, 1. Aufl., § 1025 Rn. 3; *Albers,* in: B/L/A/H, 49. Aufl., § 1025 1) B.; *Schütze,* in: Wieczorek/Schütze, 3. Aufl., § 1025 Rn. 36; *Neuner,* S. 109 ff.; *Mezger,* RIW 1979, 486, 489 f. m. Fn. 19.

[137] *Lorenz,* AcP 157 (1958), 265, 284.

[138] RGZ 144, 96, 98; RGZ 156, 101, 104; BGH, NJW 1957, 589, 590; BGH, NJW 1964, 591, 592; BGHZ 48, 35, 46; BGHZ 65, 59, 63; OLG Hamburg, RIW 1979, 482, 484, m. Anm. *Mezger.*

[139] BGH, NJW 1968, 1233; BGH NJW 1971, 323, 324 m. Anm. *Geimer;* BGH NJW 1972, 393 m. Anm. *Geimer* u. *Schmidt-Salzer;* BGH, AWD 1972, 356 m. Anm. *v. Hoff-*

prozessuale Beziehungen" bezeichnete.[140] Ob dem stets ein gemischt-rechtliches Verständnis zugrunde liegt, oder nicht letztlich doch ein materiell-rechtliches[141], lässt sich nicht mit Sicherheit und schon gar nicht verallgemeinernd sagen, denn die Bezeichnung als „materiell-rechtlicher Vertrag über prozessrechtliche Beziehungen" sagt nichts über die Rechtsnatur aus, spricht i. E. aber wohl eher noch für ein materiell-rechtliches Verständnis.[142] Überhaupt ist die Formulierung stark kritisiert worden. *Wagner* meint, sie enthalte eine *contradictio in adiecto.*[143] *Münch* meint, die Formulierung „sagt alles und nichts bzw. lässt […] eine Flexibilität für sachangepasste Einzelfalllösungen."[144] Tatsächlich ist dies wohl auch genau das Motiv der Literatur und Rechtsprechung gewesen, denn insbesondere konnte die Anwendung des allgemeinen Vertragsrechts und des Kollisionsrechts ermöglicht werden. Auch *Wagner*[145] und *Schäfer*[146] sehen hierin das Hauptmotiv für die rechtliche Einordnung als „materiell-rechtlicher Vertrag über prozessrechtliche Beziehungen". Ob dieser Ansatz berechtigt war, soll an späterer Stelle geklärt werden.[147] Bis heute wird die Schiedsvereinbarung teilweise[148] als materiell-rechtlicher Vertrag über prozessuale Beziehungen bezeichnet.[149]

II. Theorie vom doppelfunktionellen bzw. gemischtrechtlichen Vertrag bzw. Vertrag mit Doppelnatur

Demgegenüber verstand *Kisch*[150] die Schiedsvereinbarung als „*Zwitter*"[151], also als doppelfunktionellen, d. h. teils prozessrechtlichen, teils privatrechtlichen,

---

mann, AWD 1972, 416; BGH NJW 1983, 2773; OLG München IPRax 1991, 48 m. Anm. *Geimer* a. a. O. Anders noch RGZ 159, 255.

[140] Zustimmend *Wirth,* NJW 1978, 460, 461; kritisch zu der damaligen Rechtsprechung aber *Seegers,* S. 43 ff., der die Gerichtsstandsvereinbarung i. E. rein prozessual qualifiziert.

[141] Dies meint *Hellwig,* S. 52 f.

[142] *Schäfer,* S. 106. Auch *Schlosser,* in: Stein/Jonas, Band 10, § 1029 Rn. 1, vermutet, dass es sich bei der Formulierung lediglich um „eine Erläuterung der materiellrechtlichen Theorie" handele.

[143] *Wagner,* S. 31 unter Berufung auf *Böhm.*

[144] *Münch,* in: MüKo/ZPO, Band 3, § 1029 Rn. 12.

[145] *Wagner,* S. 31.

[146] *Schäfer,* S. 107.

[147] Siehe Kap. 2 C.

[148] *Stürner/Wendelstein,* IPRax 2014, 473, 474 und *Wagner,* S. 579 meinen sogar, dass diese Ansicht überwiege.

[149] *Seiler,* in: Thomas/Putzo, § 1029 Rn. 1; *Voit,* in: Musielak/Voit, § 1029 Rn. 3; *Stürner/Wendelstein,* IPRax 2014, 473, 474 Fn. 5 m. w. N. Ebenso in der Rspr., vgl. BGH, IPRax 2011, 499, 502. Uneindeutig B/L/A/H, § 1029 Rn. 3 u. 10, wo die Schiedsvereinbarung sowohl als „privatrechtlicher Vertrag über prozessuale Beziehungen" als auch als „Prozeßvertrag" bezeichnet wird.

[150] *Kisch,* ZZP 1951, 321 ff.

[151] *Wagner,* S. 579.

also gemischtrechtlichen Vertrag.[152] Er beschreibt sie als „ein einheitliches Kon-
strukt mit bürgerlichrechtlichen und prozessualen Elementen", das „nicht in zwei
autonome, voneinander unabhängige Tatbestände, zerfällt, die sich lediglich
wechselseitig bedingen" und erkennt im Gegensatz zu seinen Zeitgenossen die
prozessuale Wirkung der Schiedsvereinbarung an.[153] Eine unmittelbar prozessuale Wirkung der Schiedsvereinbarung erkennt *Kisch* jedoch nicht. Für ihn ist
sie lediglich Rechtsgrund der prozesshindernden Einrede. Der gemischtrechtlichen Theorie, also der Qualifikation als Vertrag mit Doppelnatur, werden grundsätzliche dogmatische Bedenken entgegengehalten.[154] Dennoch wird die Theorie
von der Doppelnatur bzw. der Doppelfunktionalität auch heute noch vertreten.[155]
So meint beispielsweise *Lachmann*, die Schiedsvereinbarung habe „doppelten
Charakter, weil sie zum einen die Zuständigkeit des Schiedsgerichts begründet
und im Verfahren vor den staatlichen Gerichten eine gegen die Zulässigkeit gerichtete prozessuale Einrede gewährt (§ 1032 Abs. 1 ZPO), zum anderen den Parteien des schiedsrichterlichen Verfahrens Mitwirkungspflichten auferlegt."[156] Die
Doppelnatur ergibt sich für ihn daraus, dass er Ersteres prozessual qualifiziert,
während er die Pflichten materiellrechtlich einordnet.[157] Ganz ähnlich – wenn
auch mit abweichender Begründung für den materiellrechtlichen Teil der
Schiedsvereinbarung – verfährt *Schütze*.[158]

III. Die gesellschaftsvertragliche Theorie

Letztlich sind auch die Ansätze von *Goldmann*[159], *Prager*[160] und *Habscheid*[161]
unter den vermittelnden Theorien zu verorten, denn ihre Ansätze, die Schiedsvereinbarung (teilweise) als gesellschaftsähnliches Verhältnis zu verstehen, beruhen
im Kern auf der Theorie vom doppelfunktionellen Vertrag bzw. von der Doppelnatur des Vertrags.[162] Sie erkennen sowohl prozessuale als auch privatrechtliche
Elemente der Schiedsvereinbarung an und qualifizieren den privatrechtlichen Teil
als atypischen Gesellschaftsvertrag.[163] Es handele sich um eine „Schiedsverfah-

---

[152] *Hellwig,* S. 53. s. a. *Koussoulis,* FS Schlosser, S. 415, 417. Für das österreichische
Recht s. *Wünsch,* S. 31.
[153] *Kisch,* ZZP 1951, 325 ff., 331 ff.
[154] *Wagner,* S. 579 f.; *Schäfer,* S. 134. s. a. Kap. 2 E. II.
[155] *Solomon,* S. 299, meint gar, diese Ansicht sei herrschend.
[156] *Lachmann,* Rn. 266.
[157] *Lachmann,* Rn. 433 ff.
[158] *Schütze,* in: Wieczorek/Schütze, § 1029 Rn. 5.
[159] *Goldmann,* ZZP 51 (1926), 442 ff.
[160] *Prager,* S. 18 f.
[161] *Habscheid,* KTS 1955, 33, 35 ff.
[162] Ebenso auch *Schäfer,* S. 141 u. 144, in Bezug auf den Ansatz von *Habscheid.*
[163] *Goldmann,* ZZP 51 (1926), 442 ff.; *Prager,* S. 18 f.; denen folgend *Habscheid,*
KTS 1955, 33, 35.

rensgesellschaft", deren Zweck auf die Beilegung des Rechtsstreits durch ein Schiedsgerichtsverfahren gerichtet sei. Anwendbar seien demnach nicht nur die vertragsrechtlichen Regelungen des BGB, sondern ebenfalls gesellschaftsspezifische Regelungen der §§ 705 ff. BGB.[164] Den Vertretern dieses Ansatzes ist es anzurechnen, dass sie die Schwächen der materiellrechtlichen und der prozessualen Theorie erkannten und versuchten, die verschiedenen Wirkungen der Schiedsvereinbarung in einer Theorie zu erfassen.[165] Insbesondere die (teilweise) Einordnung der Schiedsvereinbarung als atypischer Gesellschaftsvertrag begegnet jedoch zahlreichen Bedenken.[166]

C. Der Ansatz Rosenbergs

Rosenberg[167] versuchte zum einen, eine Abgrenzung anhand eines engen Prozesshandlungsbegriffs vorzunehmen und die Schiedsvereinbarung danach als materiell-rechtlichen Vertrag einzuordnen.[168] Wie noch gezeigt wird, stellt der Prozesshandlungsbegriff tatsächlich jedoch kein geeignetes Kriterium zur Qualifikation verfahrensbezogener Verträge dar.[169] Zum anderen wollte *Rosenberg* die Schiedsvereinbarung dem Rechtsgebiet zuordnen, dem das abzuurteilende Rechtsverhältnis angehört. Wie *Schäfer* richtig erkennt, überzeugt das aber insbesondere in Bezug auf die Schiedsvereinbarung nicht.[170] Denn da diese „laut § 1029 Abs. 1 ZPO auch im Hinblick auf zukünftige Streitigkeiten abgeschlossen werden darf, kann die Kenntnis und das Erwähnen des Streitgegenstandes nicht verpflichtend Inhalt der Schiedsvereinbarung sein. Es macht dann aber erst recht keinen Sinn, die Typologisierung nach einem solchen Teilaspekt auszurichten. Die Rechtsnatur der Schiedsvereinbarung stets vom Streitgegenstand abhängig zu machen, würde die Gefahr einer zu großen Differenzierung in sich bergen."[171] Denn da je nach Streitgegenstand andere Vorschriften zur Anwendung kommen, müsste stets neu „beurteilt werden [...], unter welchen Voraussetzungen die Schiedsvereinbarung als Vertrag wirksam geschlossen worden bzw. wirk-

---

[164] *Habscheid*, KTS 1955, 33, 38 m.w.N. Vgl. auch *Goldmann*, ZZP 51 (1926), 442 ff.; *Prager,* S. 18.

[165] Ähnlich *Schäfer,* S. 141.

[166] Bereits *Baumbach,* S. 60. Ebenso und ausführlicher *Baumgärtel,* S. 237; *Schäfer,* S. 139 ff.

[167] *Rosenberg,* Stellvertretung, S. 57, 63 ff., 99 ff. Ihm folgend BGH, NJW 1968, 1233; *Niese,* S. 85, 150. Ebenso wohl *von Bülow,* AcP 64 (1881), 1, 62 ff.; ähnlich *Eickmann,* Beweisverträge, S. 27 f. Zu der widersprüchlichen Entwicklung der Auffassung von *Rosenberg* vgl. *Hellwig,* S. 31 m. Fn. 35.

[168] Ähnlich *Lorenz,* AcP 157 (1958), 265, 280 f.

[169] Siehe Kap. 2 D. IV.; s. a. *Wagner,* S. 22 f., 580.

[170] Auch zu grundsätzlicher Kritik vgl. *Schäfer,* S. 112 f.

[171] *Schäfer,* S. 113.

sam aufhebbar"[172] wäre, und es entstünde erhöhte Rechtsunsicherheit. Beispielsweise „sehen Arbeits- und Gesellschaftsrecht in den §§ 626 und 723 Abs. 1 S. 2
BGB die fristlose Kündigung aus wichtigem Grund vor, die allgemeinen Regeln
der Kaufverträge jedoch nicht."[173] Der Streitgegenstand ist nicht bestimmend für
die Rechtsnatur, sondern primär eine Frage der Schiedsfähigkeit.[174]

D. Die prozessrechtliche Theorie

Den materiell-rechtlichen Theorien wurde stets vorgeworfen, dass sie die prozessrechtlichen Wirkungen der Schiedsvereinbarung nicht erklären könnten.[175]
Zunehmend wandte man sich daher einem rein prozessualen Verständnis zu. Laut
Ziegler[176] wurde diese Entwicklung maßgeblich durch *Nikisch*[177] und *Baumgärtel*[178] beeinflusst. Besonders ausführlich setzte sich bereits *Kohler*[179] Ende des
19. Jahrhunderts mit Prozessverträgen auseinander und prägte als einer der Ersten maßgeblich das prozessuale Verständnis. Zu Beginn des 20. Jahrhunderts kamen insbesondere *von Bülow*[180], *Walsmann*[181] und *Schiedermair*[182], etwas später
Stein[183], *Nikisch*[184], *Baumgärtel*[185] und *Hellwig*[186] dazu. Ab Mitte der 1970er
Jahre setzte sich dann in der Literatur verstärkt ein rein prozessuales Verständnis

---

[172] *Schäfer*, S. 113.
[173] *Schäfer*, S. 113.
[174] Ebenso *Schäfer*, S. 113. Zur Schiedsfähigkeit vgl. Kap. 2 C. 3.
[175] *Habscheid*, KTS 1955, 33, 34; zustimmend *Hellwig*, S. 53; *Schäfer*, S. 118 ff.
[176] *Ziegler*, S. 676.
[177] *Nikisch*, § 143 III 1: „Ein solcher Vertrag ist demnach unmittelbar auf einen prozessualen Rechtserfolg gerichtet, in dessen Herbeiführung sich seine Bedeutung er-
schöpft, während die materiellen Rechtsbeziehungen der Parteien durch ihn nicht verändert werden. Das berechtigt uns, ihn zu den Prozeßverträgen zu rechnen [...]. Zulässigkeit, Inhalt und Wirkungen des Schiedsvertrags sind nach Prozeßrecht zu beurteilen und
deshalb auch in den Prozeßgesetzen geregelt." Die Unterscheidung von *Nikisch*, der die
Schiedsvereinbarung zu den Prozesshandlungen „im weiteren Sinne" zählt und nicht zu
denen „im engeren Sinne" und deshalb ihre Entstehung nach materiellem Recht beurteilt (vgl. *Nikisch*, § 55 III), ist aber nicht hilfreich, da der Terminus „Prozessvertrag"
dadurch seinen praktischen Wert verliert, indem er lediglich aussagt, dass sich die Zulässigkeit nach Prozeßrecht bestimmt, ebenso *Lorenz*, AcP 157 (1958), 265, 282 f.
[178] *Baumgärtel*, S. 247: „Zusammenfassend kann festgestellt werden, daß die Wirkungen und Funktion des Schiedsvertrags rein prozessualen Charakter haben. Der
Schiedsvertrag ist daher als Prozeßvertrag zu bezeichnen."
[179] *Kohler*, Gruchots Beiträge 31, S. 276 ff. u. 481 ff.
[180] *von Bülow*, ZZP 31 (1903), 191, 218 ff.
[181] *Walsmann*, AcP 102 (1907), 1, 209.
[182] *Schiedermair*, S. 102 ff.
[183] *Stein/Gaupp*, Civilprozeßordnung, § 1025 I.
[184] *Nikisch*, S. § 143 III 1.
[185] *Baumgärtel*, S. 247.
[186] *Hellwig*, S. 53 ff.

durch[187], also die Auffassung, dass es sich bei der Schiedsvereinbarung um einen Prozessvertrag handele[188], und dieses Verständnis kann wohl heute als herrschend bezeichnet werden.[189] Die Begründung lautet regelmäßig, dass die Hauptwirkungen bzw. der Hauptzweck der Schiedsvereinbarung auf prozessualem Gebiet lägen bzw. liege.[190]

Hellwig[191] gründete sein prozessuales Verständnis insbesondere auf die Annahme, der Staat habe Teile seiner Hoheitsgewalt auf das Schiedsgericht übertragen, indem dieses die Entscheidungsgewalt erhalte. *Schiedermair*[192] meinte sogar, aus dieser Machtübertragung folge unmittelbar die Sperrung des Zugangs zum staatlichen Rechtsschutz. Diese Ansicht ist freilich in ihrer Konsequenz zu weitgehend.[193] Denn zum einen ist die Schiedsvereinbarung nicht von Amts wegen zu beachten, sondern gem. § 1032 Abs. 1 ZPO per Einrede durch die Parteien geltend zu machen. Zum anderen ist die Derogation tatsächlich auch nur eine teilweise, denn die staatlichen Gerichte bleiben weiterhin für Kontroll- und Hilfsfunktionen zuständig.[194] So behält sich der Staat ein Mindestmaß an Kontrollmöglichkeiten vor, vgl. §§ 1059 ff. ZPO. Auch bleiben die staatlichen Gerichte für Maßnahmen des einstweiligen Rechtsschutzes parallel zuständig, vgl. § 1041 Abs. 2 ZPO. Überdies kann die Schiedseinrede nur so weit erhoben werden, wie die Schiedsvereinbarung wirkt. „Erfasst die Schiedsvereinbarung die Geltend-

---

[187] Noch ausdrücklich dagegen RGZ 156, 101, 104: die Schiedsvereinbarung sei nicht „rein prozessualer Art".

[188] *Hausmann*, S. 359, 361 m.w.N.

[189] *Schlosser*, in: Stein/Jonas, Band 10, § 1029 Rn. 2 m.w.N.; *Hausmann*, in: Reithmann/Martiny, Rn. 8.184; *Wagner*, S. 578 ff.; *Schwab/Walter*, Kap. 7 Rn. 37 m.w.N.; *Nagel/Gottwald*, § 18 Rn. 11; *Jauernig/Hess*, § 92 Rn. 12; *Geimer*, IPRax 2006, 233, 233 f.; *Mankowski*, RIW 2011, 30, 31; *Schack*, Rn. 1319; *Habscheid*, KTS 1971, 131, 133. Anders *Stürner/Wendelstein*, IPRax 2014, 473, 474, die das Verständnis eines materiell-rechtlichen Vertrags über prozessrechtliche Beziehungen als herrschend ansehen. Uneindeutig B/L/A/H, § 1029 Rn. 3 u. 10, wo die Schiedsvereinbarung sowohl als „privatrechtlicher Vertrag über prozessuale Beziehungen" als auch als „Prozeßvertrag" bezeichnet wird. Differenzierend und letztlich teilweise offen gelassen durch *Henckel*, S. 35 ff.

[190] *Rosenberg/Schwab/Gottwald*, § 175 II 1.; *Jauernig/Hess*, § 92 Rn. 12; *Wagner*, S. 580; *Hausmann*, FS Lorenz, S. 359, 361; *Schiedermair*, S. 105; *Baumgärtel*, S. 236; *Hellwig*, S. 40 f., 52 ff.; *Kern*, in: Stein/Jonas, Band 2, vor § 128 Rn. 241 u. 250; *Schlosser*, in: Stein/Jonas, Band 10, § 1029 Rn. 2 m.w.N.; OLG Frankfurt, OLGZ 1967, 435; *Nikisch*, § 143 III, IV; *Walsmann*, AcP 102 (1907), 1, 209 f.; *von Bülow*, ZZP 31 (1903), 191, 218 f.; *Oertmann*, ZZP 47 (1918), 105, 125 ff.; *Roth*, S. 118 ff., insb. 128 Fn. 62; *Schwab/Walter*, Kap. 7 Rn. 37; *Zöller/Geimer*, § 1029 Rn. 15; *Münch*, in: MüKo/ZPO, Band 3, § 1029 Rn. 12 f.; *Hausmann*, in: Reithmann/Martiny, Rn. 8.184; *Schäfer*, S. 118 f.; *Stürner/Wendelstein*, IPRax 2014, 473, 474.

[191] *Hellwig*, S. 53 ff.

[192] *Schiedermair*, ZZP 1961, 142, 143.

[193] So auch *Schäfer*, S. 136.

[194] *Schütze*, IPRax 2006, 442, 443; *Landbrecht*, SchiedsVZ 2013, 241, 242; *Schäfer*, S. 108.

machung in besonderen Verfahrensarten nicht (z. B. Urkundsprozess, Verfahren des einstweiligen Rechtsschutzes), so kann die Einrede dort nicht erhoben werden."[195]

Auch in Bezug auf die Gerichtsstandsvereinbarung mehrte sich ein prozessuales Verständnis und man fühlte sich dadurch bestätigt, dass der BGH diese alsbald nur noch als „Vertrag über prozeßrechtliche Beziehungen" bezeichnete.[196] In Bezug auf die Schiedsvereinbarung dadurch, dass der BGH diese sogar ausdrücklich als „Unterfall des Prozeßvertrages" einordnete – bedauerlicherweise jedoch ohne sich mit der bisherigen Rechtsprechung auseinanderzusetzen.[197] Bezeichnenderweise war der in dieser Entscheidung aus dem Jahr 1986 entscheidende IVb-Zivilsenat nicht für das Schiedsrecht zuständig.[198] Diese Rechtsprechung verwirrt zudem: Da der BGH den sog. systematischen Prozesshandlungsbegriff vertritt, müsste er konsequenterweise eine prozessuale Qualifikation ablehnen.[199] Denn das Zustandekommen der Schiedsvereinbarung richtet sich nach den allgemeinen Vertragsregeln im BGB. Ihre Voraussetzungen sind also nicht prozessual geregelt. Überdies handelt es sich bei der Schiedsvereinbarung um eine bloß prozessvorbereitende Abrede. Der systematische Prozesshandlungsbegriff erfasst jedoch keine Handlungen, die lediglich der Vorbereitung eines Prozesses dienen. Dennoch ist der BGH und ihm folgend auch die obergerichtliche Rechtsprechung bei der Bezeichnung als Unterfall des Prozessvertrages geblieben.[200]

E. Fazit

Im Wesentlichen werden heute damit drei Meinungen vertreten. Dies ist zum ersten die Ansicht, welche die Schiedsvereinbarung rein prozessual qualifiziert, da charakteristische (Haupt-)Wirkungen der Schiedsvereinbarung die Schiedseinrede und die Ermöglichung des urteilsgleichen Schiedsspruchs seien, während materiell-rechtliche Wirkungen bloße – für die Qualifikation unbeachtliche – Ne-

---

[195] *Schütze,* IPRax 2006, 442, 443.

[196] BGH NJW 1986, 1438 m. Anm. *Geimer* = IPRax 1987, 168, 169 m. Anm. *G. Roth* a. a. O. 141; BGH NJW 1989, 1431, 1432 = IPRax 1990, 41, 42 m. Anm. *Schack* a. a. O. 19; OLG Bamberg, RIW 1989, 221, 222 = IPRax 1990, 105, 106 m. Anm. *Prinzing* a. a. O. 83. *Hausmann,* S. 361, zieht hieraus den Schluss, dass auch die Rechtsprechung nicht mehr von schuldrechtlichen Wirkungen ausgeht.

[197] BGHZ, NJW 1987, 651, 652. In diese Richtung wohl bereits BGH, NJW 1952, 1336. Offenlassend aber noch BGH, WM 1971, 308, 310.

[198] *Wagner,* S. 579.

[199] So auch *Schäfer,* S. 147.

[200] BGHZ 180, 221, 228 = ZZP 123 (2010), 94, 98, freilich wieder ohne sich mit der eigenen gewachsenen Rechtsprechung auseinanderzusetzen. Vgl. auch die Nachweise bei *Münch,* in: MüKo/ZPO, Band 3, § 1029 Rn. 13.

benwirkungen seien.[201] Zum zweiten die Ansicht, welche die Schiedsvereinbarung als materiell-rechtlichen Vertrag über prozessuale Beziehungen ansieht.[202] Und schließlich jene, die der Schiedsvereinbarung eine Doppelnatur zuspricht, da sie sowohl prozessuale wie materielle Elemente enthalte.[203] Herrschend ist heute wohl die Ansicht, welche die Schiedsvereinbarung als reinen Prozessvertrag qualifiziert.[204]

---

[201] Insb. *Wagner,* S. 582; *Schlosser,* in: Stein/Jonas, Band 10, § 1029 Rn. 2 m. z. N.; *Prütting,* in: Prütting/Gehrlein, § 1029 Rn. 7.

[202] *Voit,* in: Musielak/Voit, § 1029 Rn. 3; *Seiler,* in: Thomas/Putzo, § 1029 Rn. 1.

[203] *Lachmann,* Rn. 266; *Habscheid,* KTS 1955, 33, 34 ff. (anders aber wohl *ders.,* KTS 1971, 131, 133, wo er von einem reinen Prozessvertrag auszugehen scheint).

[204] Ebenso *Leisinger,* S. 144. A. A. *Stürner/Wendelstein,* IPRax 2014, 473, 474; *Wagner,* S. 579.

Kapitel 2

Die Qualifikation verfahrensbezogener Verträge

A. Vorbemerkung

Ausführliche Auseinandersetzungen mit Prozessverträgen finden sich erst ab Ende des 19. Jahrhunderts und sind bis heute selten. Beispielhaft sollen hier einige wesentliche Arbeiten hervorgehoben werden. Als eine der ersten ausführlichen Behandlungen kann die Arbeit von *Kohler*[1] „Ueber prozeßrechtliche Verträge und Kreationen" aus dem Jahre 1887 angeführt werden. Knapp fünfzig Jahre später behandelte *Schiedermair*[2] die Prozessverträge in seiner Habilitationsschrift „Vereinbarungen im Zivilprozess", noch einmal knapp zwanzig Jahre später *Baumgärtel*[3] ebenfalls in seiner Habilitationsschrift „Wesen und Begriff der Prozeßhandlung einer Partei im Zivilprozeß", Ende der 60er Jahre *Hellwig*[4] in seiner Dissertation „Zur Systematik des zivilprozeßrechtlichen Vertrages" sowie *Schlosser*[5], ebenfalls in seiner Dissertation „Einverständliches Parteihandeln im Zivilprozeß" und schließlich Ende der 90er Jahre *Wagner*[6] in seiner Habilitationsschrift „Prozeßverträge".

B. Die Rechtsnatur des Prozessrechts und Abgrenzung vom Privatrecht

Zur Abgrenzung der beiden Teilrechtsordnungen Privat- und Prozessrecht werden im Wesentlichen zwei Theorien vertreten.[7] Die von *Henckel* begründete Lebensbereichstheorie grenzt wie folgt ab: „Das Prozeßrecht ist der Inbegriff aller Normen, die menschliches Verhalten in einem auf ein Rechtspflegeziel ausgerichteten Verfahren von und vor Rechtspflegeorganen regeln. Das materielle Recht dagegen regelt das Verhalten in Lebensbereichen, in denen sich die Rechtssubjekte unmittelbar ohne Vermittlung eines zu einem Rechtspflegeakt an-

---

[1] *Kohler,* Gruchots Beiträge 31, S. 276 ff., 481 ff.
[2] *Schiedermair,* S. 42 ff.
[3] *Baumgärtel,* S. 184 ff.
[4] *Hellwig,* S. 27 ff.
[5] *Schlosser,* Parteihandeln, S. 3 ff.
[6] *Wagner,* S. 1 ff.
[7] Für weitere Ansätze vgl. *Henckel,* S. 5 ff.

gerufenen Rechtspflegeorgans begegnen."[8] Demgegenüber grenzt die Funktionstheorie die beiden Teilrechtsordnungen anhand ihrer unterschiedlichen Funktionen ab.[9] Betrifft eine Norm den Rechtsschutz, also die Art und Weise der Feststellung eines Anspruchs oder eines Rechtsverhältnisses – mithin eines Streitgegenstands –, so ist sie dem Prozessrecht zuzuordnen. Demgegenüber handelt es sich um eine Norm des Privatrechts, wenn sie den Streitgegenstand selbst betrifft. Die kritischen Auseinandersetzungen mit den beiden Ansätzen und die darauf aufbauenden Modifizierungsvorschläge verdeutlichen aber, dass letztlich stets sowohl die Funktion wie der Lebensbereich betrachtet werden und beide Theorien bloß verschiedene Perspektiven im Ausgangspunkt einnehmen.[10] Dennoch lassen sich mit der Funktionstheorie in Grenzfällen die exakteren Ergebnisse erzielen. Denn eine Handlung – wie ein Vertrag – kann gleichzeitig den prozessualen und den außerprozessualen Lebensbereich betreffen und müsste dann nach der Lebensbereichstheorie „zur Qualifikation der Normen, welche sie regeln, in einen inner- und einen ausserprozessualen Bereich aufgeschlüsselt werden."[11] Dann aber ist es „konkreter, die Rechtsnatur der Normen, welche die Handlung regeln, direkt zu bestimmen als dies über den Umweg der Qualifikation der einzelnen Teilhandlungen zu tun."[12]

Das Prozessrecht qualifiziert die h.M. heute öffentlich-rechtlich.[13] „Das Kriterium der Subordinationstheorie für die Annahme öffentlichen Rechts ist erfüllt, weil das Gericht als Organ der rechtsprechenden Gewalt des Staates und damit hoheitlich tätig wird, den Parteien also nicht gleich-, sondern übergeordnet ist. Entsprechendes gilt für die inhaltlich der Subordinationstheorie nahe stehende materiale Zuordnungslehre, die auf die Berechtigung und Verpflichtung des Staates gerade in seiner Eigenschaft als Hoheitsträger abstellt, sowie die formale Zuordnungslehre, die sich damit begnügt, daß ein Träger öffentlicher Gewalt – gleich in welcher Eigenschaft – ausschließliches Zuordnungssubjekt der fraglichen Rechtssätze ist. Das Zivilprozeßrecht schafft die Rechts- und Verfahrensgrundlage für eine der drei fundamentalen und in den Artt. 92 ff. des Grundgesetzes näher ausgestalteten Staatsgewalten. Es ist Teil der ‚Verfassung' der Judikative und als solches Teil des öffentlichen Rechts."[14]

---

[8] *Henckel,* S. 24 f. Ihm folgend *Wagner,* S. 13 m.w.N. Kritisch aber *Konzen,* S. 50 ff., der die Lebensbereichstheorie modifizieren möchte: „Eine Norm gehört dem Prozeßrecht an, wenn sie ausschließlich ein Verhalten in einem Verfahren von und vor Rechtspflegeorganen regelt, das auf ein bestimmtes, durch den Streitgegenstand umrissenes Rechtspflegeziel ausgerichtet ist. Andernfalls ist sie eine materiell-rechtliche Norm." Kritisch zu dem Ansatz von *Konzen* aber *Stacher,* S. 17 Fn. 77.
[9] *Stacher,* S. 11 ff. m.w.N.
[10] *Stacher,* S. 17 f.
[11] *Stacher,* S. 17.
[12] *Stacher,* S. 18.
[13] *Wagner,* S. 13 f. m.w.N.
[14] *Wagner,* S. 14.

C. Nutzen und Notwendigkeit der Qualifikation verfahrensbezogener Verträge

Habscheid meinte noch, dass die Rechtsnatur der Schiedsvereinbarung „den Schlüssel zur Beantwortung einer Anzahl von Fragen, die sich der Schiedsgerichtsbarkeit heute stellen", bilde.[15] Jedoch bestehen viele der von ihm diskutierten Probleme nicht mehr. Heutzutage wird die Frage nach der Relevanz der Zuordnung eines Vertrags zu einer Teilrechtsordnung – hier zum Privatrecht oder zum Prozessrecht – in einschlägigen Veröffentlichungen oftmals schlicht übergangen oder die Diskussion über die Rechtsnatur gar als überflüssig und bedeutungslos erachtet.[16]

Noch weiter geht *Wagner,* der meint, eine ausführliche Untersuchung der Rechtsnatur könne „sogar schädlich erscheinen. Die Lehre vom Prozeßvertrag ist zu recht stolz darauf, den Doktrinarismus vergangener Epochen überwunden zu haben, in denen aus der Rechtsnatur eines Handlungsakts gewissermaßen automatisch und ohne weitere Begründung konkrete Rechtsfolgen deduziert wurden."[17] Ihm ist jedenfalls darin zuzustimmen, dass die normative Bedeutung der Dichotomie von öffentlichem und privatem Recht nicht überbewertet werden darf und sich eine statische Deduktion von Folgerungen aus einer materiell-rechtlichen oder prozessualen Rechtsnatur verbietet.[18]

Ebenfalls ist *Wagner* darin zuzustimmen, dass diese Dichotomie von Privat- und Prozessrecht analytischen Zwecken genügt.[19] Eine eindeutige Vertragszuordnung zu einer dieser Teilrechtsordnungen muss möglich sein, ohne auf eine dritte Teilrechtsordnung zurückzugreifen. Daher sind diejenigen Ansätze von vornherein abzulehnen, die auf eine Qualifikation „neutraler" Handlungsakte, wozu insbesondere Verträge zählen, verzichten und sie einer, sowohl dem privaten wie dem öffentlichen Recht zugänglichen, „gemeinsamen" Teilrechtsordnung zuordnen.[20]

---

[15] *Habscheid,* KTS 1955, 33, 33.

[16] So schon *Henckel,* S. 37. s. a. *Ebbing,* S. 127; *Trittman/Hanefeld,* in: Arbitration in Germany, § 1029 Rn. 7 (S. 97); *Schlosser,* Parteihandeln, S. 91; *ders.,* in: Stein/Jonas, Band 10, vor § 1025 Rn. 4; *Berger,* S. 73, bezeichnet den Streit um die Rechtsnatur der Schiedsgerichtsbarkeit gar als „müßig". A. A. *Solomon,* S. 300 f.; *Habscheid,* KTS 1955, 33, 33; *Schiedermair,* ZZP 74 (1961), 142, 143. A. A. auch für die Abgrenzung verwaltungsrechtlicher und privatrechtlicher Verträge *Wolff/Bachof/Stober/Kluth,* § 54 Rn. 30.

[17] *Wagner,* S. 12 mit Bsp. in Fn. 5.

[18] Ähnlich *Henckel,* S. 37; *Hausmann,* FS Lorenz, S. 359, 364; *Goldschmidt,* S. 149: „Die Feststellung seines öffentlichrechtlichen Charakters erschließt uns also das Wesen des Prozeßrechts noch weniger als das des Strafrechts." Zu der ebenfalls nicht zu überschätzenden Bedeutung der analytischen Trennung zwischen Privat- und Prozessrecht für die kollisionsrechtliche Behandlung der Schiedsvereinbarung, *Wagner,* S. 8 u. 346 ff.

[19] *Wagner,* S. 16 f.

[20] *Wagner,* S. 16 ff., 20 f. m.w.N. Zum „Sozialrecht" im Sinne *Gierkes* als dritter großer Teilrechtsordnung zwischen Privatrecht und öffentlichem Recht, vgl. *Wagner,* S. 16 f.

Für den Nutzen und die Notwendigkeit einer Qualifikation werden verschiedene Argumente angeführt. Zum einen soll eine Zuordnung erforderlich sein, um das anwendbare Recht zu bestimmen. *Solomon* führt hierzu aus: „Die Frage nach der Rechtsnatur der Schiedsgerichtsbarkeit kann in unterschiedlicher Hinsicht Bedeutung erlangen: Zum einen kann die Klärung der Rechtsnatur erforderlich sein, um die im Zusammenhang mit dem Schiedsverfahren anwendbaren Regeln zu ermitteln, solange in diesem Gebiet noch keine klaren rechtlichen Regeln bestehen.[21] Zum anderen kann die Rechtsnatur der Schiedsgerichtsbarkeit aber auch dann, wenn bereits mehr oder weniger detaillierte Regelungen vorhanden sind, dazu dienen, diese Regeln zu erklären oder zur Lösung von Einzelfragen beizutragen.“[22] Die Bedeutung der Rechtsnatur sei dementsprechend gering bzw. nehme in dem Maße ab, wie Regelungen bestehen oder geschaffen werden, deren Anwendung ohne argumentativen Rückgriff auf die Rechtsnatur möglich ist.[23] Für Zweifelsfälle könne sie daher dennoch Bedeutung erlangen.[24] Auch das Bestehen von Regelungen mache also die Untersuchung der Rechtsnatur nicht obsolet.[25] Sie eigne sich jedenfalls grundsätzlich dazu, zur Klärung auftretender Rechtsfragen beizutragen.[26]

Auch wird angeführt, die Rechtsnatur der Schiedsvereinbarung sei entscheidend für die Beantwortung praktischer Fragen wie beispielsweise, ob sich die Partei einer Schiedsvereinbarung schadenersatzpflichtig mache, wenn sie vor einem staatlichen Gericht klagt.[27] Auch der Charakter und der Stellenwert sollen aus der Rechtsnatur gefolgert werden können.[28] In der Schweiz war die Rechtsnatur bis zur Justizreform in Jahre 2000 auch für die Klärung der gesetzgeberischen Zuständigkeit relevant.[29]

Konzentriert man die Untersuchung nicht – wie hier – auf die Zuordnung eines Vertrags zu Privat- oder Prozessrecht, sondern erweitert den Fokus auf die Zuordnung zu Privatrecht oder öffentlichem Recht – zu Letzterem zählt das Prozess-

---

[21] So wurde beispielsweise in Frankreich Ende des 18., Anfang des 19. Jahrhunderts insbesondere die Rechtsnatur des Schiedsspruchs diskutiert, um zu bestimmen, nach welchen Regeln sich die Anerkennung und Vollstreckung ausländischer Schiedssprüche zu richten hatte, vgl. *Schlosser*, Rn. 41; *Solomon*, S. 300.
[22] *Solomon*, S. 300.
[23] *Solomon*, S. 301.
[24] *Solomon*, S. 301 m.w.N.
[25] Ausführlich *Solomon*, S. 303, für Zweifelsfragen in Bezug auf die Vollstreckbarkeit eines im Ursprungsland aufgehobenen Schiedsspruchs.
[26] *Solomon*, S. 303.
[27] *Stacher*, S. 1, der sich damit allerdings in Widerspruch zu sich selbst setzt, da er auch bei prozessualer Qualifikation die Möglichkeit einer Verpflichtung und bei Verletzung dieser Pflicht die Möglichkeit eines Schadenersatzes bejaht, vgl. *Stacher*, S. 25, 51 ff., 62 ff., sowie 77 ff. u. 115 ff. speziell zur Pflicht zur Unterlassung der Klageerhebung vor einem staatlichen Gericht.
[28] *Schäfer*, S. 94.
[29] *Stacher*, S. 10 Fn. 48, S. 18 Fn. 85, S. 191; *Solomon*, S. 301.

recht –, so ist diese jedenfalls notwendig, um den richtigen Rechtsweg bestimmen zu können.[30] Denn für Streitigkeiten aus einem Privatrechtsvertrag sind die ordentlichen Gerichte zuständig, § 13 GVG, für Streitigkeiten aus einem öffentlich-rechtlichen Vertrag jedoch die Verwaltungsgerichte, § 40 Abs. 1, 2 S. 1 VwGO.

Im Folgenden soll lediglich der Frage nachgegangen werden, wie die Schiedsvereinbarung vertrags- und kollisionsrechtlich zu behandeln ist und ob ihre Rechtsnatur hierfür relevant ist. Denn ob sich die angeführten Argumente im Ganzen bewahrheiten, kann und soll erst am Ende der Arbeit festgestellt werden.

I. Vertragsrechtliche Behandlung der Schiedsvereinbarung

1. Grundsätzliches

Es wurde bereits darauf hingewiesen, dass früher insbesondere die Rechtsprechung, aber auch die Wissenschaft, aufgrund der Einordnung der Schiedsvereinbarung als materiell-rechtlicher Vertrag über prozessuale Beziehungen zur Anwendbarkeit des allgemeinen Vertragsrechts kamen.[31] Die materiell-rechtliche Natur sollte also die Anwendbarkeit des Vertragsrechts ermöglichen.[32]

Eine Unterscheidung von Privatrechts- und Prozessverträgen ist jedenfalls unnötig, soweit es die Fähigkeit zum Abschluss solcher Verträge zu klären gilt. Zwar führt die privatrechtliche Qualifikation zur Erforderlichkeit von Rechts- und Geschäftsfähigkeit, die prozessuale Qualifikation zur Erforderlichkeit von Partei- und Prozessfähigkeit. Und früher hatte dies auch bedeutsame Konsequenzen, konnte doch beispielsweise die Ehefrau nach einer Reihe güterrechtlicher Systeme in Deutschland während der Ehe Verträge nicht selbständig schließen, während ihre Prozessfähigkeit demgegenüber durch die Ehe nicht beschränkt wurde.[33] Heutzutage stellen §§ 50–52 ZPO aber einen Gleichlauf zwischen Rechts- und Parteifähigkeit sowie Prozess- und Geschäftsfähigkeit her.[34] Damit bleibt die Trennung zwischen Privatrechts- und Prozessverträgen ohne Einfluss auf die Fähigkeit zu dem Abschluss selbiger.[35]

---

[30] *Wagner*, S. 21.

[31] So bspw. auch *Wackenhuth*, KTS 1985, 425, 426.

[32] *Lorenz*, AcP 157 (1958), 265, 274. Die Konsequenzen hieraus waren aber von Beginn an begrenzt. „So hat der BGH die materiellrechtliche Qualifikation der *Gerichtsstandsvereinbarung* von Anfang an auf die Frage des Zustandekommens und der materiellen Wirksamkeit beschränkt.", *Hausmann*, FS Lorenz, S. 359, 362.

[33] *Hayum*, S. 18.

[34] *Schäfer*, S. 170.

[35] Dennoch scheint *Prütting* hier eine relevante Konsequenz aus der Rechtsnatur der Schiedsvereinbarung zu sehen, vgl. *ders.*, in: Prütting/Gehrlein, § 1029 Rn. 7. Zur Erforderlichkeit der Postulationsfähigkeit bei Vertragsschluss im Prozess, vgl. *Musielak*, in: Musielak/Voit, Einl. Rn. 66; *Rauscher*, in: MüKo/ZPO, Band 1, Einl. Rn. 438; Zöller/ *Greger*, Vor § 128 Rn. 28. *Schäfer*, S. 103. A. A. *Wagner*, S. 284 ff.

Unnötig erscheint die Unterscheidung zunächst aber auch in Bezug auf den Vertragsschluss selbst. Denn das Prozessrecht regelt Prozessverträge nur unzureichend, insbesondere für das Zustandekommen der Prozessverträge enthält es keine Regelung.[36] Aufgrund dieser Regelungslücke muss und kann auf die allgemeinen Regelungen des Vertragsrechts im BGB zurückgegriffen werden.[37] Denn dieses gilt nicht nur im Rahmen des BGB, sondern ist „als Ausdruck eines allgemeinen Rechtsgedankens"[38] auch außerhalb dessen anwendbar. So können die Regelungen über die Geschäftsfähigkeit (§§ 104 ff. BGB), Willensmängel, Nichtigkeit[39] und Anfechtung (§§ 116 ff. BGB)[40], Auslegung (§§ 133, 157 BGB)[41] und Umdeutung (§ 140 BGB), Abschluss (§§ 145 ff. BGB), Vertretung (§§ 164 ff. BGB) sowie Vertragsaufhebung und Kündigung (§ 314 BGB) auch auf Prozessverträge Anwendung finden.[42] Damit gelten für Prozessverträge im Unterschied zu einseitigen Prozesshandlungen nicht nur die Regelungen über Nichtigkeit und Anfechtung, sie können auch widerrufen oder unter einer Bedingung oder einem Vorbehalt geschlossen werden.[43] Das gilt auch für Schiedsvereinbarungen, für die ebenfalls nahezu keine Vorschriften in der ZPO existieren. In weitem Umfang kann daher auch hier auf das allgemeine Vertragsrecht zurückgegriffen werden[44], ohne dass dies einer prozessualen Qualifikation entgegenstünde.[45]

---

[36] *Wagner*, S. 278; *Musielak*, in: Musielak/Voit, Einl. Rn. 66; *Schäfer*, S. 102. Ebenso für die Schweiz: *Stacher*, S. 30.

[37] *Musielak*, in: Musielak/Voit, Einl. Rn. 66; *Rauscher*, in: MüKo/ZPO, Band 1, Einl. Rn. 437; *Zöller/Greger*, Vor § 128 Rn. 27 ff.; *Schäfer*, S. 102 f.; *Pohlmann*, Rn. 289; *Stacher*, S. 30 ff.

[38] *Habscheid*, KTS 1955, 33, 36.

[39] Speziell zur Teilnichtigkeit, vgl. *Wagner*, S. 324 ff.

[40] *Orfanides*, S. 113 ff., 191 ff.; einschränkend *Prütting*, in: Prütting/Gehrlein, § 1029 Rn. 7.

[41] *Münch*, in: MüKo/ZPO, Band 3, § 1029 Rn. 105 m.w.N. zur Rechtsprechung; *Rosenberg/Schwab/Gottwald*, § 66 Rn. 17; *Zöller/Greger*, Vor § 128 Rn. 25; *Schäfer*, S. 103 u. 174; KG Berlin, SchiedsVZ 2012, 337; OLG Stuttgart, NJOZ 2006, 2836; OLG Naumburg, SchiedsVZ 2006, 103; *Wagner*, S. 291 f., dort auch zu der abzulehnenden Ansicht, dass der objektive Erklärungswert dem subjektiven Parteiwillen vorgehe.

[42] *Musielak*, in: Musielak/Voit, Einl. Rn. 66; *Rauscher*, in: MüKo/ZPO, Band 1, Einl. Rn. 437; *Zöller/Greger*, Vor § 128 Rn. 27 ff.; *Schlosser*, in: Stein/Jonas, Band 10, § 1029 Rn. 6 ff., 95 ff.; *Wagner*, S. 343; *Schäfer*, S. 102 f. u. 169 ff.; *Stacher*, S. 30 ff.

[43] Bereits *Schiedermair*, S. 153 f.; dem folgend *Hellwig*, S. 94 m.w.N.; *Schäfer*, S. 103; *Wagner*, S. 343; *Stacher*, S. 32.

[44] *Lachmann*, Rn. 272; *Schäfer*, S. 102 f. u. 167 ff.; *Stacher*, S. 30 ff.; *Habscheid*, KTS 1955, 33, 36. *Lorenz*, AcP 157 (1958), 265, 284, der die Anwendbarkeit der BGB-Regeln jedoch als Konsequenz der privatrechtlichen Qualifikation der Schiedsvereinbarung sieht. Sehr missverständlich hier *Leisinger*, S. 145, demgemäß die Vorschriften des Privatrechts im „Hinblick auf die materiellen Elemente der Schiedsvereinbarung" angewandt werden können, soweit das Prozessrecht Lücken aufweist.

[45] *Baumgärtel*, S. 241; *Hausmann*, FS Lorenz, S. 359, 361 m.w.N., der Gleiches für die Gerichtsstandsvereinbarung betont; *Stacher*, S. 33 f. A.A. wohl *Lorenz*, AcP 157 (1958), 265, 284.

Sowohl eine materiellrechtliche als auch eine prozessuale Vertragsqualifikation führt somit zur Anwendbarkeit des allgemeinen Vertragsrechts. Die materiellrechtliche und die prozessuale Theorie unterscheiden sich in diesem Ergebnis nicht.[46] Man könnte daher vermuten, die Zuordnung zu einer Teilrechtsordnung sei jedenfalls aus vertragsrechtlicher Perspektive unnötig und „mehr von begrifflicher als von inhaltlicher Relevanz".[47] Dies ist aber nicht der Fall.[48] Denn auch wenn auf Prozessverträge subsidiär – also im Falle einer Regelungslücke – das allgemeine Vertragsrecht Anwendung findet, beurteilen sich diese dennoch grundsätzlich nach Prozessrecht.[49] Und in dem „Ergänzungsverhältnis"[50] von Privat- und Prozessrecht kommen gerade nicht alle Regeln des allgemeinen Vertragsrechts auf Prozessverträge zur Anwendung. So kann eine Schiedsvereinbarung grundsätzlich nicht unter einer Bedingung geschlossen werden.[51] Auch die Anfechtung wird teilweise nur unter Einschränkungen zugelassen.[52] Das Prozessrecht – als das den Prozessvertrag grundsätzlich beherrschende Recht – mag also zu einer Modifikation des analog angewendeten allgemeinen Vertragsrechts führen, und damit zu einem sich vom Privatvertragsrecht unterscheidenden Prozessvertragsrecht.[53]

2. Form

Von vornherein verwehrt ist dieser Rückgriff auf das allgemeine Vertragsrecht aber in Bezug auf die Form der Schiedsvereinbarung. Hier normiert § 1031 ZPO ein eigenständiges Formerfordernis[54], welches für die gesamte Schiedsvereinbarung[55] gilt, unabhängig davon, ob diese prozessuale oder materiellrechtliche Elemente enthält. Insoweit die Schiedsvereinbarung materiellrechtliche Elemente enthält, ist § 1031 ZPO folglich eine *lex specialis*-Regelung des Prozessvertragsrechts.[56]

---

[46] *Hausmann*, FS Lorenz, S. 359, 364 ff.; ähnlich *Lorenz*, AcP 157 (1958), 265, 270.

[47] *Stacher*, S. 191. Wohl auch *Rauscher*, in: MüKo/ZPO, Band 1, Einl. Rn. 435.

[48] A. A. wohl *Stacher*, S. 191.

[49] *Lüke*, Rn. 206 u. 209; Zöller/*Greger*, Vor § 128 Rn. 26 f.; *Schäfer*, S. 103. Ungenau *Reichold*, in: Thomas/Putzo, Einl. III Rn. 6.

[50] *Schäfer*, S. 104.

[51] *Prütting*, in: Prütting/Gehrlein, § 1029 Rn. 7.

[52] *Prütting*, in: Prütting/Gehrlein, § 1029 Rn. 7; *Schwab/Walter*, Kap. 8 Rn. 9.

[53] Für die Schiedsvereinbarung ist dies insbesondere nach Beginn des Schiedsverfahrens der Fall, vgl. *Schlosser*, in: Stein/Jonas, Band 10, § 1029 Rn. 6 ff.; *Schäfer*, S. 169 ff., 176 ff.

[54] Ausführlich zur Form *Lachmann*, Rn. 325 ff.

[55] Strittig ist hier, ob das Formerfordernis nur die Elemente erfasst, die gem. § 1029 Abs. 1 ZPO für das Vorliegen einer Schiedsvereinbarung notwendig sind (so *Münch*, in: MüKo/ZPO, Band 3, § 1031 Rn. 13; Zöller/*Geimer*, § 1029 Rn. 11; *Voit*, in: Musielak/ Voit, § 1031 Rn. 2; *Schäfer*, S. 171), oder ob es auch für Vereinbarungen über das Verfahren gilt (so *Lachmann*, Rn. 343).

[56] *Stacher*, S. 33.

3. Schiedsfähigkeit

Zudem erfordert die Wirksamkeit einer Schiedsvereinbarung stets die subjektive und objektive Schiedsfähigkeit.[57]

a) Objektive Schiedsfähigkeit

Das deutsche Verfahrensrecht enthält nur eine ausdrücklich Regelung über die objektive Schiedsfähigkeit. § 1025 Abs. 1 ZPO a. F. – die Vorgängervorschrift zu § 1030 Abs. 1 ZPO – bestimmte hierüber, dass eine Schiedsvereinbarung nur insoweit rechtliche Wirkung habe, „als die Parteien berechtigt sind, über den Gegenstand des Streites einen Vergleich zu schließen". Durch das Kriterium der Vergleichsfähigkeit sollte sichergestellt werden, dass den Parteien vor einem Schiedsgericht nicht mehr Entscheidungsgewalt über den Streitgegenstand zusteht, als ihnen vor einem staatlichen Gericht zugestanden hätte.[58] Die Auslegung dieser Voraussetzung war lange Zeit umstritten. Das ursprünglich herrschende materielle Verständnis[59], welches die Vergleichsbefugnis als gegeben ansah, wenn ein Vergleich der Parteien mit dem Inhalt des vom Schiedsgericht begehrten Schiedsspruchs wirksam gewesen wäre, wurde letztlich aufgegeben.[60] Es sollte nicht mehr auf die Wirksamkeit eines hypothetischen Vergleichs ankommen, sondern auf die objektive Verfügbarkeit des Vergleichsgegenstandes.[61] Dem schloss sich auch der BGH[62] kurz vor der Reform des Schiedsverfahrensrechts an. Auch wenn die Frage der objektiven Verfügbarkeit im Einzelnen umstritten war[63], herrschte im Ergebnis Einigkeit darüber, dass es an der objektiven Verfügbarkeit fehlt, insoweit sich der Staat in Bezug auf einen Streitgegenstand ein Rechtsprechungsmonopol vorbehalten hat.[64]

Durch das Gesetz zur Neuregelung des Schiedsverfahrensrechts[65] wurde § 1030 ZPO eingeführt, welcher in Bezug auf die Schiedsfähigkeit zwischen vermögensrechtlichen und nichtvermögensrechtlichen Ansprüchen differenziert. Nach

---

[57] *Lachmann*, Rn. 278.

[58] *Schulze*, S. 7; zur Kritik siehe *Schlosser*, ZIP 1987, 498 f. m.w.N.

[59] *Schulze*, S. 23 m.w.N.

[60] *H. P. Westermann*, Schiedsfähigkeit, S. 31, 35.

[61] *Wagner*, Prozeßverträge, S. 99. Hierzu auch: *H. P. Westermann*, Schiedsgerichtsbarkeit in gesellschaftsrechtlichen und erbrechtlichen Angelegenheiten, 1996, S. 31, 35. Gegen die materiellrechtliche Theorie von der Vergleichsbefugnis auch *Schlosser*, FS Fasching, 1988, 405, 407.

[62] BGH, JZ 1996, 1017, 1018 m. Anm. *Schlosser*. Zuvor war die ständige Rechtsprechung der materiellen Theorie gefolgt, vgl. *Schulze*, S. 27.

[63] Vgl. nur *Kornmeier*, ZZP 1981, 27, 40 ff.; *Bork*, ZZP (100) 1987, 249, 250 ff.; *H. P. Westermann*, Schiedsfähigkeit, S. 31, 35 m.w.N.

[64] *Lachmann*, Rn. 278.

[65] BGBl. 1997 I, 3224.

schweizerischem Vorbild[66] wurden in § 1030 Abs. 1 S. 1 ZPO alle vermögensrechtlichen Ansprüche für schiedsfähig erklärt und auf das Kriterium der Vergleichsbefugnis verzichtet.[67] Zur Begründung führte der Gesetzgeber an, ein
Rechtsprechungsmonopol des Staates rechtfertige sich nur im Interesse besonders schutzwürdiger Rechtsgüter. Ein solches Interesse an ausschließlich staatlicher Rechtsprechung bestünde jedoch generell nicht für vermögensrechtliche
Ansprüche.[68]

Demgegenüber wurde die Vergleichsbefugnis als Voraussetzung für die
Schiedsfähigkeit nichtvermögensrechtlicher Ansprüche in § 1030 Abs. 1 S. 2
ZPO beibehalten. Eine Regelung für nichtvermögensrechtliche Streitigkeiten war
jedenfalls notwendig, denn gerade Art. 177 des schweizerischen IPRG, der als
Vorlage für den Entwurf von § 1030 Abs. 1 ZPO diente, sieht keine entsprechende Regelung vor. In der schweizerischen Literatur führte dies teilweise
zu der Ansicht, nichtvermögensrechtliche Ansprüche seien nicht schiedsfähig.[69]
Ein Streit über die Schiedsfähigkeit nichtvermögensrechtlicher Ansprüche sollte
in Deutschland vermieden werden.[70] Dass das umstrittene Kriterium der Vergleichsfähigkeit beibehalten wurde, war wohl insbesondere dem Umstand geschuldet, dass die Reformkommission eine Regelung vorgesehen hatte, die
schlicht feststellte, dass eine Schiedsvereinbarung über nichtvermögensrechtliche
Ansprüche nicht ausgeschlossen sein sollte und dass dem Reformgesetzgeber damit das bereits vorhandene Kriterium der Vergleichsfähigkeit weiterhin als „aus-
sagekräftiger"[71] erschien. Damit hatte es der Reformgesetzgeber aber zugleich
versäumt, den umstrittenen Vergleichsbegriff zu ersetzen oder eine Konkretisierung vorzunehmen. Dies ist umso bedauerlicher, als in der Gesetzesbegründung
ebenfalls festgestellt wird, dass das „Interesse an einem Entscheidungsmonopol
der staatlichen Gerichte" als das eigentliche Kriterium angesehen wird.[72]

Im Ergebnis besteht heutzutage Einigkeit, dass sich die objektive Schiedsfähigkeit danach bestimmt, ob sich der Staat ein Rechtsprechungsmonopol vorbehalten hat oder nicht.[73] Dieses Kriterium gilt grundsätzlich sowohl für vermögens-
als auch für nichtvermögensrechtliche Ansprüche, jedoch mit dem Unterschied,
dass bei vermögensrechtlichen Streitigkeiten gemäß § 1030 Abs. 1 S. 1 ZPO ein

---

[66] RegBegrE, BT-Drucks. 13/5274, S. 34; *Rosenberg/Schwab/Gottwald*, § 175 Rn. 12;
Nagel/Gottwald, § 18 Rn. 26. Zum Vorbildcharakter von Art. 177 Abs. 1 IPRG bereits
Schlosser, FS Fasching, 1988, 405, 410.
[67] Ausnahmen ergeben sich aus dem unmittelbaren Ausschluss in § 1030 Abs. 2 ZPO
und dem mittelbaren Ausschluss in § 1030 Abs. 3 ZPO.
[68] RegBegrE, BT-Drucks. 13/5274, S. 34.
[69] *Schwab*, FS Henckel, S. 803, 811 m.w.N.
[70] *Schulze*, S. 20 Fn. 125.
[71] BT-Drucks. 13/5274, S. 35.
[72] BT-Drucks. 13/5274, S. 35.
[73] *Lachmann*, Rn. 278.

Rechtsprechungsmonopol regelmäßig fehlt.[74] Weiterhin streitig und in Grenzbereichen letztlich immer noch ungeklärt ist aber, wie und nach welchen Kriterien das Bestehen oder Nichtbestehen eines solchen Monopols zu beurteilen ist. Auch hier stehen sich materielle und prozessuale Auffassungen gegenüber.[75]

Die objektive Schiedsfähigkeit kann beschrieben werden als die *„abstrakte Tauglichkeit der Streitsache als Gegenstand einer Schiedsvereinbarung"*[76]. Es handelt sich um eine objektive Grundvoraussetzung der Wirksamkeit einer Schiedsvereinbarung und damit der Zuständigkeit des Schiedsgerichts.[77] Nur eine schiedsfähige Streitsache kann einem Schiedsgericht zur verbindlichen Entscheidung vorgelegt werden. Es geht also um die Frage, „was" durch ein Schiedsgericht entschieden werden kann.[78] Letztlich handelt es sich bei der Schiedsfähigkeit aber um eine Begrenzung der Zulässigkeit von Schiedsvereinbarungen bzw. der Schiedsgerichtsbarkeit insgesamt. Sie bestimmt den Umfang, in welchem den staatlichen Gerichten die Zuständigkeit entzogen werden kann.[79] Wie noch gezeigt wird, ergibt sich der Maßstab für die Zulässigkeit eines Vertrags aber letztlich aus der Teilrechtsordnung, der er zuzuordnen ist.[80] Daher erweist sich die Zulässigkeit auch als ungeeignet, um eine Vertragsqualifikation vorzunehmen. Und da sich der Zulässigkeitsmaßstab aus der jeweiligen Teilrechtsordnung ergibt, ist die Rechtsnatur der Schiedsvereinbarung relevant für die Bestimmung des Rechtsprechungsmonopols, mithin für die Entscheidung, ob also materielle oder prozessuale Zulässigkeitsmaßstäbe gelten.[81]

b) Subjektive Schiedsfähigkeit

Für die subjektive Schiedsfähigkeit enthält die ZPO keine ausdrückliche Regelung. § 1030 Abs. 1 S. 2 ZPO beschränkt sich aber wie die Vorgängervorschrift § 1025 Abs. 1 a. F. ZPO nicht auf die objektive Vergleichsbefugnis, weshalb hier die Schiedsfähigkeit auch die subjektive Vergleichsbefugnis voraussetzt. Auch für vermögensrechtliche Ansprüche ergibt sich jedenfalls aus § 1059 Abs. 2 Nr. 1 a) ZPO weiterhin das Erfordernis der subjektiven Schiedsfähigkeit. Die subjektive Schiedsfähigkeit ist die *„konkrete Befähigung der Beteiligten zum Abschluss einer Schiedsvereinbarung"*[82]. Es geht also um die Frage, „wer" eine Schiedsver-

---

[74] *Wagner,* S. 584.

[75] *Wagner,* S. 100 f. m. w. N.

[76] *Münch,* in: MüKo/ZPO, Band 3, § 1030 Rn. 11; vgl. auch *Schulze,* S. 14.

[77] *Schulze,* S. 14; *Barber,* S. 23.

[78] *Barber,* S. 23 m. w. N.

[79] *Lehmann,* S. 26.

[80] Siehe Kap. 2 D. II.

[81] Ebenso für die „Vereinbarung, die Sachprüfung nicht durch ein Anerkenntnis abzuschneiden" *Siebert,* S. 23. Vgl. aber *Wagner,* S. 100 f., der meint, die Schiedsfähigkeit sei letztlich auch stets in den Wertungen des materiellen Rechts begründet.

[82] *Münch,* in: MüKo/ZPO, Band 3, § 1030 Rn. 11.

einbarung abschließen kann.[83] Unabhängig davon, ob man dies prozessual
(§§ 51, 52 ZPO) oder materiellrechtlich (§§ 104 ff. BGB) bestimmt, handelt es
sich um eine „subjektive Geschäftsfähigkeit"[84] der Parteien. Sie ist „nichts anderes als ein auf das Schiedswesen bezogener Teil der allgemeinen Geschäfts- und
Prozessfähigkeit".[85] Aus der Rechtsnatur der Schiedsvereinbarung lassen sich
folglich keine Erkenntnisse für die subjektive Schiedsfähigkeit ableiten.

4. Fazit

Eine Vertragsqualifikation ist nicht erforderlich, um für das Zustandekommen
einer Schiedsvereinbarung auf das allgemeine Vertragsrecht und die Regelungen
über Rechts- und Geschäftsfähigkeit zurückzugreifen. Eine materiellrechtliche
Qualifikation macht dies nicht erst möglich und eine prozessuale Qualifikation
versperrt diesen Rückgriff nicht.[86] Jedoch gilt für Prozessverträge grundsätzlich
das Prozessrecht, sodass das materielle Recht nur subsidiär zur Anwendung
kommt. Die Rechtsnatur erlangt also gerade dann Bedeutung, wenn das Prozessrecht zu einem modifizierten Prozessvertragsrecht führt, nach welchem beispielsweise die Bedingbarkeit und Anfechtbarkeit des Vertrags anders zu beurteilen ist,
also bei einem reinen Privatrechtsvertrag.[87] Überdies ergibt sich die Zulässigkeit
eines Vertrags aus den Wertungen der jeweiligen Teilrechtsordnung, der er zuzuordnen ist. Die Rechtsnatur erlangt daher Bedeutung für Grenzfragen der Wirksamkeit und des Bestandes der Schiedsvereinbarung sowie der objektiven
Schiedsfähigkeit des Streitgegenstandes.[88]

---

[83] *Barber*, S. 23 m.w.N. Zu den Einschränkungen der subjektiven Schiedsfähigkeit
vgl. *Lachmann*, Rn. 292 ff.

[84] *Schlosser*, in: Stein/Jonas, Band 10, § 1030 Rn. 15. Vgl. auch *Kornmeier*, ZZP
1981, 27, 45 ff.

[85] OLG Düsseldorf, Urteil v. 29.12.2009 – 6 U 9/09 Rn. 74, BeckRS 2011, 14730.

[86] Vgl. auch *Wagner*, S. 278, der darauf hinweist, dass das Bedürfnis, das allgemeine
Vertragsrecht zur Anwendung zu bringen, daher lange Zeit die Qualifikation prozessnaher Verträge verfälscht hat.

[87] *Prütting*, in: Prütting/Gehrlein, § 1029 Rn. 7; *Schäfer*, S. 166 ff.

[88] Vgl. *Voit*, in: Musielak/Voit, Einl. Rn. 67, der darauf hinweist, die Zulässigkeit
finde dort eine Grenze, wo zwingende Prozessvorschriften entgegenstehen. Exempla-
risch mag auf die umfassende Diskussion zur Schiedsfähigkeit von gesellschaftsrecht-
lichen Beschlussmängelstreitigkeiten verwiesen werden, vgl. insbesondere BGH,
SchiedsVZ 2009, 233, 235 f., hierzu *Hilbig*, SchiedsVZ 2009, 247. Die grundsätzliche
Schiedsfähigkeit von Beschlussmängelstreitigkeiten ist mittlerweile anerkannt, vgl. nur
Rosenberg/Schwab/Gottwald, § 175 Rn. 13 m.w.N.; *Voit*, in: Musielak/Voit, § 1030
Rn. 2 m.w.N. s.a. *Bryant/Dehne*, KSzW 2013, 152 ff.; *Nolting*, SchiedsVZ 2011, 319;
Berger, SchiedsVZ 2009, 289, 295 f. Um den Vorgaben des BGH zu entsprechen, hat
die DIS mit Wirkung zum 15.09.2009 ergänzende Regeln für gesellschaftsrechtliche
Streitigkeiten (DIS-ERGeS) erstellt, vgl. hierzu *Borris*, SchiedsVZ 2009, 299. Diese
„ermöglichen" jedoch nicht die Schiedsfähigkeit, sondern sichern nur die Wirksamkeit
der Schiedsklausel.

II. Kollisionsrechtliche Behandlung der Schiedsvereinbarung

Die Frage des anwendbaren Rechts ist in allen Stadien der (internationalen) Schiedsgerichtsbarkeit relevant: im Stadium der Einrede (§ 1032 Abs. 1 ZPO; Art. II Abs. 3 UNÜ), im Stadium der Aufhebung (§ 1059 Abs. 2 Nr. 1 a) ZPO) und im Stadium der Anerkennung und Vollstreckung (§ 1060 ZPO bzw. § 1061 Abs. 1 i.V.m. Art. V Abs. 1 a) UNÜ).[89] Teilweise wird behauptet, die rechtliche Zuordnung habe zwar in vertragsrechtlicher Hinsicht keine bzw. nur eine geringe Bedeutung, sie sei aber entscheidend für das Internationale Privatrecht.[90] Dahinter steht der Gedanke, dass die dogmatische Verortung des Vertrags die kollisionsrechtliche Behandlung bedingt.[91] Denn bei Sachverhalten mit Auslandsberührung wenden die staatlichen Gerichte im Ausgangspunkt ihr eigenes Prozessrecht an, während sie das anwendbare materielle Recht anhand des Kollisionsrechts bestimmen.[92] Man könnte daher den maßgeblichen Einfluss der dogmatischen Verortung auf die kollisionsrechtliche Behandlung dergestalt vermuten, dass die Einordnung als Prozessvertrag die Anwendbarkeit der *lex fori* und die Einordnung als materiellrechtlicher Vertrag die Anwendbarkeit der nach dem Kollisionsrecht zu bestimmenden *lex causae* nach sich zieht oder jedenfalls nahelegt.[93]

Tatsächlich entnehmen Vertreter der materiell-rechtlichen Theorie das auf die Schiedsvereinbarung anwendbare Sachrecht regelmäßig der *lex causae*, also dem Statut der Schiedsvereinbarung, während Vertreter der prozessrechtlichen Theorie über § 1059 Abs. 2 Nr. 1 a) ZPO bzw. Art. V Abs. 1 a) UNÜ regelmäßig auf die *lex fori* zurückgreifen.[94]

1. Probleme bei kollisionsrechtlicher Behandlung in Abhängigkeit von der Rechtsnatur

Geht man davon aus, die Anknüpfung richte sich nach der Rechtsnatur und bei der Schiedsvereinbarung handele es sich um einen privatrechtlichen Vertrag, so

---

[89] *Stürner/Wendelstein,* IPRax 2014, 473, 473.

[90] *Lorenz,* AcP 157 (1958/1959), 265, 265; *Zöller/Geimer,* § 1029 Rn. 17a spricht gar von „erhebl Konsequenzen". Ebenso wohl für die Gerichtsstandsvereinbarung *Martiny,* in: MüKo/BGB, Band 10, Vor Art. 1 Rom I-VO Rn. 51, der sich aber zumindest teilweise selbst widerspricht, wenn er ebenfalls darauf hinweist, das materiell-rechtliche und prozessuale Theorie jedenfalls in Bezug auf das Zustandekommen zu gleichen Ergebnissen gelangen, vgl. Rn. 80.

[91] Die international angebotene Vielfalt von Anknüpfungsmomenten ist dementsprechend wohl auch auf den Streit über die Rechtsnatur der Schiedsvereinbarung zurückzuführen, vgl. *Koussoulis,* FS Schlosser, S. 415, 417.

[92] Ebenso für die Schweiz: *Stacher,* S. 10 f. Fn. 48.

[93] So wohl *Martiny,* in: MüKo/BGB, Band 10, Vor Art. 1 Rom I-VO Rn. 91 u. 99. Ebenso *Lorenz,* AcP 157 (1958), 265, 269 f. Ebenso wohl für die Gerichtsstandsvereinbarung *Martiny,* in: MüKo/BGB, Band 10, Vor Art. 1 Rom I-VO Rn. 51 u. 80.

[94] *Stürner/Wendelstein,* IPRax 2014, 473, 474.

würde sich das anwendbare Recht nach dem Internationalen Privatrecht bestimmen. Die Art. 27 ff. EGBGB wurden jedoch ersatzlos gestrichen und Art. 1 Abs. 2 e) Rom I-VO[95] verbietet sowohl eine direkte oder analoge Anwendung der Art. 3 ff. Rom I-VO[96] als auch eine unselbständige „Anknüpfung der Schiedsvereinbarung an das Hauptvertragsstatut durch (implizite) Bildung einer europäischen Kollisionsnorm"[97]. Somit würde es an einer gesetzlichen Kollisionsnorm fehlen.

Geht man demgegenüber davon aus, bei der Schiedsvereinbarung handelte es sich um einen Prozessvertrag, käme grundsätzlich das Prozessrecht, also die *lex fori,* zur Anwendung. Dort finden sich zwar nur § 1059 Abs. 2 Nr. 1 a) ZPO bzw. Art. V Abs. 1 a) UNÜ, diese Normen werden jedoch von den Vertretern der prozessrechtlichen Theorie generell, also auch außerhalb des Anerkennungs- und Vollstreckungsstadiums angewendet.[98] Gegen diesen Ansatz wird vorgebracht, er sei methodisch verfehlt, weil er nur bei einer vollständig prozessualen Qualifikation der Schiedsvereinbarung konsequent wäre, die Vertreter der prozessualen Auffassung aber für das Zustandekommen der Schiedsvereinbarung ebenfalls auf materiellrechtliche Vorschriften zurückgreifen würden.[99] Das überzeugt jedoch nicht, denn – wie gezeigt – steht ein Rückgriff auf das allgemeine Vertragsrecht einer (auch vollständigen) prozessualen Qualifikation nicht entgegen.[100] Eine analoge Anwendung außerhalb des Anerkennungs- und Vollstreckungsstadiums würde aber eine vergleichbare Interessenlage voraussetzen. „Gerade diese Vergleichbarkeit erscheint aber zweifelhaft, da im Exequaturverfahren bereits ein Schiedsspruch existiert, während in den übrigen Bereichen gerade die Frage auftritt, ob ein solcher ergehen darf oder nicht. Insoweit sind sowohl die Interessen der Parteien als auch diejenigen der Allgemeinheit und der Rechtspflege teilweise anders gelagert."[101] Und auch wenn man davon ausgeht, ein Rückgriff auf das Kollisionsrecht wäre – wie der Rückgriff auf das allgemeine Vertragsrecht[102] – auch bei prozessualer Vertragsqualifikation mög-

---

[95] Zum Begriff des vertraglichen Schuldverhältnisses i. S. v. Art. 1 Abs. 1 Rom I-VO, unter den auch die Schiedsvereinbarung fällt, vgl. *Wendelstein,* S. 142 ff.

[96] Hierfür aber *Thorn,* in: Palandt, Art. 1 Rom I Rn. 11. Vgl. auch *Martiny,* in: MüKo/BGB, Band 10, Vor Art. 1 Rom I-VO Rn. 100, der meint, es komme durch Anknüpfung an das Statut des Hauptvertrages zu einer mittelbaren Anwendung der Art. 3 ff. Rom I-VO. Dem folgend *Niedermaier,* S. 29. Ebenso wohl für die Gerichtsstandsvereinbarung *Martiny,* in: MüKo/BGB, Band 10, Vor Art. 1 Rom I-VO Rn. 80.

[97] *Stürner/Wendelstein,* IPRax 2014, 473, 475.

[98] Vgl. *Stürner/Wendelstein,* IPRax 2014, 473, 475 m.w. N.

[99] *Stürner/Wendelstein,* IPRax 2014, 473, 475.

[100] Siehe Kap. 2 C. I. 1.

[101] *Stürner/Wendelstein,* IPRax 2014, 473, 475.

[102] Siehe Kap. 2 C. I. 1.

lich[103], würde es dennoch – wie soeben festgestellt – an einer gesetzlichen Kollisionsnorm fehlen.[104]

2. Kollisionsrechtliche Behandlung unabhängig von der Rechtsnatur

Es ist – jedenfalls im Ausgangspunkt – nicht angebracht, die Anknüpfung von der Rechtsnatur abhängig zu machen. Zwar „ist von jeher versucht worden, die kollisionsrechtlichen Probleme internationaler [...] Schiedsvereinbarungen, die sich aus der Verwobenheit materiellrechtlicher und prozessualer Elemente ergeben, von der Rechtsnatur dieser Verträge her zu lösen."[105] Und so hatte auch die bereits erwähnte Rechtsprechung und Literaturmeinung, welche die Schiedsvereinbarung als materiellrechtlichen Vertrag über prozessuale Beziehungen qualifizierte, nicht nur zum Zweck, das allgemeine Vertragsrecht zur Anwendung zu bringen, sondern insbesondere auch das Kollisionsrecht, welches auf „die Lösung von Konfliktsituationen zugeschnitten" ist.[106] Bereits *Schlosser* hat aber festgestellt: „Eine vorrangige Abhängigkeit der Anknüpfungsfrage läßt sich jedenfalls aus dem theoretischen Verständnis der Schiedsgerichtsbarkeit als einem mehr obligationenrechtlichen oder mehr prozessualen Gebilde nicht ableiten."[107] Allein die Rechtsnatur der Schiedsvereinbarung ist nicht entscheidend für ihre Anknüpfung.[108] Die kollisionsrechtliche Behandlung der Schiedsvereinbarung ist – ganz in der Tradition von *Savigny*[109] – vielmehr „eine Frage der Wertung, welche Normen sinnvollerweise auf die Schiedsvereinbarung Anwendung finden"[110]. Sie hat

---

[103] So *Hausmann*, FS Lorenz, S. 359, 364 m.w.N. Ebenso wohl für die Gerichtsstandsvereinbarung *Martiny*, in: MüKo/BGB, Band 10, Vor Art. 1 Rom I-VO Rn. 80.

[104] *Stürner/Wendelstein*, IPRax 2014, 473, 475. Zwar enthält Art. VI Abs. 2 EuÜ eine Anknüpfungsregel für Schiedsvereinbarungen, die primär an die Parteivereinbarung und subsidiär auf die *lex loci arbitri*, also das Recht des Schiedsortes abstellt. Das Übereinkommen hat aber heutzutage kaum noch Bedeutung, vgl. *Stürner/Wendelstein*, IPRax 2014, 473, 474 Fn. 15. *König*, SchiedsVZ 2012, 129, 133, die selbst die Anknüpfung an die *lex loci arbitri* präferiert, nutzt die Regelung jedoch als Vorbild.

[105] *Hausmann*, FS Lorenz, S. 359, 360.

[106] *Lorenz*, AcP 157 (1958), 265, 274.

[107] *Schlosser*, Rn. 218. Auch *Koussoulis*, FS Schlosser, S. 415, 418, bezweifelt die methodologische Statthaftigkeit der Behandlung des Problems vom Schiedsvereinbarungsstatut aufgrund theoretischer Konstruktionen und begriffsjuristischer Denkweise.

[108] *Neuner*, RabelsZ 3 (1929), 37 ff.; *Raape*, S. 554; *v. Hoffmann*, S. 28 ff.; *Schlosser*, Rn. 250; *Schlosser*, RIW 1982, 857, 858; *Hausmann*, FS Lorenz, S. 359, *Hausmann*, FS Lorenz, S. 359, 364; *Schwab/Walter*, Kap. 7 Rn. 37. Wohl auch *Stürner/Wendelstein*, IPRax 2014, 473, 475 ff., welche die Anknüpfung losgelöst von der Rechtsnatur vornehmen.

[109] Seit *Savigny* sieht man die Aufgabe des Internationalen Privatrechts darin, „daß bei jedem Rechtsverhältniß dasjenige Rechtsgebiet aufgesucht werde, welchem dieses Rechtsverhältniß seiner eigenthümlichen Natur nach angehört oder unterworfen ist.", vgl. *Savigny*, S. 28; hierzu auch *A. Köhler*, Eingriffsnormen.

[110] *Schwab/Walter*, Kap. 7 Rn. 37.

sich insoweit also an den Interessen und nicht primär an der Rechtsnatur zu orientieren.[111]

Eine andere Frage ist zudem noch, worauf das zu bestimmende Recht zur Anwendung kommt – mithin, ob sich alle Fragen der Schiedsgerichtsbarkeit nach einem einzigen Recht bestimmen oder ob verschiedene Rechte für verschiedene Aspekte zur Anwendung kommen. Es besteht aber kein Bedürfnis für eine kollisionsrechtlich einheitliche Behandlung.[112] Denn gerade die verschiedenen zur Rechtsnatur vertretenen Ansichten legen es nahe, nicht alle Fragen einheitlich entsprechend einer der Theorien, sondern diese eigenständig anzuknüpfen.[113] Die einstmals vertretene Einheitstheorie ist längst überholt.[114] Und so wird heute bei der Schiedsvereinbarung klassischerweise zwischen Schiedsvereinbarungsstatut, Formstatut, Statut der subjektiven sowie Statut der objektiven Schiedsfähigkeit unterschieden.[115]

Da an späterer Stelle noch einmal auf das Schiedsvereinbarungsstatut zurückzukommen sein wird, soll dies hier nur in der gebotenen Kürze bestimmt werden.[116] Dem Schiedsvereinbarungsstatut kommt „Auffangcharakter"[117] zu. Nach ihm bestimmen sich insbesondere das Zustandekommen, die Wirksamkeit und Nichtigkeit, die Beendigung und die Auslegung – insbesondere also auch die Reichweite der Schiedsvereinbarung sowie die Bindung von Rechtsnachfolgern.[118] Die Unterschiede der verschiedenen Rechtsordnungen, beispielsweise in Bezug auf Fragen der Auslegung, können dabei praxisrelevante Konsequenzen haben.[119]

Sowohl unter den Vertretern der materiellrechtlichen wie unter den Vertretern der prozessualen Auffassung besteht Einigkeit darüber, dass primär der Partei-

---

[111] *v. Hoffmann*, S. 64 f.; *Koussoulis*, FS Schlosser, S. 415, 418; *Stürner/Wendelstein*, IPRax 2014, 473, 475 ff. Grundlegend zu der von *Kegel*, S. 25 ff., begründeten Interessenlehre *Schurig*, S. 96 ff.; *A. Köhler*, Eingriffsnormen, S. 68 ff. u. 76 ff.; *Wendelstein*, S. 140.

[112] *Hausmann*, FS Lorenz, S. 359, 362.

[113] *Lehmann*, S. 26.

[114] *Schlosser*, Rn. 218.

[115] *Münch*, in: MüKo/ZPO, Band 3, § 1029 Rn. 27.

[116] Zu den anderen Statuten vgl. *Münch*, in: MüKo/ZPO, Band 3, § 1029 Rn. 41 ff. und § 1031 Rn. 20 ff.; *Trittmann/Hanefeld*, in: Arbitration in Germany, § 1029 Rn. 12 f. (S. 98 f.); OLG München, SchiedsVZ 2014, 262; *Barber*, S. 23. Für eine Sonderanknüpfung der Schiedsfähigkeit als transnationales Rechtsprinzip vgl. *Lehmann*.

[117] *Münch*, in: MüKo/ZPO, Band 3, § 1029 Rn. 39.

[118] *Stürner/Wendelstein*, IPRax 2014, 473, 480; *Trittmann/Hanefeld*, in: Arbitration in Germany, § 1029 Rn. 11 (S. 98); *Münch*, in: MüKo/ZPO, Band 3, § 1029 Rn. 39, dort auch zur eigenständigen Anknüpfung der Vertretungsmacht. A. A. wohl *Koussoulis*, FS Schlosser, S. 415, der auch die objektive Schiedsfähigkeit nach dem Schiedsvereinbarungsstatut bestimmen will.

[119] *Stürner/Wendelstein*, IPRax 2014, 473, 473 m. w. N.

wille gilt, mithin, dass es den Parteien möglich ist, das auf die Schiedsvereinbarung anwendbare Recht zu wählen.[120] Eine solche Rechtswahl wird jedoch nur
selten getroffen.[121] Eine häufiger anzutreffende Rechtswahl im Hauptvertrag soll
dann aber nach einer Ansicht regelmäßig als konkludente Rechtswahl in Bezug
auf die Schiedsvereinbarung zu verstehen sein.[122] Demgegenüber geht eine andere Ansicht davon aus, eine konkludente Rechtswahl in Bezug auf die Schiedsvereinbarung liege vielmehr in der Wahl des Schiedsorts.[123] Die Begründungen
dieser Ansichten zeigen aber, dass es sich im Kern tatsächlich nicht um die Er-
mittlung eines subjektiven, konkludent geäußerten Parteiwillens handelt, sondern
um eine objektive Bestimmung des Schiedsvereinbarungsstatuts.[124] Liegen also
tatsächlich keine Indizien vor, die auf eine konkludente Rechtswahl schließen
lassen, so ist objektiv an die *lex loci arbitri* anzuknüpfen.[125]

3. Fazit

Die kollisionsrechtliche Behandlung der Schiedsvereinbarung vollzieht sich
unabhängig von ihrer Rechtsnatur und orientiert sich an den betroffenen Interessen. Das Schiedsvereinbarungsstatut bestimmt sich primär nach dem subjektiven
Parteiwillen, im Falle des Fehlens einer (ausdrücklichen oder konkludenten)
Rechtswahl objektiv nach der *lex loci arbitri*.

III. Fazit

Die Rechtsnatur entscheidet darüber, ob der Vertrag grundsätzlich dem materiellen Recht oder dem Prozessrecht unterliegt.[126] Der Rückgriff auf das allgemeine Vertragsrecht ist zwar durch eine prozessuale Qualifikation nicht versperrt, das Prozessrecht führt aber zu Modifikationen des Vertragsrechts, mithin
zu einem speziellen Prozessvertragsrecht.[127] Insgesamt handelt es sich bei der
Rechtsnatur also nicht nur um ein bloß theoretisches Problem – der Rechtsnatur
des Vertrags kommt im Mindesten eine Orientierungsfunktion zu.[128] Die kollisionsrechtliche Behandlung der Schiedsvereinbarung vollzieht sich demgegen-

---

[120] *Stürner/Wendelstein*, IPRax 2014, 473, 474 m.w.N.
[121] *Lachmann*, Rn. 268.
[122] *Trittmann/Hanefeld*, in: Arbitration in Germany, § 1029 Rn. 11 (S. 98). Vgl. auch
Stürner/Wendelstein, IPRax 2014, 473, 478 m.z.N.
[123] Vgl. *Stürner/Wendelstein*, IPRax 2014, 473, 478 m.z.N.
[124] *Stürner/Wendelstein*, IPRax 2014, 473, 478.
[125] *Münch*, in: MüKo/ZPO, Band 3, § 1029 Rn. 37; *Trittmann/Hanefeld*, in: Arbitration in Germany, § 1029 Rn. 11 (S. 98); *Stacher*, S. 72; *Wilske/Markert*, in: BeckOK
ZPO, 24. Edition, Stand: 01.03.2017, § 1051 Rn. 2. I.E. auch *Schroeder*, S. 42. A.A.
Stürner/Wendelstein, IPRax 2014, 473, 479 f. m.w.N.
[126] *Schäfer*, S. 94.
[127] *Wagner*, S. 21.
[128] *Wagner*, S. 13 u. 22.

über grundsätzlich unabhängig von ihrer Rechtsnatur und orientiert sich an den betroffenen Interessen. Das Schiedsvereinbarungsstatut wird – bei Fehlen einer Rechtswahl – von der *lex loci arbitri* gestellt. Jedenfalls ist es somit „weder für die Anknüpfung der *lex causae* noch für die Anwendung des allgemeinen Vertragsrechts erforderlich, auf die schillernde Rechtsfigur eines *materiell-rechtlichen* Rechtsgeschäfts *prozessualen* Inhalts zurückzugreifen."[129]

D. Qualifikationskriterien zur Bestimmung der Rechtsnatur verfahrensbezogener Verträge

Zunächst gilt es, ein geeignetes Qualifikations- bzw. Abgrenzungskriterium zu finden, mit dem ein prozessnaher Vertrag dem Privat- oder dem Prozessrecht zugeordnet werden kann. Dabei sollte es sich idealerweise um ein Kriterium handeln, welches einheitlich für die Zuordnung eines jeden Vertrags zu einer bestimmten Teilrechtsordnung gilt, nicht also nur – wie hier in Bezug auf die Schiedsvereinbarung – für die Zuordnung zu Privat- oder Prozessrecht. Dies würde dem Ansatz einer allgemeinen Abgrenzungslehre entsprechen.[130]

Nimmt man das Ziel einer solchen allgemeinen Abgrenzungslehre zum Ausgangspunkt, so erscheint es vor dem Hintergrund, dass das Prozessrecht öffentliches Recht ist[131], naheliegend, auf die zur Abgrenzung des öffentlichen Rechts vom Privatrecht entwickelten Theorien zurückzugreifen. Der Rückgriff auf Subjektions-, Sonderrechts- und Hoheitstheorie ist aber – anders als bei der Bestimmung der Rechtsnatur des Prozessrechts – von vornherein verschlossen, denn diese beziehen sich auf Rechtsnormen, nicht aber auf Handlungen, insbesondere also nicht auf Verträge.[132] Es muss folglich nach einem anderen geeigneten Qualifikations- und Abgrenzungskriterium gesucht werden.

Dabei ist die Qualifikation von vornherein unabhängig von der Frage nach der Rechtsnatur der Schiedsgerichtsbarkeit insgesamt zu führen. Denn dabei geht es um eine normative Grundhaltung gegenüber der Schiedsgerichtsbarkeit, während hier „ein *analytisch-systematisches Problem* des deutschen Rechts – nämlich die Zuordnung von Verträgen zum Prozeß- oder Privatrecht – zur Debatte steht."[133]

I. Der Regelungsort als Qualifikationskriterium

Die Schiedsvereinbarung ist zwar in der Zivilprozessordnung geregelt. Aber auch wenn die Regelung in der ZPO vermutlich die Behandlung durch Prozes-

---

[129] *Wagner*, S. 31 f.
[130] *Wagner*, S. 18 f.
[131] Siehe Kap. 2 B.
[132] *Wagner*, S. 20.
[133] *Wagner*, S. 579 Fn. 109.

sualisten und ein prozessuales Verständnis der Schiedsvereinbarung förderte[134], ist der Regelungsort tatsächlich nicht entscheidend für deren Rechtsnatur.[135] Denn die Kodifizierung einzelner Verträge in materiell-rechtlichen oder prozessrechtlichen Gesetzen erfolgte oftmals weniger im Bewusstsein der umstrittenen Rechtsfigur des Prozessvertrags, sondern vielmehr zufällig oder aus pragmatischen Erwägungen.[136] Tatsächlich trifft dies insbesondere auf die Schiedsvereinbarung zu. Denn diese ist in der ZPO geregelt, die Gründe hierfür wurden allerdings bereits dargestellt.[137] Entscheidend waren rein praktische Erwägungen und nicht, dass das Schiedsverfahren – insbesondere die Schiedsvereinbarung – als prozessuales Institut angesehen wurde. Überdies trifft die ZPO auch keine Aussage über die Rechtsnatur der Schiedsvereinbarung. Insbesondere befinden sich die Regelungen hierüber – wie über das gesamte Schiedsrecht – gerade nicht unter den Regeln des Erkenntnisverfahrens, sondern in einem separaten Buch am Ende der ZPO.[138] Jedenfalls ist festzuhalten, dass sich aus dem Regelungsort eines (prozessnahen) Vertrags nichts für die Qualifikationsfrage entnehmen lässt. Er entzieht ihn aber dem Streit um seine Zulässigkeit.[139]

II. Die Zulässigkeit als Qualifikationskriterium

Die Zulässigkeit ist damit auch der nächst nahe liegende Anknüpfungspunkt, um die Rechtsnatur eines Vertrags zu bestimmen. Denn auf den ersten Blick erscheint es einleuchtend, einen Vertrag derjenigen Teilrechtsordnung zuzuordnen, aus der sich seine Zulässigkeit ergibt. Für die Schiedsvereinbarung würde sich daraus ergeben, dass sie als Prozessvertrag zu qualifizieren ist, da sich ihre Zulässigkeit aus §§ 1025 ff. ZPO ergibt, mithin aus der Zivilprozessordnung. Aber abgesehen davon, dass sich aus dem Regelungsort – wie bereits festgestellt[140] – grundsätzlich nichts für die rechtliche Qualifikation ableiten lässt, erscheint die Zulässigkeit auch methodisch ungeeignet, um eine Zuordnung vorzunehmen. So meint *Wagner*, die Frage der Zulässigkeit sei von der Frage der Qualifikation „nicht nur zu trennen, sondern muß deren Beantwortung darüber hinaus voraussetzen, denn die Anwendung prozeßrechtlicher Zulässigkeitsmaßstäbe ist erst

---

[134] Siehe Kap. 1 A. I. 5. b).
[135] *Wagner*, S. 11; *Stacher*, S. 7 f.; *Hayum*, S. 5; *Hellwig*, S. 39; *Kornblum*, FamRZ 20 (1973), 416, 421. Bereits *Blomeyer*, Zivilprozessrecht, S. 713. A. A. wohl RGZ 31, 370, 374: „Durch die besondere Regelung, welche dem schiedsrichterlichen Verfahren im zehnten Buche dieses Gesetzes zu teil geworden ist, sind die Rechtswirkungen des Schiedsvertrages aus der rein privatrechtlichen Sphäre herausgehoben worden […]." Vgl. auch *Schlosser*, Rn. 46.
[136] *Hellwig*, S. 39; *Kornblum*, FamRZ 20 (1973), 416, 421; *Stacher*, S. 8.
[137] Siehe Kap. 1 A. I. 5. b).
[138] So auch *Schäfer*, S. 119.
[139] *Wagner*, S. 11.
[140] Siehe Kap. 2 D. I.

möglich, nachdem der prozessuale Rechtscharakter einer Vereinbarung erwiesen ist."[141] Dem ist zuzustimmen. Zwar besteht die Besonderheit[142], dass die Zulässigkeit von Schiedsvereinbarungen in den §§ 1025 ff. ZPO positiv-rechtlich geregelt ist, aber wie bereits festgestellt, lässt sich dieser Regelung nicht entnehmen, ob hierin privatrechtliche oder prozessuale Zulässigkeitsmaßstäbe normiert sind.[143]

III. Der Vertragsbegriff bzw. die Vertragsnatur als Qualifikationskriterium

Teilweise wurde vertreten, dass sich bereits von der Vertragsnatur, also der schlichten Tatsache, dass ein Vertrag vorliegt, auf die materiellrechtliche Natur dieses Vertrags schließen lasse.[144] Diese Ansicht geht wohl davon aus, dass es keine Prozessverträge, also dem Prozessrecht angehörende Verträge, geben kann.[145] Dies ist freilich nicht zutreffend.[146] Der Vertrag stellt vielmehr eine das gesamte Recht beherrschende „allgemein-rechtliche Kategorie"[147] dar. Im Völkerrecht beispielsweise ist er eine der bedeutendsten und ältesten Rechtsquellen.[148] Ebenso verdeutlicht die gesetzliche Regelung des verwaltungsrechtlichen Vertrags in §§ 54 ff. VwVfG, dass das Institut des Vertrags auch in den nationalen Teilrechtsordnungen nicht allein dem Privatrecht vorbehalten ist.[149] Dementsprechend erkennt die herrschende Meinung die Existenz von Prozessverträgen an.[150] Der Vertrag stellt damit eine das gesamte Recht beherrschende „allge-

---

[141] *Wagner*, S. 18. Ebenso für die „Vereinbarung, die Sachprüfung nicht durch ein Anerkenntnis abzuschneiden" *Siebert*, S. 23. Allgemein zur Zulässigkeit von Prozessverträgen, vgl. *Wagner*, S. 48 ff.

[142] Andere Beispiele für eine gesetzliche Regelung der Zulässigkeit sind „die Gerichtsstandsvereinbarung gemäß §§ 38 ff. ZPO, die Einigung über die Art der Sicherheitsleistung gemäß § 108 Abs. 1 S. 2 ZPO, die einverständliche Abkürzung gesetzlicher Fristen nach § 224 Abs. 1 S. 1, Vereinbarungen über Zeit, Ort sowie Art und Weise der Verwertung gepfändeter Sachen gemäß § 816 Abs. 1, 2, 825 Abs. 1 S. 2 ZPO", *Wagner*, S. 48.

[143] Siehe Kap. 2 C. I. 3. a).

[144] *Wagner*, S. 580 m. w. N.

[145] *Wagner*, S. 580.

[146] *Wagner*, S. 18, 26 f., 278 ff.

[147] *Stacher*, S. 6. Ähnlich *Wagner*, S. 26, 278; ihm folgend *Münch*, in: MüKo/ZPO, Band 3, § 1029 Rn. 15. Ähnlich *Sachse*, ZZP 54, 409, 416: „Der Vertrag ist eine Rechtsform, die nicht nur dem Privatrecht angehört [...]. Der Begriff gehört dem Gesamtrecht an."

[148] *Graf Vitzthum*, in: Völkerrecht, Erster Abschnitt, Rn. 88, der als ältestes Beispiel den zwischen den mesopotanischen Stadtstaaten Lagasch und Umma im Jahre 3100 v. Chr. benennt. Zum Begriff des völkerrechtlichen Vertrags vgl. *Ipsen*, § 10 Rn. 1 ff. Zur Bedeutung des Vertrags im Völkerrecht vgl. auch *Wengler*, S. 184 ff.

[149] *Wagner*, S. 27.

[150] Vgl. nur *Rauscher*, in: MüKo/ZPO, Band 1, Einl. Rn. 435 ff.; *Musielak*, in: Musielak/Voit, Einl. Rn. 66 f.

mein-rechtliche Kategorie"[151] dar – er ist also neutral und ermöglicht folglich gerade keine Abgrenzung.[152] Dennoch bleibt der Vertrag im Prozessrecht eine Ausnahmeerscheinung, denn im Unterschied zum Privatrecht ist das Prozessrecht grundsätzlich zwingender Natur.[153]

IV. Die Prozesshandlung als Qualifikationskriterium

Der Begriff der Prozesshandlung findet an verschiedenen Stellen in der ZPO[154] Erwähnung und hat sich in Rechtsprechung und Prozessrechtswissenschaft etabliert, um ein Verhalten des Gerichts oder der Parteien zu erfassen, mit dem gestaltend auf den Prozess eingewirkt wird.[155] Da die Schiedsvereinbarung jedenfalls eine Einrede[156] vor Gericht und einen urteilsgleichen Schiedsspruch[157] ermöglicht, gilt es zu prüfen, ob die Kategorie der Prozesshandlung als geeignetes Qualifikationskriterium brauchbar gemacht werden kann.

1. Begriff der Prozesshandlung

Klärungsbedürftig ist, was eigentlich eine „Prozesshandlung" ist und ob die Schiedsvereinbarung dazu zu zählen ist. Die ZPO enthält keine Legaldefinition der Prozesshandlung.[158] Daher ist zunächst der Begriff der Prozesshandlung zu klären. Einigkeit besteht jedenfalls in Bezug darauf, dass die Prozesshandlungen des Gerichts von den Prozesshandlungen der Parteien – teilweise daher als Parteiprozesshandlungen bezeichnet – zu unterscheiden sind.[159] Einigkeit herrscht ebenfalls darüber, dass bei letzteren zwischen den sog. Erwirkungshandlungen, bei denen der bezweckte Erfolg nicht unmittelbar, sondern erst durch das Gericht herbeigeführt wird und den sog. Bewirkungshandlungen, durch die eine prozessuale Rechtswirkung unmittelbar durch die Parteien erzeugt wird, zu trennen

---

[151] *Stacher,* S. 6. Ähnlich *Wagner,* S. 26, 278; ihm folgend *Münch,* in: MüKo/ZPO, Band 3, § 1029 Rn. 15. Ähnlich *Sachse,* ZZP 54, 409, 416: „Der Vertrag ist eine Rechtsform, die nicht nur dem Privatrecht angehört [...]. Der Begriff gehört dem Gesamtrecht an."

[152] Bereits *Schiedermair,* S. 39. Ebenso *Lorenz,* AcP 157 (1958/1959), 265, 278; *Wagner,* S. 26, 278 m.w.N.; *Schack,* Rn. 1319.

[153] *Stacher,* S. 42 m.w.N.

[154] Vgl. bspw. §§ 54, 67, 78 Abs. 3, 81, 83 Abs. 2, 85 Abs. 1, 172 Abs. 1, 230 ff., 249 Abs. 2, 295 Abs. 1 ZPO.

[155] *Musielak,* in: Musielak/Voit, Einl. Rn. 58.

[156] § 1032 Abs. 1 ZPO.

[157] § 1055 ZPO.

[158] *Musielak,* in: Musielak/Voit, Einl. Rn. 58; *Schäfer,* S. 97.

[159] *Musielak,* in: Musielak/Voit, Einl. Rn. 58 f.; *Saenger,* in: Saenger, Einf. Rn. 118; *Rauscher,* in: MüKo/ZPO, Band 1, Einl. Rn. 412; *Jauernig/Hess,* § 30 Rn. 1; *Rosenberg/Schwab/Gottwald,* § 58 ff.

ist.[160] So zählen Anträge, Behauptungen und Beweisführungen zu den Erwirkungshandlungen, während beispielsweise Klage (§§ 253 ff. ZPO), Klagerück-
nahme (§ 269 ZPO), Verzicht (§ 306 ZPO) und Anerkenntnis (§ 307 ZPO) Bewirkungshandlungen sind. Relevant ist diese Unterscheidung, da sowohl die
Anforderungen an beide Arten von Prozesshandlungen als auch deren Rechtsfolgen differieren.[161]

Umstritten ist, wie prozess(rechts)bezogen eine Handlung sein muss, damit
eine Prozesshandlung vorliegt.[162] Das Reichsgericht verstand unter der Prozesshandlung ein Verhalten, das eine „unmittelbare verfahrensrechtliche Wirkung"
hat und „von der Prozeßordnung nach Voraussetzungen und Wirkungen geregelt"
ist.[163] Dem hat sich der BGH und ein Teil der Literatur mit dem sog. systematischen Prozesshandlungsbegriff[164] angeschlossen und versteht hierunter „Handlungen der Parteien oder des Gerichts, die zur Begründung, Führung und Erledigung des Rechtsstreits dienen und durch prozeßrechtliche Vorschriften geregelt
sind".[165]

Dieser enge Prozesshandlungsbegriff[166] erfasst nur solches Parteihandeln, das
den Prozess unmittelbar gestaltet.[167] Teilweise wird aber bestritten, dass der Abschluss eines Prozessvertrags einen Prozess unmittelbar gestaltet. Um gestaltend
auf den Prozess einzuwirken, müsse der Prozessvertrag zunächst in diesen eingeführt werden. Die Wirkung sei also noch von einem weiteren Tätigwerden der
Parteien abhängig, sie sei also nicht unmittelbar.[168] Von Vertretern des engen
Prozesshandlungsbegriffs wird daher eine Trennung der Begriffe des Prozess-

---

[160] *Musielak*, in: Musielak/Voit, Einl. Rn. 61; *Saenger*, in: Saenger, Einf. Rn. 120;
Rauscher, in: MüKo/ZPO, Band 1, Einl. Rn. 416; *Zöller/Greger*, Vor § 128 Rn. 14;
Jauernig/Hess, § 30 Rn. 3 ff.; *Rosenberg/Schwab/Gottwald*, § 64 Rn. 1. Diese Unter-
scheidung geht laut *Rosenberg/Schwab/Gottwald*, § 64 Rn. 1 und *Stacher*, S. 59
Fn. 316, zurück auf *Goldschmidt*, S. 364 ff.

[161] *Musielak*, in: Musielak/Voit, Einl. Rn. 61 f.

[162] Zu einer anderen Differenzierung vgl. noch *Hayum*, S. 11 ff., der die Schiedsvereinbarung nicht zu den Prozesshandlungen zählt.

[163] RGZ 160, 241, 242. Vgl. aber auch *Lorenz*, AcP 157 (1958), S. 265, 279 mit
zahlreichen Nachweisen für die uneinheitliche Handhabung des Begriffs der Prozesshandlung durch das RG.

[164] *Rauscher*, in: MüKo/ZPO, Band 1, Einl. Rn. 413.

[165] BGHZ 49, 384, 386 m.w.N. Ebenso *Saenger*, in: Saenger, Einf. Rn. 119. *Schäfer*,
S. 148, versteht die Entscheidung BGH, NJW 1987, 651, 652, in welcher der BGH die
Schiedsvereinbarung – obwohl nur prozessvorbereitende Abrede – als „Unterfall des
Prozeßvertrags" bezeichnet, jedoch als Zugeständnis zum funktionellen Prozesshand-
lungsbegriff.

[166] *Rauscher*, in: MüKo/ZPO, Band 1, Einl. Rn. 413.

[167] *Schiedermair*, S. 95 f.; *Baumgärtel*, S. 272 f.; *Zöller/Greger*, Vor § 128 Rn. 14.

[168] RGZ 160, 241, 242; *Teubner/Künzel*, MdR 1988, 720, 725; *Schäfer*, S. 148 f. Vgl.
auch *Stacher*, S. 61. A. A. *Schiedermair*, S. 168.

vertrags und der Prozesshandlung befürwortet.[169] Dass solche Handlungen, die lediglich der Vorbereitung eines Prozesses dienen, also vor Klageerhebung vorgenommen werden, vom Begriff der Prozesshandlung ausgenommen bleiben, rechtfertigt der BGH folgendermaßen: Einmal würden diese prozessrechtlich erst relevant, wenn sie von den Parteien vorgetragen werden. Zum anderen widerspräche es einer „natürlichen Betrachtungsweise, eine solche Abrede als ‚Prozesshandlung' anzusehen, zumal dann, wenn die Parteien in dem Zeitpunkt, zudem sie sie treffen, an einen Rechtsstreit überhaupt nicht denken", insbesondere dann, „wenn die Vereinbarung neben zahlreichen anderen in den allgemeinen Lieferungsbedingungen einer Partei enthalten ist."[170] Und dass auch Verpflichtungsverträge nicht erfasst werden, wird mit der Befürchtung gerechtfertigt, dass eine Anerkennung prozessualer Verpflichtungsverträge die Prozesshandlungslehre sprengen würde.[171] Im Ergebnis sind damit vom engen Prozesshandlungsbegriff ausschließlich einseitige unmittelbar prozessgestaltende Akte erfasst.[172] Die Schiedsvereinbarung stellt nach dieser Ansicht keine Prozesshandlung dar.[173]

Die Literatur vertritt demgegenüber überwiegend den sog. funktionellen Prozesshandlungsbegriff, der auf die Regelung der Voraussetzungen durch prozessrechtliche Vorschriften verzichtet und nur voraussetzt, dass die Wirkungen der Prozesshandlung auf prozessualem Gebiet liegen.[174] Dieser weite Prozesshandlungsbegriff erfasst folglich alle – auch zweiseitigen – Akte, deren „Wirkungen in der Begründung, Gestaltung, Führung und Beendigung des Verfahrens liegen."[175] Uneinheitlich sind jedoch wiederum die Anforderungen an diese Wirkungen, welche eine Zuordnung zu Privat- oder Prozessrecht ermöglichen sollen.

---

[169] Zöller/*Greger,* Vor § 128 Rn. 26. Vgl. auch *Stacher,* S. 61. Dagegen *Baumgärtel,* ZZP 87 (1974), 121, 134; anders aber wohl *ders.,* AcP 169 (1969), 186, 188.

[170] BGHZ 49, 384, 386. Vgl. auch *Schäfer,* S. 97, die dies als „künstliche Aufspaltung des Parteiwillens" bewertet.

[171] *Baumgärtel,* ZZP 87 (1974), 121, 134; *ders.,* AcP 169 (1969), 186, 188. Dagegen *Wagner,* S. 38.

[172] RGZ 160, 241, 242; *Rauscher,* in: MüKo/ZPO, Band 1, Einl. Rn. 413; Zöller/*Greger,* Vor § 128 Rn. 26; *Schwab,* FS Baumgärtel, S. 503, 504 f. Vgl. auch *Wagner,* S. 23.

[173] *Lorenz,* S. 265, 280 f.; *Kisch,* ZZP 1951, 321, 329 u. 331. A. A. *Schiedermair,* S. 102 ff., 168. Die Gerichtsstandsvereinbarung hat das RG demgegenüber als Prozesshandlung qualifiziert, vgl. RGZ 159, 254, 255. Der systematische Prozesshandlungsbegriff rechtfertigt es aber nur, die Einrede der Gerichtsstandsvereinbarung als Prozesshandlung anzusehen. In diesem Sinne dann auch BGHZ 49, 384, 386 f.; BGHZ 57, 72, 75.

[174] Vgl. nur *Musielak,* in: Musielak/Voit, Einl. Rn. 59; Zöller/*Greger,* Vor § 128 Rn. 14; *Reichold,* in: Thomas/Putzo, Einl. III Rn. 3; *Kern,* in: Stein/Jonas, Band 2, vor § 128 Rn. 240 f.; B/L/A/H, Grdz § 128 Rn. 46; *Schäfer,* S. 97; *Baumgärtel,* S. 12 ff.; *ders.,* ZZP 87 (1974), 121, 122; *Nikisch,* § 55 I.

[175] *Rauscher,* in: MüKo/ZPO, Band 1, Einl. Rn. 413. So bereits *Schiedermair,* S. 167 ff.; *Nikisch,* § 55 I; denen folgend *Baumgärtel,* S. 281 ff., 291; *Kern,* in: Stein/Jonas, Band 2, vor § 128 Rn. 237.

Teilweise wird gefordert, dass die Hauptwirkungen bzw. charakteristischen Wirkungen auf prozessualem Gebiet liegen müssten, um eine Prozesshandlung anzunehmen.[176] Teilweise soll aber auch genügen, dass die „Wirkungen im Wesentlichen auf prozessualem Gebiet liegen"[177] oder die „unmittelbare Hauptwirkung auf prozessualem Gebiet liegt"[178]. Offen bleibt, ob es sich hierbei im Einzelnen tatsächlich um inhaltliche oder – und hiervon ist wohl auszugehen – lediglich um begriffliche Differenzen handelt. Einigkeit herrscht jedenfalls darüber, dass sowohl Handlungen umfasst sind, die das Verfahren unmittelbar gestalten, als auch prozessvorbereitende Handlungen, die den prozessualen Erfolg erst durch Geltendmachung im Prozess herbeiführen.[179] Nicht entscheidend ist, ob bereits ein Prozessrechtsverhältnis[180] entstanden ist.[181] Vertreter des funktionellen Prozesshandlungsbegriffs zählen überwiegend auch die Schiedsvereinbarung zu den Prozesshandlungen.

2. Ungeeignetheit des Prozesshandlungsbegriffs als Qualifikationskriterium

Der systematische Prozesshandlungsbegriff birgt „die Gefahr, dass eine gewisse Flexibilität verloren geht und die Definition rein statisch verstanden wird. Denn selbst wenn sich die Voraussetzungen nach Prozessrecht richten, heißt dies nicht, dass materiell-rechtliche Normen nicht parallel zur Anwendung kommen können."[182] Untauglich erscheint der systematische Prozesshandlungsbegriff aber auch deshalb, weil er zweiseitige, insbesondere also vertragliche Akte prinzipiell nicht erfasst, obwohl der Vertrag – wie gezeigt[183] – als allgemein-rechtliche Kategorie gerade jeder Teilrechtsordnung zugänglich ist. Aber „selbst die Adoption eines engen Prozeßhandlungsbegriffs würde es nicht rechtfertigen, den Vertrag aus dem Prozeßrecht gänzlich zu verbannen. Diese Schlußfolgerung setzt vielmehr die weitere Prämisse voraus, daß das Prozeßrecht nur einen einzigen Handlungsakt zuläßt – eben die einseitige Prozeßhandlung. Angesichts des Umstands, daß auch das materielle Recht mit mehreren Typen von Handlungsakten arbeitet, neben dem Vertrag etwa auch einseitige Rechtshandlungen und Gesamtakte kennt, versteht sich die Beschränkung des Prozeßrechts auf einen einzigen Typus keineswegs von selbst, sondern bedürfte einer besonderen und bisher feh-

---

[176] *Baumgärtel*, S. 12 ff.; *ders.*, ZZP 87 (1974), 121, 122.

[177] *Musielak,* in: Musielak/Voit, Einl. Rn. 59.

[178] Zöller/*Greger,* Vor § 128 Rn. 14.

[179] *Musielak,* in: Musielak/Voit, Einl. Rn. 59; *Kern,* in: Stein/Jonas, Band 2, vor § 128 Rn. 241; *Schäfer,* S. 149.

[180] Hierzu: *Musielak,* in: Musielak/Voit, Einl. Rn. 55 ff.; *Saenger,* in: Saenger, Einf. Rn. 90 ff.; *Wagner,* S. 14 f.

[181] *Musielak,* in: Musielak/Voit, Einl. Rn. 59; *Saenger,* in: Saenger, Einf. Rn. 119.

[182] *Schäfer,* S. 99.

[183] Siehe Kap. 2 D. III.

lenden Begründung."[184] Zudem kommt der Schiedsvereinbarung prozessuale Wirkung zu.[185] Vom restriktiven Standpunkt des engen Prozesshandlungsbegriffs aus kann es jedoch „kaum gelingen, die zweifellos prozessualen Wirkungen der gesetzlich anerkannten Vertragstypen, etwa derjenigen von Gerichtsstands- und Schiedsvereinbarung gemäß §§ 38 f., 1032 Abs. 1 ZPO, befriedigend zu erklären."[186]

Aber auch der funktionelle Prozesshandlungsbegriff vermag nicht gänzlich zu überzeugen. Denn hier ist insbesondere unklar, welche Wirkungen qualifikationsbestimmend sein sollen bzw. wie die „Haupt"-Wirkungen zu bestimmen sind.[187] So können einerseits prozessuale Handlungen materiellrechtliche Wirkungen erzeugen. Beispielsweise hemmt die Klageerhebung sowohl die Verjährung (§ 204 Abs. 1 Nr. 1 BGB) als auch die Ersitzung (§ 939 BGB) und verschärft die Haftung des Beklagten (§§ 292, 818 Abs. 4, 819, 989, 2023 BGB).[188] Die prozessuale Handlung wirkt sich also auf das zugrunde liegende Rechtsverhältnis aus.[189] Andererseits können materiellrechtliche Rechtsgeschäfte prozessuale Wirkungen hervorrufen. Die Veräußerung (§ 929 BGB) der in Streit befangenen Sache löst beispielsweise die Folgen der §§ 265, 325, 727 ZPO aus.[190] Eine Abgrenzung anhand der Hauptwirkungen setzt daher eine Methodik zur Bestimmung der Hauptwirkungen voraus. Soweit ersichtlich fehlt es an einer solchen jedoch bislang. In der Literatur beschränkt man sich auf die schlichte Behauptung, dass es sich bei bestimmten Wirkungen um die Hauptwirkungen handelt. Dieser methodische Mangel lässt den funktionellen Ansatz – jedenfalls zunächst – sogar unsicherer erscheinen als die klare Trennung durch den systematischen Ansatz.[191]

Verschiedentlich wird daher versucht, sich vom Begriff und der Dogmatik der Prozesshandlung zu lösen.[192] Unabhängig davon aber, welche Schwächen die unterschiedlichen Prozesshandlungsbegriffe enthalten oder welchem Begriff im Ergebnis zu folgen ist, scheidet der Prozesshandlungsbegriff als Qualifikations-

---

[184] *Wagner*, S. 23 m.w.N. A.A. *Rosenberg*, Stellvertretung, S. 57, der meint, „[n]ur eine Prozeßhandlung kann […] prozessuales Rechtsgeschäft sein."

[185] Siehe Kap. 3 B. und C.

[186] *Wagner*, S. 23 m.w.N.

[187] Beispielsweise Zöller/*Greger*, Vor § 128 Rn. 26, der schlicht meint, Abgrenzungsmerkmal sei die „Primärwirkung", freilich ohne darzulegen, wie diese bestimmt werden soll.

[188] *Rauscher*, in: MüKo/ZPO, Band 1, Einl. Rn. 414.

[189] *Schäfer*, S. 99.

[190] *Rauscher*, in: MüKo/ZPO, Band 1, Einl. Rn. 414.

[191] A.A. *Schäfer*, S. 100.

[192] *Wagner*, S. 345, der zwischen Prozessverträgen und unilateralen/einseitigen Parteiakten, auf die die allgemeine Prozesshandlungslehre Anwendung findet, unterscheidet. Vgl. auch Zöller/*Greger*, Vor § 128 Rn. 26.

kriterium hier noch aus einem anderen Grund aus. Zwar geht es in dieser Arbeit vordergründig um die rechtliche Qualifikation der Schiedsvereinbarung, also um deren Zuordnung zum Privat- oder Prozessrecht. Vor dem Hintergrund, dass sich die hierfür zu findende Qualifikationsmethode jedoch möglichst in eine allgemeine Abgrenzungslehre einfügen sollte[193], erscheint der Begriff der Prozesshandlung aber von vornherein als ungeeignet, da er jedenfalls – soweit man zweiseitige Akte überhaupt hierunter fasst – nur auf die Abgrenzung privatrechtlicher und prozessualer Verträge zugeschnitten ist.[194]

V. Die Kategorie der Verpflichtung als Qualifikationskriterium

Die Frage, welche konkreten Wirkungen der Schiedsvereinbarung zukommen, insbesondere, ob sie Pflichten begründet und welche Rechtsnatur diese haben, soll erst später aufgeworfen und geklärt werden.[195] Auch geht es hier noch nicht um die Frage, ob es sich bei diesen Wirkungen um echte Pflichten oder doch um bloße Lasten handelt. Die folgenden Ausführungen widmen sich einzig der Frage, ob eine Qualifikation bzw. Abgrenzung anhand des Begriffs der Verpflichtung erfolgen kann – beispielsweise dergestalt, dass, falls die Schiedsvereinbarung ausschließlich verpflichtenden Charakter hätte, diese in jedem Fall privatrechtlich zu qualifizieren wäre. Dies wäre dann der Fall, wenn die Kategorie der Verpflichtung einzig dem materiellen Recht vorbehalten bzw. dem Prozessrecht fremd ist. Die Frage ist also, ob es überhaupt vertraglich begründete prozessuale Pflichten gibt.

Tatsächlich wird die vertraglich begründete Pflicht regelmäßig mit dem Privatrecht assoziiert.[196] Eine Pflicht wird daher oftmals automatisch materiellrechtlich eingeordnet.[197] Teils werden dementsprechend lediglich verfügende Prozessverträge[198] anerkannt und die Möglichkeit einer prozessualen Natur von Verpflich-

---

[193] Siehe Kap. 2 D.

[194] *Wagner*, S. 22.

[195] Siehe Kap. 3 C.

[196] *Stacher*, S. 24.

[197] *Baumgärtel*, S. 234 ff.; *Dütz*, S. 231; wohl auch *Nikisch*, § 143 IV 2. In jüngerer Zeit bspw. *Schäfer*, S. 138; *Leisinger*, S. 144. Ebenso wohl auch *Gebauer*, FS Kaissis, S. 277 u. 282, für die Pflicht, den Zweck einer wirksamen Gerichtsstandsvereinbarung nicht zu vereiteln. Obwohl er anerkennt, diese sei „tief geprägt durch verfahrensrechtliche Wertungen" (S. 283), sei sie dennoch materiellrechtlich zu qualifizieren, da sich die Voraussetzungen und Rechtsfolgen nicht dem Prozessrecht entnehmen ließen. Ebenso viele Autoren in der Schweiz, vgl. *Stacher*, S. 23 Fn. 115 m.w.N.

[198] Zu der Frage, ob es solche tatsächlich gibt, s. Kap. 3 B. I. Die Übertragung der Kategorien Verpflichtung und Verfügung auf die Prozessvertragslehre und das Verständnis des Verfügungscharakters als „analytische Notwendigkeit", sollen laut *Wagner*, S. 212, auf *Schiedermair* zurückgehen.

tungsverträgen geleugnet, da diese notwendig materiell-rechtlich seien.[199] Zuzustimmen ist *Wagner*[200], der mit Verweis auf *Hellwigs* Beobachtungen feststellt, diese Ansicht würde davon ausgehen, dass jede Verpflichtung zu einem Tun oder Unterlassen notwendig dem Privatrecht zuzurechnen sei, „als gäbe es eine gedankliche Gleichung: Verpflichtung = Schuldrecht = Privatrecht"[201]. Diese als zwingend gedachte Verknüpfung besteht freilich nicht. *Wagner* verweist dazu auf das moderne Verständnis des öffentlich-rechtlichen Vertrags, der danach sowohl als Verfügungs- als auch als Verpflichtungsvertrag möglich ist. Die Verpflichtung sei damit nicht exklusiv dem Privatrecht vorbehalten, sondern beiden Teilrechtsordnungen zugänglich, und es bestünde kein Grund, sie dementsprechend nicht auch im Prozessrecht gelten zu lassen.[202]

Auch wenn *Wagner* im Ergebnis zuzustimmen ist, überzeugt sein Ansatz nicht vollständig. Denn daraus, dass die Kategorie der Verpflichtung in verschiedenen materiellen Teilrechtsordnungen, hier im Privatrecht und im materiellen öffentlichen Recht, existiert, kann nicht zwingend darauf geschlossen werden, dass sie auch in einer formellen Teilrechtsordnung, hier im Prozessrecht, existiert.[203] Überzeugender ist hier die Herleitung von *Stacher*, der einen Ansatz wählt, der nicht die Zulässigkeit in einer anderen Teilrechtsordnung, sondern die Zulässigkeit in der jeweiligen Teilrechtsordnung selbst in den Fokus nimmt.[204] Analogieweise überträgt er nicht nur das allgemeine Vertragsrecht[205], sondern auch dessen Einschränkungen auf Prozessverträge und folgert daraus, „dass ein Prozessvertrag eine Verpflichtungswirkung haben kann, wenn die Parteien eine solche be-

---

[199] *Goldschmidt*, S. 290 ff., 335 ff., schließt Pflichten im Prozessrecht, also prozessuale Pflichten generell aus; *ders.*, Zivilprozessrecht, § 35 Nr. 2 (S. 74). Ihm folgend *Niese*, S. 64, 150 f. Ebenso *Baumgärtel*, S. 236 ff., 264, 268 f.; *ders.*, ZZP 87 (1974), 121, 134 (anders aber wohl *ders.*, AcP 169 (1969), 186, 188). *Schiedermair*, S. 95 ff., 175; *Siebert*, S. 23 ff., 45, 55 f., 70 f., 127 f.; *Zöller/Greger*, Vor § 128 Rn. 26. Vgl. auch *Wagner*, S. 36 m.w.N. Ebenso in der Rechtsprechung, vgl. nur RGZ 102, 217, 221; 104, 133, 135; 123, 84, 85 f.; wohl auch RGZ 159, 186, 189 f.; 160, 241, 242; BGH, NJW 1952, 26, 26; BGH, NJW 1958, 1397, 1397 f.; BGH, NJW 1961, 460, 460; BGH, NJW 1964, 549, 550; BGH, NJW 1984, 805, 805; BGH, NJW 1985, 189, 189. Differenzierend *Rosenberg/Schwab/Gottwald*, § 66 Rn. 3. A. A. bereits *Henckel*, S. 36. Auch in der schweizerischen Literatur wird teilweise davon ausgegangen, dass Prozessverträge entweder keine Pflichten begründen könnten oder dass dies zwar möglich sei, es sich dann aber um privatrechtliche Pflichten handle, vgl. *Stacher*, S. 24 m.w.N.

[200] *Wagner*, S. 37.

[201] *Hellwig*, S. 75.

[202] *Wagner*, S. 37 f. m.w.N.

[203] So auch *Stacher*, S. 25. Zum allgemeinen Verwaltungsrecht als materiell-rechtliche Teilrechtsordnung und zum Prozessrecht als formelle Teilrechtsordnung, vgl. *Wagner*, S. 13.

[204] Ähnlich *Stacher*, S. 25.

[205] Zu der analogen Anwendung des allgemeinen Vertragsrechts auf Prozessverträge, s. Kap. 2 C. I. 1. Vgl. zudem *Stacher*, S. 30 ff.

absichtigen und sie von der Rechtsordnung nicht ausgeschlossen wird.“[206] Es sei daher stets zu prüfen, ob diejenigen Normen, welche das prozessuale Verhalten regeln, über welches eine Vereinbarung geschlossen werden soll, einer Verpflichtung entgegenstehen.[207]

In der Tat ist kein Grund ersichtlich, warum prozessuale Verpflichtungen nicht möglich sein sollten, soweit sie den vom Prozessrecht gesetzten rechtlichen Rahmen wahren.[208] Denn tatsächlich kennt auch das Prozessrecht Pflichten. Zwar wurde dies teilweise bestritten[209], aber spätestens seit der Einführung des § 138 ZPO kann nicht mehr behauptet werden, das Prozessrecht kenne keine Pflichten.[210] Sowohl die Rechtsprechung als auch die Literatur gehen daher heute von der Existenz prozessualer Pflichten aus.[211] Prozessuale Verpflichtungsverträge sind folglich möglich[212] – aus einer prozessrechtlichen Vertragsnatur lässt sich im Umkehrschluss kein Argument gegen eine Verpflichtungswirkung ziehen.[213]

VI. Der Vertragstatbestand als Qualifikationskriterium

Gänzlich verfehlt erscheint der von *Oertmann*[214] entwickelte Ansatz, zwischen Tatbestand und Wirkungen eines Vertrags zu unterscheiden.[215] Er unterteilt danach in „privatrechtliche Akte („Geschäftsschlüsse“) mit prozeßrechtlicher Wir-

---

[206] *Stacher,* S. 25.

[207] *Stacher,* S. 25.

[208] Ebenso bereits *Henckel,* S. 36; *Stacher,* S. 25; *Wagner,* S. 37 f.; letzterem folgend *Schlosser,* RIW 2006, 486, 488. A. A. *Goldschmidt,* S. 290 ff., 335 ff.; *ders.,* Zivilprozessrecht, § 35 Nr. 2 (S. 74); *Niese,* S. 64, 150 f.; *Baumgärtel,* S. 236 ff., 264, 268 f.; *Teubner/Künzel,* MdR 1988, S. 721 u. 723. Dagegen *Wagner,* S. 38. Der hier gewählte Ansatz gilt auch für die Zulässigkeit einer Verpflichtung in anderen Teilrechtsordnungen, hierzu *Wagner,* S. 580, s. a. S. 35 ff.

[209] *Goldschmidt,* S. 290 ff., 335 ff.; *ders.,* Zivilprozessrecht, § 35 Nr. 2 (S. 74); ihm folgend *Niese,* S. 63 f., 150 f. Dagegen aber bereits *Lent,* ZZP 67 (1954), 344, 345 f.; *Nikisch,* § 53; *Henckel,* S. 36.

[210] *Wagner,* S. 16. Für das schweizerische Recht: *Stacher,* S. 8 m.w.N.

[211] Vgl. nur *Wagner,* S. 35 u. 580; *Habscheid,* KTS 1955, 33, 34. Zur Einteilung in verpflichtende und verfügende Prozessverträge, vgl. *Rauscher,* in: MüKo/ZPO, Band 1, Einl. Rn. 435 ff. Kritisch hierzu *Wagner,* S. 35 ff., 219 ff.

[212] *Schack,* Rn. 1319; *Rauscher,* in: MüKo/ZPO, Band 1, Einl. Rn. 435 u. 440; *Kern,* in: Stein/Jonas, Band 2, vor § 128 Rn. 250 u. 336 ff.; *Wagner,* S. 35 ff., 219 ff.; *Schäfer,* S. 101 f.; *Schwab,* FS Baumgärtel, S. 503, 513; *Reichold,* in: Thomas/Putzo, Einl. III Rn. 8. Umstritten ist allerdings wiederum, welche Wirkung den prozessualen Verpflichtungsverträgen zukommt, vgl. *Rauscher,* in: MüKo/ZPO, Band 1, Einl. Rn. 440; *Kern,* in: Stein/Jonas, Band 2, vor § 128 Rn. 349.

[213] *Mankowski,* IPRax 2009, 23, 27; ihm folgend *Gebauer,* FS Kaissis, S. 267, 276; *Kurth,* S. 68 ff.

[214] *Oertmann,* ZZP 45 (1915), 389, 403 ff. Ihm folgend *Teubner/Künzel,* MdR 1988, 720, 723.

[215] Dagegen bereits *Baumgärtel,* S. 241.

kung" und in „Prozeßhandlungen mit Privatrechtswirkung".[216] Seiner Ansicht nach ist ein Vertrag dem Rechtsgebiet zuzuordnen, welches sein Zustandekommen regelt.[217] Zwar legitimiert dieser Ansatz sowohl den Rückgriff auf das allgemeine Vertragsrecht wie auch die Geltung prozessualer Zulässigkeits- und Wirksamkeitsschranken.[218] Und dies war wohl auch der Beweggrund für Teile der Literatur[219] und Rechtsprechung[220], sich dieser Auffassung zeitweise im Wesentlichen anzuschließen. Wie oben[221] bereits dargestellt, wurde die Schiedsvereinbarung dementsprechend als materiellrechtlicher Vertrag über prozessrechtliche Beziehungen verstanden, dessen Zustandekommen sich nach bürgerlichem Recht beurteilt. Auch *Oertmann* selbst ordnete die Schiedsvereinbarung dem materiellen Recht zu, trotz Anerkennung prozessualer Wirkungen.[222] Aber seine Qualifikationsmethode erscheint bereits im Ansatz verfehlt. Denn wie bereits herausgearbeitet[223], gehört das allgemeine Vertragsrecht stets dem materiellen Privatrecht an und das Prozessrecht enthält regelmäßig keine Sachnormen, die das Zustandekommen regeln.[224] Folglich wäre schlicht jeder Vertrag im Tatbestand privatrechtlich und somit dem Privatrecht zuzuordnen.[225] Mithin eignet sich *Oertmanns* Ansatz nicht, weil sich nach selbigem die Frage nach einer Zuordnung tatsächlich überhaupt nicht stellt. Eigentliche Prozessverträge sind nach dieser Ansicht von vornherein ausgeschlossen.[226] *Stacher*[227] weist zudem darauf hin, dass nach *Oertmann* die prozessuale Vertragsnatur konsequenterweise davon abhinge, dass Normen über den Vertragsschluss im Prozessrecht kodifiziert bzw. gestrichen würden. Bereits zu Beginn[228] wurde aber darauf hingewiesen, dass die Rechtsnatur nicht vom Ort der Kodifikation abhängig ist, sondern vielmehr unabhängig davon besteht und zu bestimmen ist.

---

[216] *Oertmann*, ZZP 45 (1915), 389, 406.

[217] *Stacher*, S. 20.

[218] *Wagner*, S. 26.

[219] *Baumbach*, S. 37; *Blomeyer*, FS Rosenberg, S. 51 ff.; *Lorenz*, S. 265 ff.

[220] RGZ 144, 96, 98; RGZ 156, 101, 104; BGH, NJW 1957, 589, 590; BGH, NJW 1964, 591, 592; BGHZ 48, 35, 46; BGHZ 65, 59, 63; OLG Hamburg, RIW 1979, 482, 484, m. Anm. *Mezger*.

[221] Siehe Kap. 1 B. I.

[222] *Oertmann*, ZZP 45 (1915), 389, 407.

[223] Siehe Kap. 2 C. I.

[224] § 1031 ZPO stellt insoweit eine Ausnahme dar, *Wagner*, S. 343. Diese Vorschrift könnte aber auch dem materiellen Recht angehören, vgl. bereits *Blomeyer*, Zivilprozessrecht, S. 713. Für das schweizerische Recht, *Stacher*, S. 20.

[225] *Wagner*, S. 26.

[226] *Oertmann*, ZZP 45 (1915), 389, 406; *Teubner/Künzel*, MdR 1988, 720, 723.

[227] *Stacher*, S. 21. Zu weiteren Nachteilen der Tatbestandstheorie, vgl. *ders.*, S. 21 f.

[228] Siehe Kap. 2 D. I.

VII. Die Vertragsparteien als Qualifikationskriterium

Nimmt man wiederum das Ziel einer allgemeinen Abgrenzungslehre in den Blick, kommt auch in Betracht, anhand der am Vertrag beteiligten Subjekte abzugrenzen. So schlägt *Gern* eine Abgrenzung danach vor, „ob zumindest einer der Vertragspartner in seiner Eigenschaft als öffentlich-rechtlicher Sonderrechtsträger (Hoheitsträger) am Vertrag"[229] teilnimmt. Dieser Ansatz überzeugt jedoch nicht. Nicht nur, dass hierdurch das verwaltungsrechtliche Grundprinzip der Formenwahlfreiheit der Verwaltung missachtet würde. Denn „[d]ie Verwaltungsträger sind bei der Erfüllung ihrer Aufgaben gerade nicht allein auf die Rechtsformen und Handlungsinstrumente des öffentlichen Rechts angewiesen, sondern können sich auch privatrechtlicher Gestaltungsformen bedienen, ohne dadurch ihre Bindung an das in der Sache einschlägige öffentliche Recht abschütteln zu können. Damit ist der von *Gern* postulierte Zusammenhang zwischen anzuwendendem Recht, der Beteiligung von Hoheitsträgern und der Vertragsqualifikation zerrissen und es entfällt die Grundlage für seine Schlußfolgerung, um einen öffentlich-rechtlichen Vertrag handele es sich immer, aber auch nur dann, wenn einer der Vertragspartner ein Hoheitsträger sei und in dieser Eigenschaft kontrahiere."[230] Insbesondere steht der Ansatz von *Gern* in offensichtlichem Widerspruch zu § 54 VwVfG, wonach für das Vorliegen eines Verwaltungsvertrags der Status der Beteiligten irrelevant ist.[231]

VIII. Der Vertragsinhalt als Qualifikationskriterium

Nachdem sich alle bisherigen Qualifikationskriterien als gänzlich untauglich oder jedenfalls als unzweckmäßig erwiesen haben, erscheint nur noch der Vertragsinhalt geeignet, um eine eindeutige Qualifikation eines jeden Vertrags zu gewährleisten.

1. Die Inhaltstheorie als geeignete Qualifikationsmethode

Den Vertragsgegenstand betreffend formulierte bereits *Kohler*[232]: „Ueber den Charakter der Verträge entscheidet der Vertragsgegenstand, und ein öffentlicher Vertragsgegenstand bleibt ein öffentlicher, auch wenn es (in beschränktem Kreise) den Privaten gestattet ist, über Dinge dieses Bereichs durch [...] Vertrag Bestimmung zu treffen". Nach dieser Gegenstandstheorie liegt ein öffentlich-rechtlicher Vertrag vor, wenn dessen Gegenstand einen öffentlich-rechtlich ge-

---

[229] *Gern*, S. 45 f. Vgl. auch *ders.*, VerwArch 1979, 219, 230.
[230] *Wagner*, S. 24 f. m.w. N.
[231] Ebenso *Wagner*, S. 25.
[232] *Kohler*, GB, S. 255 f.

regelten Sachverhalt betrifft.[233] Andernfalls soll ein privatrechtlicher Vertrag vorliegen. Dieser Ansatz lag auch der Kodifikation des öffentlich-rechtlichen Vertrags in § 54 VwVfG zugrunde, durch den ein „Rechtsverhältnis auf dem Gebiet des öffentlichen Rechts [...] begründet, geändert oder aufgehoben" wird.[234] Dementsprechend wurde die Gegenstandstheorie vornehmlich für die Abgrenzung von verwaltungsrechtlichen und privatrechtlichen Verträgen vertreten.[235]

Bei der Abgrenzung zwischen prozessualen und materiellen Verträgen orientiert sich die wohl herrschende Meinung hingegen an den Vertragswirkungen.[236] Nach der Wirkungstheorie liegt ein Prozessvertrag vor, wenn durch selbigen primär eine prozessuale Wirkung bezweckt wird, also der Rechtsschutz betroffen ist.[237] Dies sei der Fall, „wenn der Vertrag die Art und Weise der Rechtsfindung und Rechtsprechung zum Gegenstand hat, d. h. ein bestimmtes Verhalten im Verfahren betrifft oder das Verfahren im Vergleich zur gesetzlichen Ordnung modifiziert."[238] Demgegenüber liegt ein Privatrechtsvertrag vor, wenn er primär eine privatrechtliche Wirkung bezweckt, also den Streitgegenstand betrifft.

Letztlich verwenden beide Ansätze somit inhaltlich dieselben Abgrenzungskriterien, die Unterschiede beschränken sich auf die verwendete Terminologie.[239] Eine getrennte Behandlung ist daher nicht angebracht, weshalb im Folgenden schlicht der Vertragsinhalt als Qualifikationskriterium überprüft wird. Terminologisch würde es sich anbieten, Wirkungs- und Gegenstandstheorie zugunsten einer allgemeinen Inhaltstheorie aufzugeben.[240] Nach der so einheitlich gefassten Inhaltstheorie kommt es also darauf an, ob der prozessnahe Vertrag den Streitgegenstand oder den Rechtsschutz betrifft, mithin auf welchem Rechtsgebiet durch

---

[233] *Wagner,* S. 27 m.w.N.

[234] Begr. der BReg, BT-Drucks. 7/910, S. 78.

[235] *Wagner,* S. 27 m.w.N.

[236] *Schiedermair,* S. 33 ff.; dem folgend *Nikisch,* § 55 I 2; *Goldschmidt,* S. 457 f.; *Blomeyer,* Zivilprozessrecht, § 30 VIII; ebenso *Baumgärtel,* S. 185; *Sachse,* ZZP 54, 409, 416 f. m. z. N.; *Hellwig,* S. 40 f. m. z. N.; *Henckel,* S. 34; *Jauernig/Heß,* § 30 Rn. 7 ff.; *Kornblum,* FamRZ 20 (1973), 416, 421; *Lorenz,* AcP 157 (1958), 265, 278 f.; *Schlosser,* Parteihandeln, S. 49; *Orfanides,* S. 201; *Rosenberg/Schwab/Gottwald,* § 66 Rn. 1; *Zöller/Greger,* Vor § 128 Rn. 26; *Rauscher,* in: MüKo/ZPO, Band 1, Einl. Rn. 413. *Wagner,* S. 27 f. m.w.N.

[237] *Hellwig,* S. 40 ff.; *Henckel,* S. 34; *Kornblum,* FamRZ 20 (1973), 416, 421; *Schiedermair,* S. 39; zurückhaltend *Schlosser,* Parteihandeln, S. 49: „mindestens auch [...] Prozeßvereinbarung"; *Kern,* in: Stein/Jonas, Band 2, vor § 128 Rn. 335; *Reichold,* in: Thomas/Putzo, Einl. III Rn. 6; *Rauscher,* in: MüKo/ZPO, Band 1, Einl. Rn. 413; *Stacher,* S. 19.

[238] *Stacher,* S. 19.

[239] *Stacher,* S. 20; *Kornblum,* FamRZ 20 (1973), 416, 421; *Wagner,* S. 28 m.w.N.

[240] Ähnlich *Kurth,* S. 70. Wohl auch *Reichold,* in: Thomas/Putzo, Einl. III Rn. 6, der zur Einordnung ausdrücklich auf den „Vertragsinhalt" abstellt. Ähnlich auch *Stacher,* S. 9 ff., der bereits beide Theorien unter der Überschrift „Inhaltstheorien" zusammenfasst. A. A. *Wagner,* S. 27 ff., der den Begriff der „Gegenstandstheorie" bevorzugt.

den Vertrag Rechtsfolgen hervorgerufen werden sollen.[241] Es muss also geprüft werden, welcher Teilrechtsordnung eine (gedachte) Norm angehört, welche den Vertragsgegenstand mangels Vereinbarung regeln würde, ob es sich also beim Vertragsgegenstand – in eine Norm umgedacht – um eine privatrechtliche oder um eine prozessrechtliche Regel handeln würde.[242] Insoweit kommt es also auf die oben dargestellte Abgrenzung von Privat- und Prozessrecht an.[243]

2. Konkretisierung der Inhaltstheorie

Die so verstandene Inhaltstheorie verlangt jedoch in mehrfacher Hinsicht nach einer Konkretisierung.[244]

---

[241] *Wagner,* S. 29 m.w.N.; *Stacher,* S. 9 ff. m.w.N. Ähnlich für die Abgrenzung öffentlich-rechtlicher und privatrechtlicher Verträge *Wolff/Bachof/Stober/Kluth,* § 54 Rn. 31 u. § 22 Rn. 50 f.

[242] *Stacher,* S. 10; *Wagner,* S. 32 f. Ebenso für die Qualifikation des öffentlich-rechtlichen Vertrags *Wolff/Bachof/Stober/Kluth,* § 54 Rn. 31 u. § 22 Rn. 50 f.; *Bettermann,* JZ 1966, 445; *Menger,* VerwArch 64 (1973), 203, 205; *ders.,* FS Wolff, S. 149, 164 f.; *v. Mutius,* VerwArch 65 (1974), 201, 205.

[243] Siehe Kap. 2 B. So auch *Stacher,* S. 10.

[244] Weitere Aspekte wie der Vertragszweck, der Gesamtcharakter oder das Vertragsgepräge sind weder neben dem Vertragsinhalt noch als Vertragsinhalt zu berücksichtigen, vgl. *Wagner,* S. 33 ff. m.w.N. auch zur a.A. Nicht zu folgen ist der von *Stacher,* S. 28, vorgeschlagenen Eingrenzung der Inhaltstheorie, dass ein Prozessvertrag nur dann vorliege, wenn er den Rechtsschutz betreffe und „zwischen den Vertragsparteien bereits vor dem Abschluss des fraglichen Vertrages Kontakte bestanden, welche in diesem Verfahren beurteilt werden." Dieses zweite Kriterium zieht er ausdrücklich insbesondere heran, um den Schiedsrichtervertrag privatrechtlich zu qualifizieren. Dieser kann aber auch ohne dieses Kriterium qualifiziert werden – auch privatrechtlich – und abseits davon besteht kein Bedürfnis für eine solche Eingrenzung. So qualifiziert *Schäfer,* S. 312 ff., den Schiedsrichtervertrag prozessrechtlich. Gemischt-rechtlich qualifizieren: *Schwab/Walter,* Kap. 11 Rn. 9; *Hoffet,* S. 49 f. Privatrechtlich qualifizieren: *Lachmann,* Rn. 4108; *Schütze,* Rn. 152; *Gal,* S. 57 f.; *Zöller/Geimer,* § 1035 Rn. 23; *Seiler,* in: Thomas/Putzo, Vorbem § 1029 Rn. 8; *Walsmann,* AcP 102 (1907), 1, 210; BGH NJW 1986, 3077; OLG Oldenburg, NJW 1971, 1461, 1462; *Rosenberg/Schwab/Gottwald,* § 178 Rn. 16, obwohl sie die prozessualen Wirkungen erkennen und konsequenterweise eigentlich prozessual qualifizieren müssten, vgl. § 66 Rn. 1; *Martinek,* FS Ishikawa, S. 269, 282 f., allerdings mit nicht überzeugender Begründung: „Denn gesetzliche Vorschriften zur Schiedsrichtervergütung gibt es abgesehen von §§ 611, 612 BGB nicht." *Münch,* in: MüKo/ZPO, Band 3, Vor §§ 1034 ff. Rn. 4, erkennt zwar den prozessualen Gehalt, meint aber, die materiell-rechtliche Qualifikation sei angebracht, um die Klagbarkeit der Pflichten klarzustellen. Das überzeugt nicht, denn auch prozessuale Pflichten sind klagbar, s. Kap. 3 C. IV. *Henn,* Rn. 133, ebenfalls mit der nicht überzeugenden Begründung, dass auf BGB-Regelungen zurückgegriffen werden soll. Dies steht einer prozessualen Qualifikation aber gerade nicht entgegen, s. Kap. 2 C. I. Auch der BGH vertritt in ständiger Rechtsprechung eine Qualifikation als materiellrechtlicher Vertrag *sui generis*: BGH, NJW 1986, 3077, 3077; BGH, NJW 1954, 1763, 1764; BGH, NJW 1953, 303, 303; so schon RGZ 94, 210, 213. Offen gelassen durch *F. Schmidt,* S. 8.
Unabhängig davon, ob man der von *Stacher* vorgeschlagenen Qualifikation des Schiedsrichtervertrags folgen will oder nicht, erscheint seine Eingrenzung nicht über-

a) Parteiwille

Zunächst einmal ist entscheidend, ob der prozessnahe Vertrag den Streitgegenstand oder den Rechtsschutz betrifft. Den Gegenstand eines Vertrags bestimmen aber die Parteien desselben, weshalb es letztlich also auf den Parteiwillen ankommt.[245] Dies bedeutet freilich nicht, dass die Zuordnung und damit letztlich die Rechtsnatur eines Vertrags zur Disposition der Parteien steht. Denn wie *Wagner*[246] richtig feststellt, „hängt [zwar] der Handlungsakt im ontischen Sinne, also Wortlaut und Begleitumstände des konkreten Vertrages, vom Willen der Parteien ab, über die rechtliche Qualifikation eines tatsächlich so und nicht anders vorgenommenen Handlungsakts können sie indessen nicht disponieren; diese Frage muß juristisch entschieden werden." Nicht entscheidend ist hingegen, ob der Parteiwille zum Erfolg führt, der Vertrag also die bezweckten Rechtsfolgen tatsächlich herbeiführt.[247]

b) Unmittelbarkeit

Neben der prozessualen Vertragswirkung bzw. dem prozessualen Vertragsgegenstand wird teilweise – i.d.R. im Anschluss an den Prozesshandlungsbegriff[248] – für das Vorliegen eines Prozessvertrags zusätzlich gefordert, dass dieser unmittelbar auf das Verfahren einwirkt.[249] Dieses Unmittelbarkeitskriterium führt folglich insbesondere zu einer unterschiedlichen Qualifikation derjenigen Verträge, die eine Verpflichtung zu einer prozessualen Handlung begründen. Denn da ein Verpflichtungsvertrag stets nur mittelbar wirkt[250], könnte ein solcher niemals Prozessvertrag sein, auch wenn die vereinbarte Handlung den Rechtsschutz und nicht den Streitgegenstand betrifft.[251]

Verfolgt man jedoch das Ziel einer allgemeinen Abgrenzungslehre[252], so erscheint das Unmittelbarkeitskriterium als wenig hilfreich, bedingt es doch lediglich die Notwendigkeit weiterer Kriterien. Denn wie *Stacher* richtig erkennt: „Wenn ein prozessnaher Vertrag alleine wegen des weiteren Kriteriums der Un-

---

zeugend. Denn es sind – zumindest theoretisch – durchaus Prozessverträge denkbar, bei denen vor Abschluss desselben keinerlei Kontakt zwischen den Parteien bestand. Man denke nur an den grundlos Beklagten, der sich dennoch auf einen Prozessbeendigungsvertrag einlässt. Zum Prozessbeendigungsvertrag vgl. *Wagner*, S. 520 ff.

[245] *Schiedermair*, S. 33 ff., 115, 177; zustimmend *Baumgärtel*, S. 186.

[246] *Wagner*, S. 30.

[247] *Wagner*, S. 29 f. m.w.N., S. 38.

[248] Hierzu Kap. 2 D. IV. 1.

[249] *Baumgärtel*, S. 264 u. 272 f. u. 286 ff.; *Lorenz*, AcP 157 (1958), 265, 279; *Schiedermair*, S. 95. A.A. *Hellwig*, S. 60 ff.

[250] Dazu oben unter Kap. 2 D. V.

[251] *Baumgärtel*, S. 267 u. 272 f. Vgl. auch *Stacher*, S. 22 f. m.w.N.; *Schiedermair*, S. 95 f.; *Schwab*, FS Baumgärtel, S. 503, 509 f.

[252] Siehe Kap. 2 D.; s.a. *Wagner*, S. 18 ff.

mittelbarkeit nicht als Prozessvertrag qualifiziert werden kann, stellt sich in einem zweiten Schritt die Frage, welcher der verschiedenen materiellen Teilrechtsordnungen er zuzuteilen ist. Wenn sich der Vertrag auf ein zivilprozessuales Verfahren bezieht, dürfte dann zwar die Annahme nahe liegen, dass es sich um einen privatrechtlichen Vertrag handelt; anhand der Kriterien der Unmittelbarkeit, welche nicht gegeben ist, und des Vertragsinhaltes, welcher prozessualer Natur ist, lässt sich dieser Schluss jedoch nicht ziehen. Die Qualifikation würde weitere Kriterien erfordern, was die Kategorisierung erschwert."[253]

Insbesondere aber spricht gegen das Kriterium der Unmittelbarkeit, dass hierdurch eine Verpflichtung mit prozessualem Inhalt stets privatrechtlich bzw. jedenfalls materiell-rechtlich zu qualifizieren wäre.[254] Dies ist aber bereits deshalb abzulehnen, weil prozessuale Verpflichtungen – wie bereits festgestellt[255] – möglich sind. Die Inhaltstheorie ist folglich nicht um das Kriterium der unmittelbaren Prozesswirkung zu ergänzen.

c) Prozessvertrag als Streitgegenstand

Die Formel, dass ein Prozessvertrag vorliegt, wenn er nicht den Streitgegenstand, sondern den Rechtsschutz betrifft, ist insoweit zu konkretisieren, als dass kein abgrenzungsrelevanter Streitgegenstand vorliegt, insoweit dieser in dem Prozessvertrag selbst oder einer aus diesem resultierenden Pflicht besteht.[256] Denn auch ein Prozessvertrag kann Streitgegenstand sein, bspw. wenn Schadensersatz für eine vertragswidrige Klage gefordert wird. In diesem Fall ist zwar der Prozessvertrag bzw. der beispielhaft angeführte, aus ihm resultierende Schadenersatzanspruch Streitgegenstand des Zweitverfahrens, dabei handelt es sich aber um eine bloß sekundäre Nebenwirkung, die an dem prozessualen Inhalt des Vertrags nichts ändert.[257] Dieser betrifft weiterhin den Rechtsschutz.

IX. Fazit:
Vertragsinhalt als geeignetes Qualifikationskriterium

Geeignetes Qualifikationskriterium zur Bestimmung der Rechtsnatur eines Vertrags und Zuordnung desselben zu einer Teilrechtsordnung ist der Vertragsinhalt. Betrifft dieser den Rechtsschutz, würde es sich also – die vertragliche Re-

---

[253] *Stacher*, S. 23. Zu den verschiedenen materiellen Teilrechtsordnungen, vgl. *Wagner*, S. 13.

[254] Ähnlich *Stacher*, S. 23. So bspw. *Baumgärtel*, S. 272 f.

[255] Siehe Kap. 2 D. V.; s.a. *Stacher*, S. 24 ff.; *Wagner*, S. 35 ff.

[256] *Stacher*, S. 29.

[257] *Stacher*, S. 29. Auch die Schadensersatzpflicht, welche die ursprüngliche prozessvertragliche Pflicht mit anderem Inhalt fortsetzt, ist prozessualer Natur, vgl. *Hellwig*, S. 110, auch m.w.N. zur a.A.; *Stacher*, S. 66.

gelung in eine Gesetzesnorm umgedacht – um eine Norm des Prozessrechts handeln, liegt ein Prozessvertrag vor. Dabei ist nicht erforderlich, dass der Prozessvertrag unmittelbar auf den Prozess einwirkt. Insbesondere ist auch ein prozessualer Verpflichtungsvertrag möglich. Ist der Vertrag hingegen für den Streitgegenstand (mit Ausnahme des Prozessvertrags selbst als Streitgegenstand) relevant, würde es sich also – die vertragliche Regelung in eine Gesetzesnorm umgedacht – um eine Norm des Privatrechts handeln, liegt ein Privatrechtsvertrag vor. Die so verstandene Zuordnung sollte schlicht als Inhaltstheorie bezeichnet werden. Die unnötige terminologische Unterscheidung zwischen Gegenstand und Wirkung ist aufzugeben.

E. Qualifikation bei einer Vielfalt von Vertragsregelungen

Der Vertragsinhalt wurde als das relevante Qualifikationskriterium zur Bestimmung der Rechtsnatur prozessnaher Verträge identifiziert. Nicht berücksichtigt wurde dabei jedoch, dass sich ein Vertrag üblicherweise aus mehreren Regelungen zusammensetzt, sein Inhalt also mehrere Gegenstände bzw. Wirkungen betreffen kann. Dies ist auch – wie noch zu zeigen sein wird[258] – bei der Schiedsvereinbarung der Fall. Und enthält ein Vertrag sowohl privatrechtliche wie prozessrechtliche Elemente, ist zu klären, ob sich Zustandekommen und Abwicklung selbiger oder des gesamten Vertrages nach Privat- oder Prozessrecht richtet.[259] Somit stellt sich die Frage, wie ein prozessnaher Vertrag zu qualifizieren ist, der eine Vielzahl an Regelungen enthält.

Zur Lösung dieses Problems kommen drei Möglichkeiten in Betracht.[260] Wohl überwiegend vertreten wird heutzutage der Ansatz einer einheitlichen Qualifikation. Der gesamte Vertrag wird hierbei entweder der einen oder der anderen Teilrechtsordnung zugeordnet, indem auf den Vertragsschwerpunkt bzw. das Vertragsgepräge abgestellt wird.[261] Alternativ besteht die Möglichkeit der Annahme eines gemischten Vertrages, auf welchen die Regelungen der jeweils betroffenen Teilrechtsordnungen kumulativ anzuwenden sind, oder eines zusammengesetzten Vertrages, bei dem sich die verschiedenen, jeweils unterschiedlichen Teilrechtsordnungen unterliegenden Vertragsteile selbständig gegenüberstehen.[262] Entsprechend diesen Alternativen konkurrieren in Bezug auf die Rechtsnatur des Prozessvergleichs maßgeblich die Doppeltatbestandslehre und die Lehre von der

---

[258] Siehe Kap. 3.
[259] *Wagner*, S. 39 m.w.N.
[260] Hierzu auch *Wagner*, S. 41.
[261] *Wagner*, S. 39 m.w.N.
[262] *Wagner*, S. 41.

Doppelnatur[263], sowie in Bezug auf die Rechtsnatur der Schiedsvereinbarung die bereits dargestellten Theorien eines prozessualen, eines materiell-rechtlichen und eines gemischten Vertrages.[264]

I. Einheitliche Qualifikation des Gesamtvertrags

Früher wie heute wird überwiegend von einer einheitlichen Qualifikation der Schiedsvereinbarung ausgegangen.[265] Die Motive für die frühere Rechtsprechung und für große Teile der Literatur, die Schiedsvereinbarung als materiell-rechtlichen Vertrag (über prozessuale Beziehungen) zu verstehen, wurden bereits aufgedeckt. Beweggrund war insbesondere, die Anwendung des allgemeinen Vertragsrechts und des Kollisionsrechts zu ermöglichen.[266] Dieses Motiv rechtfertigt die einheitliche Qualifikation aus heutiger Perspektive nicht mehr.[267] Denn wie gezeigt, richtet sich sowohl das Zustandekommen von Privatrechtsverträgen wie von Prozessverträgen nach dem allgemeinen Vertragsrecht.[268] Eine privatrechtliche Qualifikation ist nicht erforderlich, um die Anwendung des allgemeinen Vertragsrechts zu ermöglichen. Und auch die kollisionsrechtliche Behandlung wird durch die Rechtsnatur des Vertrags nicht beeinträchtigt.[269]

Die heute wohl herrschende Meinung qualifiziert die Schiedsvereinbarung einheitlich als Prozessvertrag und begründet dieses Ergebnis mit dem Argument, dass ihre Hauptwirkungen bzw. ihr Hauptzweck auf prozessualem Gebiet lägen.[270] Diesem Ansatz liegt wohl das Verständnis des funktionellen Prozesshandlungsbegriffs zugrunde, nach welchem es für eine Prozesshandlung darauf ankommt, ob die Wirkungen im Wesentlichen bzw. die Hauptwirkungen auf prozessualem Gebiet liegen.[271] Zum einen hat sich der Prozesshandlungsbegriff jedoch für eine Qualifikation prozessnaher Verträge als ungeeignet erwiesen. Zum anderen ist aufgrund der Anwendbarkeit des allgemeinen Vertragsrechts kein Grund ersichtlich, warum zwangsläufige „Falschdeklarationen"[272] in Kauf zu nehmen

---

[263] *Rosenberg/Schwab/Gottwald*, § 130 Rn. 29 ff. m.w.N.; *Wagner*, S. 39 f. m.w.N.

[264] Siehe Kap. 1. Vgl. auch *Wagner*, S. 40 m.w.N.

[265] Siehe Kap. 1 D. Anders aber bereits *Hellwig*, S. 41, 56 f., der die einzelnen (unmittelbar bezweckten) Vertragswirkungen betrachtet und qualifiziert.

[266] *Schäfer*, S. 107; *Wagner*, S. 31 Fn. 101 „Es verwundert daher nicht, daß sämtliche der soeben zitierten Entscheidungen in Fällen mit Auslandsbezug ergangen sind", s.a. S. 579.

[267] Ebenso *Stacher*, S. 34.

[268] Siehe Kap. 2 C. I.

[269] Siehe Kap. 2 C. II.

[270] Vgl. die Nachweise unter Kap. 1 D.

[271] Siehe Kap. 2 D. IV. *Wagner*, S. 580, vermutet das Motiv darin, die von Vertretern dieser Ansicht ebenfalls angenommenen materiellrechtlichen Wirkungen als irrelevante Nebenfolgen abzutun.

[272] *Wagner*, S. 41.

sind – beispielsweise, wenn ein privatrechtliches Element aufgrund des Überwiegens prozessualer Elemente ebenfalls prozessual qualifiziert wird.[273]

II. Gemischte Vertragsnatur (Doppelnatur)

Die Bedenken bezüglich einer einheitlichen Vertragsqualifikation bestehen umso mehr bei der Annahme einer gemischten Vertragsnatur. Denn dieser Ansatz beginge den „Fehler" einer einheitlichen Qualifikation gleich mehrfach.[274] Das Vertragsverhältnis insgesamt, also sowohl seine materiell-rechtlichen als auch seine prozessualen Teile würden jeweils dem Privat- und dem Prozessrecht zugeordnet. Treffend formuliert *Wagner*: „Die Zuordnungsentscheidungen infizieren sich also wechselseitig. Es ist nicht ersichtlich, welche Sachgründe eine derart hypertrophe Zuordnungsentscheidung rechtfertigen könnten."[275]

III. Einheitliche Qualifikation der einzelnen Vertragselemente (Doppeltatbestand)

Sachgerecht erscheint allein die Annahme eines zusammengesetzten Vertrages und dementsprechend eine gesonderte Qualifikation der einzelnen Vertragselemente.[276] Die so vorzunehmende Qualifikation ist jedoch in zweierlei Hinsicht zu konkretisieren.

Einerseits ist einer falschen Schlussfolgerung zu begegnen, welche überwiegend von den Vertretern der Lehre vom Doppeltatbestand, also der hier vertretenen getrennten Qualifikation der einzelnen Vertragselemente, gezogen wird und die wohl gleichsam das Motiv[277] für die Vertreter der abzulehnenden Lehre von der Doppelnatur bildet. Denn aus dem Doppeltatbestand eines Vertrags kann nicht gefolgert werden, Mängel der materiell-rechtlichen Vertragsteile hätten keinen Einfluss auf die prozessualen Teile und umgekehrt.[278] Trotz der unterschiedlichen Rechtsnatur der einzelnen Vertragsteile handelt es sich immer noch um eine einheitliche vertragliche Regelung, um einen Gesamtvertrag. Zwar können

---

[273] Zur Rechtfertigung der einheitlichen Qualifikation im Synallagma, vgl. *Wagner*, S. 41 f. m.w.N. Diese Überlegung kann jedoch bei der Schiedsvereinbarung außer Betracht bleiben, da es keine „vertragstypische Hauptleistung" gibt. Außerhalb des Synallagma vertritt aber auch er eine selbständige Qualifikation der einzelnen Vertragsteile, vgl. *Wagner*, S. 43.

[274] *Wagner*, S. 44.

[275] *Wagner*, S. 44 m.w.N. *Wagner*, a.a.O., vermutet das Motiv der Vertreter dieses Ansatzes darin, die „prozessualen und materiell-rechtlichen Wirkungen in möglichst enge Abhängigkeit voneinander zu bringen".

[276] Ebenso *Kurth*, S. 74; *Stacher*, S. 34; *Wagner*, S. 44, auch in Bezug auf den Prozessvergleich, vgl. S. 46.

[277] Dies vermutet auch *Wagner*, S. 45.

[278] So aber *Baumgärtel*, S. 200 f. Dagegen *Wagner*, S. 45 m.w.N.

sich diese Vertragsteile aufgrund der analytischen Trennung rechtlich selbständig entwickeln. Aus § 139 BGB ergibt sich aber gerade, dass die Fehlerhaftigkeit eines Vertragsteils sehr wohl auch die übrigen Teile erfassen kann, soweit dies der konkreten Interessenlage entspricht.[279]

Weiterhin muss die Konkretisierung einen Umstand berücksichtigen, der wiederum wohl das Hauptmotiv der Vertreter der einheitlichen Qualifikation des Gesamtvertrags für ihren Ansatz bildet. Denn durch die an der Hauptwirkung orientierte einheitliche Qualifikation des Gesamtvertrages sollen von dieser Ansicht ebenfalls angenommene Wirkungen, welche einer anderen Teilrechtsordnung als derjenigen der Hauptwirkung zuzuordnen sind, als bloße, für die Qualifikation irrelevante, Nebenfolgen gelten.[280] So sollen bei der Schiedsvereinbarung etwaige Verpflichtungswirkungen gegenüber einer Verfügungswirkung zurücktreten und nur letztere – als charakteristische Hauptwirkung – qualifikationsentscheidend sein.[281]

Dieser veraltete Ansatz erklärt sich eigentlich nur noch durch eine Verhaftung in der überkommenen strikten Trennung von Prozessrecht und materiellem Recht.[282] Zum einen liegt seine Schwäche darin, dass je nach Gewichtung der verschiedenen Wirkungen die Annahme einer Hauptwirkung bzw. Nebenwirkung unterschiedlich ausfällt.[283] Und bislang bleiben die Vertreter dieses Ansatzes eine einheitliche Methodik zur Bestimmung der Hauptwirkung schuldig. Zum anderen ist es zwar richtig, dass ein prozessualer Akt privatrechtliche Nebenwirkungen haben kann und umgekehrt. Richtig auch, dass solche Nebenfolgen die Qualifikation nicht beeinflussen sollten.[284] Da sich aber das Zustandekommen stets (grundsätzlich) nach dem allgemeinen Vertragsrecht richtet[285], besteht kein Grund, diese Regel bereits auf die Qualifikation des Gesamtvertrags anzuwenden, um widersprüchliche Ergebnisse zu vermeiden, sich gleichzeitig aber der

---

[279] *Wagner*, S. 45: „Damit entfällt auch das praktische Bedürfnis für die Annahme ‚gemischter‘ Verträge im Sinne der Lehre von der Doppelnatur."

[280] Dies vermutet auch *Wagner*, S. 580. Für die Gerichtsstandsvereinbarung so bereits *Wach*, S. 502 ff. Zustimmend *Gebauer*, FS Kaissis, S. 267, 272.

[281] *Kisch*, ZZP 1951, 321, 323 Anm. 1; *Jürgens*, S. 48; ihnen folgend *Baumgärtel*, S. 236 f. Ebenso *Schäfer*, S. 118.

[282] *Schäfer*, S. 138.

[283] So stellt bspw. auch *Hayum*, S. 11, auf den Hauptzweck der Schiedsvereinbarung ab, sieht diesen aber nicht in der Regelung des Prozesses, sondern in der „Regelung des der Vereinbarung zu Grunde liegenden Streitverhältnisses selbst". Folglich qualifiziert er die Schiedsvereinbarung privatrechtlich. Die wohl herrschende Meinung geht demgegenüber davon aus, dass die Hauptwirkungen auf prozessualem Gebiet liegen, vgl. die Nachweise unter Kap. 1 D.

[284] *Rauscher*, in: MüKo/ZPO, Band 1, Einl. Rn. 414; *Stacher*, S. 34. Bereits *Schiedermair*, S. 36 f.; *Kornblum*, FamRZ 20 (1973), 416, 421, der beispielhaft die Klage anführt, an deren prozessualer Qualifikation ihre verjährungshemmende Wirkung nichts ändert.

[285] Siehe Kap. 2 C. I. und E. I.

Gefahr von Falschdeklarationen[286] auszusetzen. Erst bei der Qualifikation der einzelnen Vertragselemente ist die Regel zu berücksichtigen, dass diese nicht durch Nebenfolgen beeinflusst wird.[287] Damit liegt ein Privatrechtsvertrag vor, wenn er ausschließlich aus primär privatrechtlichen Elementen besteht, ein Prozessvertrag, wenn er ausschließlich aus primär prozessualen Elementen besteht. Beinhaltet der Vertrag sowohl primär privatrechtliche als auch primär prozessuale Elemente, liegt kein gemischter Vertrag, sondern ein zusammengesetzter Vertrag vor, also ein Vertrag mit Doppeltatbestand.[288] Dieses Vorgehen führt zu präzisen interessengerechten Ergebnissen.[289]

---

[286] Siehe Kap. 2 E. I.

[287] So auch *Stacher*, S. 34.

[288] *Stacher*, S. 34; *Wagner*, S. 44. Für die Lehre vom Doppeltatbestand in Bezug auf den Prozessvergleich, vgl. *Wagner*, S. 46.

[289] *Solomon*, S. 299; *Stacher*, S. 34; *Schlosser*, Rn. 52.

Kapitel 3

Untersuchung und Qualifikation
der einzelnen Elemente
der Schiedsvereinbarung

Im Folgenden gilt es – entsprechend der in Kapitel 2 herausgearbeiteten Qualifikationsmethode – die einzelnen Elemente der Schiedsvereinbarung, also ihre
Gegenstände und Wirkungen herauszuarbeiten und einzeln zu qualifizieren.

A. Untersuchungs- und Qualifikationsgegenstand:
Die Muster-Schiedsvereinbarung

Zunächst muss der Gegenstand der Untersuchung und Qualifikation definiert
werden. Denn wie jeder Vertrag ist auch die Schiedsvereinbarung grundsätzlich
der freien Gestaltung der Parteien überlassen. Die folgende Betrachtung kann
sich aber nicht jeder denkbaren Ausgestaltung einer Schiedsvereinbarung widmen, sondern muss notwendigerweise eine Schiedsvereinbarung zugrunde legen,
die sich auf das Erforderliche – also den allen Schiedsvereinbarungen gemeinsamen Kern – beschränkt.

Dieses Vorgehen rechtfertigt sich auch dadurch, dass sich Schiedsvereinbarungen in der Praxis regelmäßig auf die Feststellung beschränken, „dass ein Schiedsgericht anstelle eines staatlichen Gerichtes entscheiden soll und dass das Verfahren
nach einer bestimmten Schiedsordnung ablaufen soll."[1] Die Individualisierung
beschränkt sich also typischerweise auf die Parteien, das Rechtsverhältnis und
die Verfahrensregeln.[2] Denn zum einen fordert § 1029 Abs. 1 ZPO[3] lediglich,
dass die Zuständigkeit eines Schiedsgerichts für Streitigkeiten aus einem bestimmten Rechtsverhältnis vereinbart wird. Zum anderen orientieren sich die Parteien in der Praxis regelmäßig an der Musterschiedsvereinbarung der jeweiligen
Schiedsgerichtsinstitution. So lautet beispielsweise die Musterschiedsvereinbarung der DIS: „Alle Streitigkeiten, die sich im Zusammenhang mit diesem Ver-

---

[1] *Stacher,* S. 73.

[2] Allerdings ist strittig, ob die Wahl der Verfahrensregeln überhaupt Teil der Schiedsvereinbarung ist. Dagegen: *Münch,* in: MüKo/ZPO, Band 3, § 1031 Rn. 13; Zöller/*Geimer,* § 1029 Rn. 11; *Voit,* in: Musielak/Voit, § 1031 Rn. 2. Dafür: *Lachmann,* Rn. 265.

[3] Ebenso Art. 1 Abs. 1 S. 1 ML und Art. 2 Abs. 1 UNÜ.

trag oder über seine Gültigkeit ergeben, werden nach der Schiedsgerichtsordnung der Deutschen Institution für Schiedsgerichtsbarkeit e. V. (DIS) unter Ausschluss des ordentlichen Rechtsweges endgültig entschieden."[4] Die Musterschiedsvereinbarung der ICC bestimmt: *„All disputes arising out of or in connection with the present contract shall be finally settled under the Rules of Arbitration of the International Chamber of Commerce by one or more arbitrators appointed in accordance with the said Rules."*[5] Und die Musterschiedsvereinbarung der UNCITRAL Arbitration Rules besagt: *„Any dispute, controversy or claim arising out of or relating to this contract, or the breach, termination or invalidity thereof, shall be settled by arbitration in accordance with the UNCITRAL Arbitration Rules."*[6]

Wie bereits eingangs erwähnt, untersucht diese Arbeit nur Schiedsvereinbarungen.[7] Außer Betracht bleiben demnach Gestaltungsmöglichkeiten, durch welche die Zuständigkeit eines Schiedsgerichtes nicht durch Vereinbarung, sondern insbesondere durch letztwillige Verfügung oder Satzung begründet wird.[8] Hierdurch wird zwar ebenfalls die im Folgenden[9] zu untersuchende Gestaltungswirkung ausgelöst. Aber die danach zu untersuchenden Verpflichtungswirkungen zwischen den Parteien kommen hier von vornherein nicht in Betracht, da eine vertragliche Sonderverbindung fehlt.[10]

Im Folgenden wird daher ausschließlich eine Schiedsvereinbarung untersucht, welche sich darauf beschränkt, die Zuständigkeit eines Schiedsgerichts für Streitigkeiten aus einem bestimmten Rechtsverhältnis festzustellen. Die hierfür gewonnen Ergebnisse gelten aber auch für Schiedsvereinbarungen, die durch zusätzliche Vereinbarungen ergänzt werden. Etwas anderes ergibt sich nur dann, wenn eine solche Vereinbarung einen Aspekt ausdrücklich regelt, denn dann geht – wie sonst auch – die individuelle Parteivereinbarung vor.[11]

---

[4] Vgl. *Klich,* in: ICC-SchO/DIS-SchO, S. 991. Online abrufbar unter: http://www.dis-arb.de/de/17/klauseln/dis-schiedsgerichtsvereinbarung-98-id21 (zuletzt besucht am 17.05.2017).

[5] Vgl. *Webster/Bühler,* S. 649. Zur deutschen Version vgl. *Herzberg,* in: ICC-SchO/DIS-SchO, S. 627. Online abrufbar unter: http://www.iccwbo.org/products-and-services/arbitration-and-adr/arbitration/standard-icc-arbitration-clauses/ (zuletzt besucht am 17.05.2017).

[6] Die UNCITRAL Arbitration Rules sind online abrufbar unter: http://www.uncitral.org/uncitral/en/uncitral_texts/arbitration/2010Arbitration_rules.html (zuletzt besucht am 17.05.2017).

[7] Siehe Einl. B.

[8] Dies ist gemäß § 1066 ZPO möglich. Die §§ 1025 ff. ZPO finden dann entsprechende Anwendung.

[9] Siehe Kap. 3 B.

[10] *Schäfer,* S. 151.

[11] Ebenso *Stacher,* S. 68.

B. Gestaltungswirkung der Schiedsvereinbarung

I. Verfügung oder Normdisposition?

Oben[12] wurde bereits herausgearbeitet, dass es verpflichtende Prozessverträge geben kann und die Kategorie der Verpflichtung folglich kein geeignetes Qualifikationskriterium bildet. Bevor die Verpflichtungswirkungen der Schiedsvereinbarung herausgearbeitet werden[13], soll zunächst noch überprüft werden, ob den Prozessverträgen allgemein und der Schiedsvereinbarung im Speziellen noch eine weitere Wirkungsweise zukommt – ob es also neben den verpflichtenden Prozessverträgen noch einen anderen Typus von Prozessverträgen gibt.

Naheliegend ist es, neben der Kategorie der Verpflichtung auch die klassisch privatrechtliche Kategorie der Verfügung in Erwägung zu ziehen. Dabei handelt es sich nach Rechtsprechung und Literatur allgemein anerkannter Definition um ein Rechtsgeschäft, durch das der Verfügende auf ein bestehendes Recht dergestalt einwirkt, dass dieses übertragen, belastet/beschwert, aufgehoben oder inhaltlich verändert wird.[14] Verfügungen wirken daher *eo ipso*, ihre Folgen treten im Gegensatz zu Verpflichtungen also unmittelbar ein.[15]

Tatsächlich werden – im Gegensatz zu den umstrittenen prozessualen Verpflichtungsverträgen[16] – ganz überwiegend ausschließlich verfügende Prozessverträge anerkannt.[17] Jedenfalls besteht Einigkeit darüber, dass verfügende Prozessverträge existieren.[18] Denn diese gestalten die Prozessrechtslage unmittelbar[19]

---

[12] Siehe Kap. 2 D. V.

[13] Siehe Kap. 3 C.

[14] BGHZ 1, 294, 304.

[15] *Stacher*, S. 37.

[16] Siehe Kap. 2 D. V.

[17] *Schiedermair*, S. 95 ff., 175 ff.; *Baumgärtel*, S. 203 ff., 215 f., 229 f., 247, 268 ff.; *Siebert*, S. 23 ff., 45, 55 f., 70 f., 127 f.; *Zöller/Greger*, Vor § 128 Rn. 26. Ebenso in der Rechtsprechung, vgl. nur RGZ 102, 217, 221; 104, 133, 135; 123, 84, 85 f.; wohl auch RGZ 159, 186, 189 f.; 160, 241, 242; BGH, NJW 1952, 26, 26; BGH, NJW 1958, 1397, 1397 f.; BGH, NJW 1961, 460, 460; BGH, NJW 1964, 549, 550; BGH, NJW 1984, 805, 805; BGH, NJW 1985, 189, 189. s. a. *Wagner*, S. 36 m.w.N. A. A. *Reichold*, in: Thomas/Putzo, Einl. III, Rn. 8, der auch mittelbar wirkende Prozessverträge anerkennt und beispielhaft den Beweislastvertrag, die Parteivereinbarung über Sicherheitsleistung, die Verpflichtung zur Rücknahme von Klage oder Rechtsmittel, den Verzicht auf Einwendungen und die Verpflichtung, streitige Ansprüche nur in einem bestimmten Rechtsstreit geltend zu machen, aufführt.

[18] *Kern*, in: Stein/Jonas, Band 2, vor § 128 Rn. 330 ff.; *Schwab*, FS Baumgärtel, S. 503, 509 f.; *Schäfer*, S. 101. Für die Gerichtsstandsvereinbarung *Bork*, in: Stein/Jonas, Band 1, § 38 Rn. 69; *Gebauer*, FS Kaissis, S. 276; *Gottwald*, FS Henckel, S. 307. Zu den „Ursprüngen" der Verfügungswirkung von Gerichtsstandsvereinbarungen, vgl. *Gebauer*, FS Kaissis, S. 268 ff.

[19] *Kohler*, Gruchots Beiträge 31, 276, 277 u. 292 f.; *Schiedermair*, S. 95 ff., 175 ff.; *Hellwig*, S. 60; *Rosenberg/Schwab/Gottwald*, § 66 Rn. 2; *Schwab*, FS Baumgärtel,

und fügen sich damit jedenfalls in den teilweise vertretenen und für qualifikationsentscheidend befundenen funktionellen Prozesshandlungsbegriff.[20] Aber auch wenn man die Qualifikation anhand der Inhaltstheorie[21] vornimmt, sind Verträge, die die Prozessrechtslage unmittelbar gestalten, als prozessual zu qualifizieren.[22]

Für den Verfügungscharakter der Schiedsvereinbarung spricht zum einen § 1066 ZPO, der eine entsprechende Anwendung der §§ 1025 ff. ZPO für „letztwillige oder andere nicht auf Vereinbarung beruhende Verfügungen" anordnet. Denn mit „auf Vereinbarung beruhende Verfügungen" können nur Schiedsvereinbarungen gemeint sein.[23] Der Verfügungscharakter liegt aber auch deshalb nahe, weil die Schiedsvereinbarung – wie im Folgenden zu zeigen ist[24] – sowohl die Kompetenz- als auch die Verfahrensordnung unmittelbar modifiziert.[25] Die Kompetenzordnung[26] wird dergestalt modifiziert, dass die staatlichen Gerichte – teilweise, aber jedenfalls überwiegend[27] – derogiert und das jeweilige Schiedsgericht prorogiert wird.[28] Weiterhin wird die Verfahrensordnung modifiziert, indem für das Schiedsverfahren andere als die sonst vor einem staatlichen Gericht anwendbaren Verfahrensregeln für anwendbar erklärt werden.[29] Auch wenn die Parteien

---

S. 503, 509 f.; *Siebert*, S. 23 f., 45; *Kern*, in: Stein/Jonas, Band 2, vor § 128 Rn. 330 ff.; Zöller/*Greger*, Vor § 128 Rn. 26; *Wagner*, S. 35.

[20] *Rauscher*, in: MüKo/ZPO, Band 1, Einl. Rn. 435. Siehe hierzu auch oben unter Kap. 2 D. IV.

[21] Siehe Kap. 2 D. VIII.

[22] Ebenso *Wagner*, S. 36.

[23] *Schäfer*, S. 151. Dies verkennt das Reichsgericht in RGZ 108, 194, 198.

[24] Siehe Kap. 3 B. II.

[25] Dagegen noch *von Bülow*, AcP 64 (1881), 1, 68 f., obwohl er die Wirkung des Ausschlusses der ordentlichen Gerichte anerkennt.

[26] An dieser Stelle und im Folgenden wird bewusst nicht von einer Modifikation der Zuständigkeitsordnung gesprochen, denn gemeint ist nicht nur eine Modifikation der Zuständigkeit i. S. d. §§ 1 ff. ZPO. Die Modifikation betrifft hier die Kompetenz eines Spruchkörpers im weitesten Sinne, mithin die Übertragung der Entscheidungszuständigkeit von der staatlichen Gerichtsbarkeit auf ein Schiedsgericht. Ebenso allgemein für „Kompetenzverträge" *Wagner*, S. 556. Zu einem engen Verständnis des Zuständigkeitsbegriffs vgl. bspw. *Hayum*, S. 61.

[27] Die staatlichen Gerichte bleiben weiterhin für Kontroll- und Hilfsfunktionen zuständig, vgl. *Schütze*, IPRax 2006, 442, 443; *Landbrecht*, SchiedsVZ 2013, 241, 242; *Schäfer*, S. 108. Vgl. auch *Lorenz*, AcP 157 (1958), 265, 266, der allerdings den Verbleib der Ersatz- und Hilfszuständigkeit bei den staatlichen Gerichten als neue Begründung selbiger begreift.

[28] *Stacher*, S. 69. Für die Gerichtsstandsvereinbarung *Wagner*, S. 30. Eine alternative Zuständigkeit von Schiedsgericht und staatlichen Gerichten kann dagegen nur ausnahmsweise angenommen werden, vgl. *Stacher*, S. 69. Entsprechend formuliert *Bork*, in: Stein/Jonas, Band 1, § 38 Rn. 69, für die Gerichtsstandsvereinbarung, dass diese insoweit unmittelbar verfügende Wirkung habe, als dass durch ihren Abschluss das bezeichnete Gericht zuständig wird.

[29] *Stacher*, S. 70.

keine speziellen Regeln für das Schiedsverfahren bestimmen[30], bestimmt sich das Verfahren gemäß § 1042 Abs. 4 ZPO nach den Vorschriften des Zehnten Buches der ZPO bzw. nach von dem Schiedsgericht bestimmten Regeln und damit jedenfalls nach anderen als den üblicherweise anwendbaren Verfahrensregeln. Diese Modifikation wirkt – wie eine Verfügung und im Unterschied zu einer Verpflichtung – *eo ispo*.[31] Die Kompetenz- und Verfahrensordnung wird im Zeitpunkt des Abschlusses einer Schiedsvereinbarung modifiziert.

Dennoch erscheint der Verfügungsbegriff unpassend, um die Gestaltungswirkung der Schiedsvereinbarung vollständig zu erfassen, denn die Übereinstimmungen der oben beschriebenen Modifikation der Kompetenz- und Verfahrensordnung und einer Verfügung beschränken sich lediglich auf das Merkmal der Unmittelbarkeit. Bei einem idealtypischen Verfügungsvertrag[32] ist nämlich mit seinem Abschluss gleichzeitig auch sein endgültiger Zweck erreicht. Dies ist jedoch bei der Schiedsvereinbarung nicht bzw. nur eingeschränkt der Fall. Zwar werden Kompetenz- und Verfahrensordnung *eo ipso* modifiziert. Der eigentliche Zweck der Schiedsvereinbarung, die Durchführung eines Schiedsverfahrens im Streitfalle, ist damit aber noch nicht erreicht. Nichts anderes ergibt sich, wenn man in der Schiedsvereinbarung eine Übertragung des Streitgegenstandes auf das Schiedsgericht im Sinne einer Verfügung zu erkennen glaubt.[33] Eine verfügungsähnliche unmittelbare Zweckerreichung kann bei der Schiedsvereinbarung allenfalls insoweit angenommen werden, als mit ihr ein Verzicht auf Rechtsschutz vor einem staatlichen Gericht erklärt wird.[34] Denn mit Abschluss der Schiedsvereinbarung erlischt das Klagerecht vor den staatlichen Gerichten unmittelbar.

Noch gewichtiger ist aber, dass der Begriff der Verfügung nicht ausreichend erscheint, um sowohl die positive wie die negative Gestaltungswirkung der Schiedsvereinbarung zu erfassen. Denn wie bereits klargestellt, wird unter Verfügung nur die Einwirkung auf ein bestehendes Recht verstanden. Damit kann jedoch allenfalls die Derogation der staatlichen Gerichte und der Verzicht auf das

---

[30] Dies ist in den Grenzen von § 1042 Abs. 3 ZPO möglich und geschieht in der Praxis regelmäßig durch die Wahl einer Schiedsordnung einer Schiedsinstitution.

[31] Siehe Kap. 3 B. II. 3. Vgl. auch *Wagner*, S. 252 f.; *Teubner/Künzel*, MDR 1988, 720, 721; *Stacher*, S. 35. Ebenso für die Gerichtsstandsvereinbarung *Bork*, in: Stein/Jonas, Band 1, § 38 Rn. 69.

[32] *Stacher*, S. 38, der beispielhaft die Abtretung nennt.

[33] *Habscheid*, KTS 1955, 33, 35; *Schäfer*, S. 150, die aber uneins scheint, da sie gleichsam *Habscheid* kritisiert und die Verfügung in dem Entzug der staatlichen Zuständigkeit sieht. Denn gegen *Habscheids* Ansatz spricht bereits, dass bei Abschluss einer Schiedsvereinbarung regelmäßig noch gar nicht feststeht, welcher konkrete Streitgegenstand dem Schiedsgericht „übertragen" werden soll, vgl. *Baumgärtel*, S. 243; *Real*, S. 61. Dies erkennt aber auch *Schäfer*, S. 150.

[34] Hierzu *Schäfer*, S. 149; *Stacher*, 37; *Knellwolf*, S. 45, 55.

Klagerecht vor selbigen erklärt werden.[35] Die Schiedsvereinbarung enthält aber nicht nur diese negative, sondern auch eine positive Wirkung.[36] Sie begründet nämlich insbesondere eine neue Zuständigkeit, die des Schiedsgerichts, und ein neues Klagerecht vor dem Schiedsgericht.

Für diejenigen Prozessverträge, welche die auf das Verfahren anwendbaren Normen modifizieren, wird daher teilweise der Prozessvertragstyp der Normdisposition vorgeschlagen.[37] Auch bei dieser wird der Vertragsinhalt bereits im Zeitpunkt des Vertragsschlusses verwirklicht, sie wirkt also – wie eine Verfügung – unmittelbar.[38] Eine Normdisposition erfordert nicht, dass die Parteien eine bestimmte Norm modifizieren. Entscheidend ist vielmehr, dass andere Regeln für Zuständigkeit und Verfahren zur Anwendung kommen.[39] Modifiziert wird also die Kompetenz- und Verfahrensordnung. Auch handelt es sich hierbei nicht um eine Disposition im eigentlichen Sinne, denn die Zuständigkeitsordnung ist nicht dispositiv. Würden die Parteien eine andere Instanz für kompetent erklären, die von der Kompetenzordnung nicht vorgesehen ist, so würde diese nicht dieselben Befugnisse wie ein Schiedsgericht und eine Entscheidung nicht dieselben Wirkungen wie ein Schiedsspruch haben. Die Parteien machen vielmehr von einem ihnen von der Rechtsordnung eingeräumten Wahlrecht Gebrauch. *Stacher* erkennt aber treffend: „Der Unterschied lässt sich jedoch darauf reduzieren, dass das gesetzte Zuständigkeitsrecht die Schranken der Disposition festhält: Es kann nur abgeändert werden, wenn eine Schieds- oder Gerichtsstandsvereinbarung abgeschlossen wird."[40]

Der Begriff der Normdisposition bietet gegenüber dem Begriff der Verfügung den Vorteil, dass er neben den negativen Wirkungen der Schiedsvereinbarung – also der Abwahl der sonst anwendbaren Verfahrensregeln und der Derogation der staatlichen Gerichte – auch ihre positiven Wirkungen zu erklären vermag, mithin die Anwendbarkeit abweichender Verfahrensregeln und die Prorogation des Schiedsgerichts.[41] Ob es notwendig bzw. sinnvoll ist, die Normdisposition als einziges Gegenstück des prozessualen Verpflichtungsvertrags anzusehen[42], oder

---

[35] *Altenrath,* S. 33 ff., reduziert die Schiedsvereinbarung noch auf einen zweiseitigen Verzicht auf das Klagerecht vor staatlichen Gerichten.

[36] *Real,* S. 61 ff.; zustimmend *Schäfer,* S. 88 u. 148.

[37] *Wagner,* S. 57, 233, 252. Ihm folgend: *Stacher,* S. 35 ff. Hierzu auch *Schäfer,* S. 151.

[38] *Stacher,* S. 37; *Wagner,* S. 253. Vgl. auch *Schlosser,* Parteihandeln, S. 90 f.; *Teubner/Künzel,* MdR 42 (1988), 720, 721 u. 723.

[39] *Stacher,* S. 36.

[40] *Stacher,* S. 36.

[41] *Stacher,* S. 37 f.

[42] So jedenfalls *Stacher,* S. 38 Fn. 203: „Für die Annahme von prozessualen Verfügungsverträgen besteht deshalb keine Notwendigkeit. Ein Vertrag, mit welchem ein Recht modifiziert wird, welches das Prozessrecht einer Partei einräumt, ist auch vom

ob auch prozessuale Verfügungsverträge anzuerkennen sind, kann an dieser Stelle offen gelassen werden. Entscheidend ist hier allein, dass die Gestaltungswirkungen der Schiedsvereinbarung in ihrer Gesamtheit nicht mit dem Begriff der Verfügung zu fassen und zu erklären sind. Hierfür wird daher der Vertragstyp der Normdisposition brauchbar gemacht. „Der Abschluss einer Schiedsvereinbarung ist demnach in dem Umfang eine Normdisposition, in welchem ihm eine Gestaltungswirkung zukommt."[43] „Um einen Prozessvertrag handelt es sich bei einer solchen Normdisposition selbstredend in den Fällen, in welchen die Disposition eine Norm des Prozessrechts betrifft."[44]

II. Schiedsvereinbarung als Normdisposition

Schließen die Parteien eine Schiedsvereinbarung in der hier untersuchten und oben[45] dargestellten, rudimentären Form ab, so ist grundsätzlich davon auszugehen, dass sie alle Streitigkeiten aus einem bestimmten Rechtsverhältnis der Entscheidungskompetenz der staatlichen Gerichte entziehen und der eines Schiedsgerichts überantworten möchten. Dieses soll – einfach gesprochen – anstelle der staatlichen Gerichte, aber mit gleicher Wirkung, endgültig entscheiden. Zudem soll sich der Prozess nach anderen als den normalerweise anwendbaren Verfahrensregeln richten. Grundsätzlich ginge dies über das von den Parteien Bestimmbare hinaus[46], das Gesetz erkennt diese Wirkung aber in den §§ 1025 ff. ZPO in weiten Teilen an.[47] Die Gestaltungswirkung der Schiedsvereinbarung betrifft also zwei Aspekte: zum einen die Kompetenz, zum anderen die Verfahrensregeln.

1. Modifikation der Kompetenzordnung

Gemäß § 1055 ZPO hat der Schiedsspruch „unter den Parteien die Wirkungen eines rechtskräftigen gerichtlichen Urteils."[48] Er kann nur nach § 1059 ZPO bzw. Art. 5 UNÜ beseitigt werden. Die Schiedsvereinbarung begründet also die Zuständigkeit des Schiedsgerichts zur urteilsgleichen und grundsätzlich endgültigen[49]

Begriff der Normdisposition erfasst, wenn er als Modifikation der gesetzlichen Grundlage des Rechts verstanden wird."

[43] *Stacher*, S. 37. Zur Abgrenzung der Normdisposition zur Verpflichtung, insoweit eine gesetzliche Regelung fehlt, vgl. *Stacher*, S. 39 f.

[44] *Stacher*, S. 36 Fn. 186.

[45] Siehe Kap. 3 A.

[46] *Stacher*, S. 4.

[47] *Schäfer*, S. 165.

[48] Der Schiedsspruch ist allerdings kein Titel, er ist keine automatisch vollstreckbare Entscheidung, sondern muss für vollstreckbar erklärt werden, §§ 1060 ff. ZPO. Hierzu *Schäfer*, S. 121.

[49] Die Übertragung der endgültigen Streitentscheidung ist aber nicht zwingende Wirksamkeitsvoraussetzung der Schiedsvereinbarung. Denn die Bindungswirkung des

Streitentscheidung.[50] Gleichzeitig bewirkt sie die Unzuständigkeit der staatlichen Gerichte, welche durch Erhebung der Einrede gemäß § 1032 Abs. 1 ZPO geltend gemacht werden kann.[51] Die Derogation der staatlichen Gerichte wird jedoch durch das Gesetz nur teilweise anerkannt, denn für Kontroll- und Hilfsfunktionen bleiben die staatlichen Gerichte weiterhin zuständig.[52] Insbesondere für die Entscheidung über das Bestehen einer Schiedsvereinbarung im Rahmen einer Schiedseinrede (1032 Abs. 1 ZPO), eines Feststellungsantrags (§ 1032 Abs. 2 ZPO) oder für Maßnahmen des einstweiligen Rechtsschutzes. Hier besteht eine kumulative Konkurrenz[53] zwischen dem Schiedsgericht und den staatlichen Gerichten, vgl. §§ 1033, 1041 ZPO.[54] Zudem behält sich die staatliche Gerichtsbarkeit im Rahmen der Vollstreckung ein Mindestmaß an Kontrollmöglichkeiten vor, vgl. §§ 1059 ff. ZPO. Die Kompetenz zur endgültigen Entscheidung über den Streitgegenstand wird den staatlichen Gerichten jedoch entzogen und dem Schiedsgericht übertragen. Die Parteien einer Schiedsvereinbarung modifizieren insoweit also die Kompetenzordnung.[55]

Bei der Zuständigkeit des Schiedsgerichts handelt es sich grundsätzlich um eine ausschließliche Zuständigkeit. Nur ausnahmsweise sind das Schiedsgericht und die staatlichen Gerichte alternativ zuständig, wenn die Parteien dies ausdrücklich vereinbart haben.[56] Dass es sich im Regelfall um eine ausschließliche Zuständigkeit des Schiedsgerichts handelt, lässt sich bereits daraus ableiten, dass § 1032 Abs. 1 ZPO dem Beklagten bei einer Klage vor einem staatlichen Gericht grundsätzlich[57] die sog. Schiedseinrede zubilligt.[58] Die Schiedsvereinbarung ist

Schiedsspruchs unterliegt der Disposition der Parteien, vgl. BGH, SchiedsVZ 2007, 160, 162; *Lachmann,* Rn. 6, 1790.

[50] *Schlosser,* in: Stein/Jonas, Band 10, § 1029 Rn. 52; *Lorenz,* AcP 157 (1958), 265, 266.

[51] *Lachmann,* Rn. 434 ff.; *Schlosser,* in: Stein/Jonas, Band 10, § 1029 Rn. 51; *Stacher,* S. 68 f.; *Schäfer,* S. 88 ff.; *Lorenz,* AcP 157 (1958), 265, 265 f.

[52] *Schütze,* IPRax 2006, 442, 443; *Schäfer,* S. 108.

[53] *Münch,* in: MüKo/ZPO, Band 3, § 1033 Rn. 2.

[54] *Schlosser,* in: Stein/Jonas, Band 10, § 1029 Rn. 55.

[55] Ebenso für die Gerichtsstandsvereinbarung, *Wagner,* S. 30. Zwar geht *Schiedermair,* ZZP 1961, 142, 143, tatsächlich zu weit, wenn er aus der Schiedsvereinbarung folgert, die Möglichkeit staatlichen Rechtsschutzes werde vollständig unmittelbar ausgeschlossen. Wenn man – wie hier – die Modifikation auf die Kompetenz zur endgültigen Entscheidung über den Streitgegenstand beschränkt, mithin die genannten Hilfsfunktionen der staatlichen Gerichte hiervon ausnimmt, ist es jedoch ebenso unangebracht, lediglich eine Verpflichtung zur Unterlassung einer Klage vor staatlichen Gerichten anzunehmen und eine unmittelbare Modifikation der Kompetenzordnung gänzlich auszuschließen, so aber bspw. *Schäfer,* S. 136. Sie scheint jedoch uneins, vgl. *Schäfer,* S. 150: „[…] eher von verfügungsrechtlichem als verpflichtenden Charakter."

[56] *Stacher,* S. 69; *Schwab/Walter,* Kap. 3 Rn. 22.

[57] Zum Streit um die Verzichtbarkeit der Schiedseinrede, s. *Münch,* in: MüKo/ZPO, Band 3, § 1032 Rn. 16 m.w.N.

[58] *Stacher,* S. 69.

also zwar nicht von Amts wegen beachtlich[59], die Einrede führt aber zur Abweisung der Klage als unzulässig durch Prozessurteil.[60] Die Erhebung der Schiedseinrede unterliegt dabei gewissen Einschränkungen. Dass sie nur so weit erhoben werden kann, wie die Schiedsvereinbarung wirkt, erscheint selbstverständlich. Erfasst die Schiedsvereinbarung beispielsweise besondere Verfahrensarten (z. B. Urkundenprozess) nicht, so ist eine Schiedseinrede dort nicht möglich.[61] Zum anderen ist die Einrede „präklusionsbedroht"[62]. Der Beklagte muss sie „vor Beginn der mündlichen Verhandlung zur Hauptsache" – also vor sachlicher Einlassung – geltend machen.[63]

2. Modifikation der Verfahrensordnung

Weiterhin gestaltet die Schiedsvereinbarung die Verfahrensordnung und bestimmt die Verfahrensregeln, nach denen das Schiedsverfahren stattzufinden hat. Dies sind nicht die allgemeinen Regeln des Prozessrechts, welche vor staatlichen Gerichten zur Anwendung kommen, sondern – vorbehaltlich zwingender Vorschriften des Zehnten Buches der ZPO – die von den Parteien gewählten Regeln, § 1042 Abs. 3 ZPO.[64] In der Praxis wird diese Wahl der Verfahrensregeln regelmäßig durch Bezugnahme auf die Schiedsgerichtsordnung einer Schiedsinstitution ausgeübt. Aber auch bei Fehlen einer Vereinbarung über die Verfahrensregeln kommen andere Vorschriften, nämlich die des Zehnten Buches der ZPO oder – soweit dieses keine Regeln enthält – die von dem Schiedsgericht nach freiem Ermessen bestimmten Verfahrensregeln zur Anwendung, § 1042 Abs. 4 ZPO. Im weitesten Sinne kann zur Modifikation der Verfahrensordnung aber auch wiederum die Schiedseinrede gem. § 1032 Abs. 1 ZPO gezählt werden. Hierbei handelt es sich um eine Zulässigkeitsrüge[65], die normalerweise – also bei Fehlen einer Schiedsvereinbarung – in Verfahren vor staatlichen Gerichten nicht möglich ist.

---

[59] Dies kann auch nicht durch Parteivereinbarung bewirkt werden, vgl. *Münch*, in: MüKo/ZPO, Band 3, § 1032 Rn. 2. Zur ausnahmsweisen Beachtlichkeit der Schiedsvereinbarung von Amts wegen beim säumigen Beklagten in der Schweiz, vgl. *Stacher*, S. 46 f. Ebenso löst ein Schiedsverfahren keine „Schiedshängigkeit" i.S. einer Rechtshängigkeit aus – auch dann bleibt ein Beklagter auf die Möglichkeit der Schiedseinrede beschränkt, vgl. BGH, NJW 1958, 950 m.w.N.; *Lachmann*, Rn. 1450; *Henn*, Rn. 316; *Lorenz*, AcP 157 (1958), 265, 275 f.; *Hayum*, S. 64. A.A. wohl *Schütze*, Rn. 413.

[60] *Schütze*, Rn. 318; *Münch*, in: MüKo/ZPO, Band 3, § 1032 Rn. 19 ff., dort auch zu den Wirkungen des rechtskräftigen Prozessurteils. *Schwab/Walter*, Kap. 7 Rn. 1; *Prütting/Gehrlein*, § 1032 Rn. 1 u. 5.

[61] *Schütze*, IPRax 2006, 442, 443.

[62] *Münch*, in: MüKo/ZPO, Band 3, § 1032 Rn. 2 u. 16 f.

[63] *Münch*, in: MüKo/ZPO, Band 3, § 1032 Rn. 16.

[64] Für die Schweiz *Stacher*, S. 70.

[65] *Münch*, in: MüKo/ZPO, Band 3, § 1032 Rn. 1 f. Allgemein zu Zulässigkeitsrügen, vgl. *Prütting*, in: MüKo/ZPO, Band 1, § 296 Rn. 49.

3. Unmittelbarkeit der Modifikationen

Die Modifikation der Kompetenzordnung – die Derogation der staatlichen Gerichte und Prorogation des Schiedsgerichts – und die Modifikation der Verfahrensordnung erfolgen unmittelbar durch den Abschluss der Schiedsvereinbarung.[66] Dass die staatlichen Gerichte hierdurch *eo ipso* unzuständig werden, ergibt sich weniger aus dem Wortlaut von § 1029 ZPO[67], sondern vielmehr aus der Schiedseinrede[68], durch welche die Klage vor einem staatlichen Gericht als unzulässig gerügt werden kann.[69] Gerügt werden kann aber schon begriffslogisch nur ein fehlerhafter Zustand bzw. etwas Fehlerhaftes. Aus § 1032 Abs. 1 ZPO ergibt sich, dass das Fehlerhafte hier die Klage vor dem staatlichen Gericht ist. Fehlerhaft kann diese aber nur dann sein, wenn bereits vor Klageerhebung ein Zustand bestand, nach welchem eben diese Klage als unzulässig gilt. Dies ist aber nur dann der Fall, wenn bereits durch den Abschluss der Schiedsvereinbarung die oben dargestellte Modifikation der Kompetenzordnung unmittelbar erfolgt. Erhebt der Beklagte die Schiedseinrede nicht, lässt er sich also rügelos auf die Klage ein, so begründet er hierdurch die Zuständigkeit des staatlichen Gerichts.[70] Die rügelose Einlassung führt also dazu, dass das ordentliche Gericht wieder zuständig wird.[71] Dies gilt allerdings nur für den durch die Klage anhängig gemachten konkreten Rechtsstreit. Ein genereller Einredeverzicht kann grundsätzlich nicht angenommen werden.[72] Einlassen kann sich der Beklagte aber wie-

---

[66] *Stacher*, S. 69; *Schlosser*, Parteihandeln, S. 90 ff. Ebenso für die Gerichtsstandsvereinbarung: *Kornblum*, FamRZ 20 (1973), 416, 422. A.A. *Lorenz*, AcP 157 (1958), 265, 280 f. Vgl. auch *Schiedermair*, S. 95 ff., 102 ff., der ausschließlich eine verfügende Wirkung der Schiedsvereinbarung anerkennt, diese aber nicht in der Gestaltung des Verfahrens, sondern in der Schiedseinrede und dem urteilsgleichen Schiedsspruch sieht.

[67] Anders bei der Gerichtsstandsvereinbarung, für welche der Wortlaut von § 38 ZPO, „wird", die verfügende Wirkung nahelegt. Ebenso *Gebauer*, FS Kaissis, S. 267, 271.

[68] Aus der Tatsache, dass eine Einrede erhoben werden muss, kann aber nichts gewonnen werden, vgl. *Schäfer*, S. 118 f. A.A. noch *Hayum*, S. 60 f., der vor erstmaliger Regelung der Schiedseinrede in § 274 Abs. 2 Nr. 2 der Neufassung der ZPO 1898 schrieb, die Schiedsvereinbarung bewirke nicht die Unzuständigkeit der staatlichen Gerichte und bei der Schiedseinrede handele es sich um keine Rüge der Zuständigkeit. Mit der Schiedseinrede werde der Klage vor einem staatlichen Gericht lediglich „eine Bedingung in den Weg gestellt", die materiell-rechtlich zu qualifizieren sei.

[69] *Münch*, in: MüKo/ZPO, Band 3, § 1032 Rn. 2; *Schwab/Walter*, Kap. 7 Rn. 1; *Prütting*, in: Prütting/Gehrlein, § 1032 Rn. 1.

[70] Dies jedenfalls insoweit, als die Entscheidungszuständigkeit zwischen den staatlichen Gerichten und dem Schiedsgericht überhaupt betroffen ist. Ein auch sonst unzuständiges staatliches Gericht wird nicht allein durch die rügelose Einlassung im Sinne einer Nichtgeltendmachung der Schiedseinrede zuständig. Dies richtet sich nach den allgemeinen Zuständigkeitsregeln, insbesondere § 39 ZPO.

[71] *Stacher*, S. 43; *Lachmann*, Rn. 660.

[72] *Münch*, in: MüKo/ZPO, Band 3, § 1032 Rn. 17; *Lachmann*, Rn. 661; *Stacher*, S. 44 f.

derum begriffslogisch nur auf einen fehlerhaften Zustand. Mit der Einlassung wird dieser konkludent akzeptiert.[73] Dieser fehlerhafte Zustand kann wiederum nur in der Klageerhebung vor einem staatlichen Gericht liegen, was voraussetzt, dass die Schiedsvereinbarung die Kompetenzordnung unmittelbar dergestalt modifiziert hat, dass eben diese Klage unzulässig ist. Im Ergebnis steht damit fest, dass der Abschluss der Schiedsvereinbarung unmittelbar die Derogation der staatlichen Gerichte bewirkt.

Nicht ganz so eindeutig ist diese *eo ipso*-Wirkung in Bezug auf die Zuständigkeit des Schiedsgerichts und die anwendbaren Verfahrensregeln. Einerseits zeigt sich die unmittelbare Wirkung auch hier in der Schiedseinrede. Denn würde die staatliche Gerichtsbarkeit ihre Zuständigkeit ablehnen, ohne dass eine andere Zuständigkeit – hier die des Schiedsgerichts bestünde – käme dies einer verfassungswidrigen Rechtsschutzverweigerung gleich. Die unmittelbare Zuständigkeit des Schiedsgerichts bildet gleichsam das Äquivalent zu der unmittelbaren Unzuständigkeit der staatlichen Gerichte. Entsprechend formuliert bereits *Wach* für die Gerichtsstandsvereinbarung treffend: „Sie ist der Prorogationsvertrag, das prozessualische, weil auf specifisch prozessrechtliche Wirkung gerichtete zweiseitige Rechtsgeschäft, welches Zuständigkeit schafft."[74] Ganz allgemein in Bezug auf Prozessverträge, zu welchen er auch die Schiedsvereinbarung zählt, formulierte ähnlich auch *Kohler*, es gäbe „Verträge, welche nicht nur die Verpflichtung zu einem prozeßrechtlichen Thun erzeugen, sondern welche direkt eine prozeßrechtliche Situation schaffen, eine Situation für einen gegenwärtigen Prozeß oder für einen oder mehrere künftige Prozesse; eine Situation welche die Prozeßentwickelung, sobald sie beginnt, in andere Bahnen lenkt oder ihr gar den direkten Weg versperrt."[75] Andererseits zeigt sich die unmittelbare Wirkung aber auch darin, dass ab dem Zeitpunkt des Abschlusses der Schiedsvereinbarung für deren Parteien die Möglichkeit besteht, die Konstituierung des Schiedsgerichts herbeizuführen und Klage vor diesem zu erheben. Hierfür sind – ebenfalls unmittelbar mit Abschluss der Schiedsvereinbarung – grundsätzlich[76] die vereinbarten Verfahrensregeln anwendbar.

4. Rechtsnatur der Normdisposition

Soweit die Schiedsvereinbarung die oben aufgeführte Gestaltungswirkung hat, ist sie als Normdisposition zu qualifizieren. Diese ist prozessualer Natur, da sie

---

[73] Ebenso für das schweizerische Recht, *Stacher*, S. 69, wo § 7 lit. a IPRG ausdrücklich davon spricht, dass das staatliche Gericht seine Zuständigkeit nicht ablehnt, wenn der Beklagte „sich vorbehaltlos auf das Verfahren eingelassen" hat.

[74] *Wach*, S. 502. *Gebauer*, FS Kaissis, S. 267, 271, vermutet hier den Ursprung der modernen Auffassung von der Verfügungswirkung.

[75] *Kohler*, Gruchots Beiträge 31, S. 276, 277.

[76] Siehe Kap. 3 B. II. 2.

den Rechtsschutz betrifft, genauer die Zuständigkeits- und Verfahrensordnung, und nicht den Streitgegenstand.[77] „Die Normen, welche die Zuständigkeit und den Verfahrensablauf regeln, gehören zum Prozessrecht, was nach den Inhaltstheorien eine prozessuale Qualifikation dieser Elemente der Schiedsvereinbarung nach sich zieht. Dasselbe gilt für die Wirkung des Schiedsspruchs: dass er dem Urteil eines staatlichen Gerichtes gleich kommt, ist Teil der staatlichen Ausgestaltung des Rechtsschutzes und somit der prozessualen Sphäre zuzuordnen."[78]

III. Schadenersatz aufgrund Verletzung der Normdisposition

Der Beklagte kann zwar die unzulässige Klage durch Schiedseinrede verhindern und damit der Schiedsvereinbarung bzw. der darin enthaltenen Normdisposition zur Durchsetzung verhelfen, dennoch war er aber zumindest in diesem Umfang mit einem Verfahren vor einem staatlichen Gericht belastet. Oftmals wird der Beklagte aber neben der Erhebung der Schiedseinrede auch vorsorglich Ausführungen zum Streitgegenstand machen, möglicherweise sogar Widerklage erheben. Daher gilt es zu prüfen, ob der Beklagte aus dem Verstoß des Klägers gegen die Normdisposition einen Schadenersatzanspruch ableiten kann. In Betracht kommen ein vertraglicher wie ein gesetzlicher Schadenersatzanspruch.

1. Vertraglicher Schadenersatzanspruch

Ein vertraglicher Schadenersatzanspruch des Beklagten scheidet aus, da es bereits an einer Verletzung der Normdisposition fehlt. Die Normdisposition, also die Modifikation des Prozessrechts, wirkt unmittelbar und ist damit bereits im Zeitpunkt ihres Abschlusses umgesetzt. Sie wirkt aber nicht fort, sondern es gilt schlicht die neue modifizierte prozessrechtliche Lage. Mit ihrer Zustimmung zur Schiedsvereinbarung hat eine Partei also alles getan, was von ihr im Rahmen der Normdisposition erwartet werden kann.[79] Das Verhalten des Klägers, namentlich die Klage vor einem staatlichen Gericht, stellt daher keinen Verstoß gegen die bereits umgesetzte und damit in ihrer Wirkung beendete Normdisposition dar.

---

[77] Siehe Kap. 2 D. VIII. Auch *Knellwolf,* S. 45, 47 f. s. a. *Wagner,* S. 31, der allgemein für Kompetenzverträge formuliert, sie beträfen das für den „Rechtsstreit maßgebende Verfahrensrecht. In der Terminologie des § 54 S. 1 VwVfG wird durch diese Vereinbarungen jeweils ‚ein Rechtsverhältnis auf dem Gebiet des öffentlichen Rechts' – nämlich des Prozeßrechts – durch Vertrag ‚geändert'." Zu den Kompetenzverträgen vgl. *Wagner,* S. 556 ff. Differenzierend *Henckel,* S. 35 ff., der die Qualifikation der Modifikation der Verfahrensordnung davon abhängig machen will, ob man das Verfahrensrecht, nach welchem sich das Schiedsverfahren richtet, als Prozessrecht bezeichnen will.

[78] *Stacher,* S. 70 m. w. N.; *Schiedermair,* S. 104.

[79] *Stacher,* S. 77.

Verletzt wird lediglich das Prozessrecht, also das Gesetz, jedoch nicht der Vertrag.[80]

2. Gesetzlicher Schadenersatzanspruch

Da die Normdisposition, also der normdisponierende Teil der Schiedsvereinbarung nicht verletzt werden und daher mangels Möglichkeit eines Verstoßes hiergegen auch kein vertraglicher Schadenersatzanspruch entstehen kann, kommt bei einer Klage einer Schiedsvertragspartei vor einem staatlichen, also unzuständigem Gericht – wie sonst auch – nach deutschem Recht[81] nur ein Schadenersatzanspruch nach § 826 BGB in Betracht.[82] Grundsätzlich besteht danach ein Anspruch, wenn sich die Klage als sittenwidrig im Sinne der Norm darstellt.[83] Dies ist anerkannt für Fälle, in denen der Kläger weiß, dass sein Begehren unbegründet ist. Nichts anderes kann aber gelten, wenn der Kläger weiß, dass seine Klage unzulässig ist, weil er die staatlichen Gerichte durch Schiedsvereinbarung für unzuständig erklärt hat. Allerdings genügt die bloß unberechtigte Klageerhebung in der Regel nicht, sodass auch eine bloß unzulässige Klageerhebung regelmäßig noch keinen Schadenersatzanspruch begründen kann. Hinzukommen muss stets die Sittenwidrigkeit, also zusätzliche Umstände in der Art und Weise der Verfahrenseinleitung.[84]

Dieser Schadenersatzanspruch kann vor dem Schiedsgericht eingeklagt werden. Eine Schiedsvereinbarung ist in Bezug auf die Zuständigkeit des Schiedsgerichts im Zweifel großzügig auszulegen und umfasst grundsätzlich alle mit der Streitigkeit und dem Verfahren zusammenhängenden Aspekte[85], denn die Parteien bezwecken in der Regel eine effiziente, also bei einer Instanz konzentrierte, umfassende Streiterledigung und wollen sich widersprechende Entscheidungen vermeiden.[86] Auch deliktische Ansprüche sind daher von der Zuständigkeit des Schiedsgerichts regelmäßig umfasst.[87] Dies gilt zwar nur insoweit, als sich die unerlaubte Handlung mit einer Verletzung der Schiedsvereinbarung deckt.[88] Dies

---

[80] Ebenso *Stacher,* S. 57.

[81] Zur Frage des anwendbaren Rechts sogleich.

[82] So auch für die Gerichtsstandsvereinbarung *Gottwald,* in: MüKO/ZPO, Band 3, Art. 23 EuGVO Rn. 97.

[83] *Sprau,* in: Palandt, § 826 Rn. 50; *Wagner,* in: MüKo/BGB, Band 6, § 826 Rn. 238; *Götz,* S. 21 ff.; *Häsemeyer,* S. 139 ff.; *Henckel,* S. 291 ff.; *Hopt,* S. 217 ff.; *Kurth,* S. 96 ff.; *Wagner,* S. 258; *Sandrock,* RIW 2004, 809, 814 m. z. N.

[84] *Wagner,* in: MüKo/BGB, Band 6, § 826 Rn. 238 ff.; *Sprau,* in: Palandt, § 826 Rn. 50.

[85] *Schwab/Walter,* Kap. 3 Rn. 19; *Voit,* in: Musielak/Voit, § 1029 Rn. 23; *Trittmann/ Hanefeld,* in: Arbitration in Germany, § 1029 Rn. 31 (S. 106); BGH, NJW 1970, 1046 f.

[86] *Stacher,* S. 118; *Trittmann/Hanefeld,* in: Arbitration in Germany, § 1029 Rn. 31 (S. 106).

[87] *Schwab/Walter,* Kap. 3 Rn. 19 m. w. N.; Zöller/*Geimer,* § 1029 Rn. 80.

[88] Zöller/*Geimer,* § 1029 Rn. 80.

ist hier aber der Fall, denn die Schiedsvereinbarung verpflichtet – wie sich noch zeigen wird – dazu, eine Klageerhebung vor einem staatlichen Gericht zu unterlassen.[89] Fraglich ist noch, wie das anwendbare Recht zu bestimmen ist. Der Schadenersatzanspruch bildet einen eigenständigen Streitgegenstand, über welchen das Schiedsgericht in einem Sachentscheid[90] entscheiden muss. Sachgerecht ist es daher, auf die Sonderkollisionsnorm[91] des § 1051 ZPO zurückzugreifen.[92] Diese Vorschrift ermöglicht den Parteien eine umfassende, nicht einschränkend auszulegende Rechtswahlfreiheit, die sich auch auf außervertragliche Streitigkeiten erstreckt.[93] Gemäß § 1051 Abs. 1 ZPO hat das Schiedsgericht „die Streitigkeit in Übereinstimmung mit den Rechtsvorschriften zu entscheiden, die von den Parteien als auf den Inhalt des Rechtsstreits anwendbar bezeichnet worden sind." Primär gilt daher eine Rechtswahl[94] der Parteien, mithin der Parteiwille. Haben die Parteien das auf die Schiedsvereinbarung – und somit auch auf die hierin enthaltene Normdisposition – anwendbare Recht gewählt[95], so bestimmt sich auch der Schadensersatzanspruch nach diesem Recht. Andernfalls gilt gemäß § 1051 Abs. 2 ZPO eine objektive Anknüpfung an das Recht des Staates, „mit dem der Gegenstand des Verfahrens die engsten Verbindungen aufweist." Der Streit, ob die Regelung einen vollständigen Ausschluss europäischen Kollisionsrechts bewirkt, umgekehrt, ob die Regelung durch Art. 4 ff. Rom II-VO verdrängt wird, oder ob § 1051 ZPO zumindest im Lichte der Rom II-VO auszulegen ist, kann an dieser Stelle dahinstehen.[96] Denn jedenfalls bilden die IPR-Regeln als „normativ geronnene Näheregeln"[97] einen Anhaltspunkt für das Schiedsgericht. Und sowohl Art. 4 Abs. 3 Rom II-VO als auch Art. 41 EGBGB drücken aus, dass sich eine wesentlich bzw. offensichtlich engere Verbindung insbesondere aus einem zwischen den Parteien bestehenden Rechtsverhältnis erge-

---

[89] Siehe Kap. 3 C. III. 2.

[90] Zur Begrenzung von § 1051 ZPO auf Sachentscheide s. *Münch,* in: MüKo/ZPO, Band 3, § 1051 Rn. 10.

[91] Hierzu *Wilske/Markert,* BeckOK ZPO, 24. Edition, Stand: 01.03.2017, § 1051 Rn. 3 m.w.N.; *Münch,* in: MüKo/ZPO, Band 3, § 1051 Rn. 1.

[92] Ebenso in Bezug auf die Schadenersatzansprüche bei Verletzung der aus der Schiedsvereinbarung resultierenden und unter Kap. 3 C. behandelten Pflichten. Vgl. auch für die Verletzung der Unterlassungspflicht im schweizerischen Recht *Stacher,* S. 119 m.w.N.

[93] *Voit,* in: Musielak/Voit, § 1051 Rn. 3; *Wilske/Markert,* in: BeckOK, 24. Edition, Stand: 01.03.2017, § 1051 Rn. 7.

[94] Zu den Modalitäten der Rechtswahl *Münch,* in: MüKo/ZPO, Band 3, § 1051 Rn. 15 ff.

[95] Zur Rechtswahl in Bezug auf die Schiedsvereinbarung, s. Kap. 2 C. II.

[96] Zu dem Streit vgl. nur *Nueber,* SchiedsVZ 2014, 186, 187 ff., der sich deutlich gegen die Anwendbarkeit der Rom I-VO in Schiedsverfahren ausspricht. s.a. *Wilske/ Markert,* BeckOK ZPO, 24. Edition, Stand: 01.03.2017, § 1051 Rn. 3; *Münch,* in: MüKo/ZPO, Band 3, § 1051 Rn. 7 ff.

[97] *Münch,* in: MüKo/ZPO, Band 3, § 1051 Rn. 34.

ben kann. Dieses Rechtsverhältnis ist hier die Schiedsvereinbarung, für die – bei Fehlen einer Rechtswahl – die *lex loci arbitri* maßgebend ist.[98]

IV. Fazit

Die Schiedsvereinbarung hat Gestaltungswirkung im Umfang der in ihr enthaltenen Normdisposition, durch welche die Kompetenz- und Verfahrensordnung unmittelbar modifiziert werden. Sie betrifft den Rechtsschutz und ist damit prozessual zu qualifizieren. Eine Verletzung der Normdisposition bzw. des normdisponierenden Teils der Schiedsvereinbarung begründet keinen Schadenersatzanspruch. Bei Anwendbarkeit deutschen Rechts kommt allenfalls – wie auch sonst bei sittenwidrigen Klagen – ein Schadenersatzanspruch gem. § 826 BGB in Betracht.

C. Verpflichtungswirkung der Schiedsvereinbarung

I. Einleitung

Im Folgenden wird untersucht, welche Verpflichtungswirkungen der Schiedsvereinbarung zukommen. Es hat sich bereits gezeigt, dass Pflichten ihren Ursprung jedenfalls grundsätzlich sowohl in Privatrechts- wie in Prozessverträgen haben können.[99] Und obwohl die Rechtsprechung immer wieder die verpflichtende Wirkung der Schiedsvereinbarung jedenfalls im Grundsatz bestätigt hat[100], ist die Existenz solcher Pflichten[101] und – soweit solche grundsätzlich bejaht werden – deren Umfang bis heute umstritten.[102] Zudem werden Pflichten in der

---

[98] Siehe Kap. 2 C. II.

[99] Siehe Kap. 2 D. V.

[100] Vgl. die Nachweise bei *Habscheid*, KTS 1955, 33, 34 m.w.N. Für die Pflicht zur Mitwirkung an der Berufung der Schiedsrichter vgl. RGZ 33, 265, 268. Für die Pflicht zur Ermöglichung des Schiedsspruchs vgl. RGZ 74, 321, 322. Der Entscheidung BGH, NJW 1952, 1336 lässt sich nichts dafür entnehmen, dass die Schiedsvereinbarung keine Pflichten begründet. In dieser Entscheidung ging es lediglich um die Anwendbarkeit von § 29 ZPO für eine Klage auf Feststellung des Nichtbestehens einer Schiedsvereinbarung. Es ist nicht anzunehmen, dass der BGH der Schiedsvereinbarung in dieser Entscheidung jegliche Verpflichtungswirkung absprechen wollte. Denn i.d.R. spricht er allgemein davon, dass die Schiedsvereinbarung Förder- und Mitwirkungspflichten begründe, vgl. nur BGHZ 23, 198, 200 f.; BGH, NJW 1957, 589, 590; OLG Oldenburg, NJW 1971, 1461, 1462; BGH, NJW 1980, 2136; BGH, NJW 1985, 1903, 1904; BGH, NJW 1988, 1215; BGH, NJW 2012, 1811 Tz. 7; OLG München, SchiedsVZ 2012, 96, 99. In diese Richtung bereits RGZ, 74, 321, 322.

[101] Bspw. lehnt *Bucher*, FS Schlosser, S. 97, 99, jegliche Verpflichtungswirkung der Schiedsvereinbarung ab und bezeichnet insbesondere eine etwaige Pflicht, vor dem Schiedsgericht zu klagen, als „ungeheuerlich". I.E. ebenso *Knellwolf*, S. 45, 55.

[102] *Schwab/Walter*, Kap. 7 Rn. 20 f.; *Lachmann*, Rn. 440. Ebenso umstritten in der Schweiz, vgl. *Stacher*, S. 71 m.w.N. *Gebauer*, FS Kaissis, S. 267, 272, vermutet, dass der Grund für die – mit der Wende zum zwanzigsten Jahrhundert – schwindende Aus-

Regel wie selbstverständlich dem materiellen Recht zugeordnet.[103] Da erst auf der Ebene der einzelnen Vertragselemente zu klären ist, ob diese primär privat- oder primär prozessrechtlich sind[104], werden die in Betracht kommenden Verpflichtungswirkungen ausführlich einzeln untersucht und ihre Rechtsnatur separat festgestellt.[105]

Besonderes Augenmerk wird im Rahmen der einzelnen Pflichten auf einen möglichen Schadensersatzanspruch bei Pflichtverletzung gelegt. Denn gerade die Frage hiernach war und ist – jedenfalls in Deutschland[106] – hoch umstritten.[107] In Bezug auf die Gerichtsstandsvereinbarung wird teilweise gegen eine Schadensersatzpflicht eingewandt, dass diese dann stärker geschützt wäre, als gesetzliche ausschließliche Zuständigkeiten.[108] Dieses Argument vermag aber schon für die Gerichtsstandsvereinbarung nicht zu überzeugen, begründet doch gerade die vertragliche Abrede – wie auch sonst – eine Sonderverbindung der Parteien, welche die Ungleichbehandlung, mithin die strengere Sanktion, rechtfertigt.[109] Jedenfalls ist das Argument nicht auf die Schiedsvereinbarung übertragbar, denn zum einen

---

einandersetzung mit den verpflichtenden Wirkungen der Gerichtsstandsvereinbarung in der damaligen Anerkennung ihrer Verfügungswirkung liegt. Das gilt wohl auch für die Schiedsvereinbarung. Hinzu kommt aber, dass die Schiedsvereinbarung durch ihren Regelungsort verstärkt durch Prozessualisten behandelt wurde, s. Kap. 1 A. I. 5. b). Ebenso umstritten ist die verpflichtende Wirkung der Gerichtsstandsvereinbarung, vgl. die umfassenden Nachweise bei *Mankowski*, IPRax 2009, 23, 27.

[103] Vgl. die Nachweise bei Kap. 2 D. V.

[104] Siehe Kap. 2 E. III.

[105] Die im Folgenden dargestellten Pflichten treffen beide Parteien der Schiedsvereinbarung. Dennoch ist in der Regel wohl nur die Beklagte daran interessant, dass die Klägerin eine Klage vor einem staatlichen Gericht unterlässt (Unterlassungspflicht). Demgegenüber wird regelmäßig wohl nur die Beklagte ein Schiedsverfahren zu verhindern suchen, indem sie bspw. ihre Mitwirkung bei der Bildung des Schiedsgerichts (Designationspflicht) oder die hälftige Zahlung des Kostenvorschusses (Kostenvorschusspflicht) verweigert. Insgesamt zur Mitwirkungsverweigerung des Schiedsbeklagten vgl. *Martinek*, FS Ishikawa, S. 269 ff.

[106] Im Common Law erscheint eine Schadensersatzpflicht demgegenüber als selbstverständlich, vgl. *Mankowski*, IPRax 2009, 23, 27 m. z. N. Deutlich *Dicey/Morris/Collins*, Rn. 12-163: „[...] the principle that a civil wrong sounds in damages is fundamental to the common law."

[107] *Kurth*, S. 71 ff. Ebenso bei Verletzung einer Gerichtsstandsvereinbarung, vgl. *Gebauer*, FS Kaissis, S. 267, 272 ff. Dafür bspw. *Sandrock*, RIW 2004, 809 ff.; *Hess*, § 6 Rn. 146; *Schlosser*, FS Lindacher, S. 111, 118 ff.; *Geimer*, Rn. 1122, 1718; wohl auch *Kurth*, S. 60 f. Dagegen bspw. *Gottwald*, in: MüKo/ZPO, Band 3, Art. 23 EuGVO Rn. 97; *Nagel/Gottwald*, § 3 Rn. 230 (anders aber *Gottwald*, in: FS Henckel, S. 295, 307 f.); *Wagner*, S. 254 ff. Vgl. auch die umfassenden Nachweise bei *Mankowski*, IPRax 2009, 23, 27. Unklar *Schack*, Rn. 863, der zwar einerseits einen vertraglichen Schadensersatzanspruch bejaht, andererseits die Gerichtsvereinbarung hierfür aber nicht als Anspruchsgrundlage heranziehen will.

[108] *Pfeiffer*, S. 770; *Wagner*, S. 258.

[109] *Gebauer*, FS Kaissis, S. 267, 276. Ebenso bei der Schiedsvereinbarung, vgl. Kap. 3 C. III. 4. c) bb).

schafft diese – im Gegensatz zur Gerichtsstandsvereinbarung – eine Zuständigkeit, welche außerhalb des gesetzlichen Zuständigkeitssystems liegt. Zu einer etwaigen Ungleichbehandlung innerhalb dieses Systems kann es hier folglich von vorneherein gar nicht kommen. Zum anderen begründet die Schiedsvereinbarung – wie noch gezeigt wird[110] – eine Vielzahl an Pflichten, sodass einer Schadensersatzpflicht hier im Verhältnis zu einer Schadensersatzpflicht bei der Gerichtsstandsvereinbarung eine größere Bedeutung zukommen mag.[111]

II. Ermittlung einer Verpflichtung

Bevor die einzelnen Pflichten – unterteilt in Pflichten vor, während und nach dem Schiedsverfahren – untersucht werden, ist zunächst noch festzustellen, wie eine Verpflichtung zu ermitteln ist. Da es sich bei der Frage, ob eine Schiedsvereinbarung Pflichten enthält, um eine Auslegungsfrage handelt, ist zu klären, welches Recht auf die Auslegung der Schiedsvereinbarung Anwendung findet.[112]

1. Auf die Auslegung anwendbares Recht

Eine spezielle Kollisionsnorm für die Auslegung der Schiedsvereinbarung existiert nicht. Die Art. 27 ff. EGBGB wurden zwar durch die Rom I-VO ersetzt, und letztere ist gemäß ihrem Art. 1 Abs. 2 e) nicht auf Schiedsvereinbarungen anwendbar. Letztlich geht es aber um eine Qualifikationsfrage, mithin um den Geltungsbereich des Statuts der Schiedsvereinbarung. Und dafür kann auf den Gedanken aus Art. 12 Abs. 1 a) Rom I-VO bzw. Art. 32 Abs. 1 Nr. 1 a.F. EGBGB zurückgegriffen werden.[113] Das Schiedsvereinbarungsstatut ist daher auch maßgeblich für die Auslegung der Schiedsvereinbarung. Folglich kann hier auf die Ausführungen zur kollisionsrechtlichen Behandlung der Schiedsvereinbarung verwiesen werden.[114]

---

[110] Siehe ab Kap. 3 C. III.

[111] s. a. *Mankowski*, IPRax 2009, 23, 27, der eine Schadensersatzpflicht bei Schiedsvereinbarungen naheliegender findet, als bei Gerichtsstandsvereinbarungen, „wenn man die stärkere Wirkung von Schiedsvereinbarungen bedenkt, die im Prinzip auch auf die Entscheidung über materiellrechtliche Ansprüche durchschlägt, indem man eine Entscheidung Privater akzeptiert.

[112] Ebenso *Stacher*, S. 71. Undeutlich, aber wohl auch *Leisinger*, S. 159, 165 f.

[113] *Münch*, in: MüKo/ZPO, Band 3, § 1029 Rn. 39.

[114] Siehe Kap. 2 C. II. Im schweizerischen Recht stellt sich die Frage, ob der in Art. 178 Abs. 2 IPRG enthaltene *favor validitatis* auch als *favor obligationis* verstanden werden kann, was jedoch zu verneinen ist, vgl. *Stacher*, S. 71 f. Im deutschen Recht stellt sich diese Frage jedoch nicht, da § 1059 Abs. 2 Nr. 1 a) ZPO (wie Art. 34 Abs. 2 a) i), Art. 36 Abs. 1 a) i) MG und Art. V Abs. 1 a) UNÜ) keine alternative, sondern eine subsidiäre Anknüpfung und somit keinen *favor validitatis* enthält, vgl. *Münch*, in: MüKo/ZPO, Band 3, § 1029 Rn. 31 u. 34. Zu den Unterschieden alternativer und subsidiärer Anknüpfung s. bspw. *Rauscher*, Rn. 307 ff. Zum Hintergrund der Parteiautonomie als primärem Anknüpfungskriterium s. *van den Berg*, S. 282 ff.

2. Auslegung nach deutschem Recht

Wie für den Vertragsschluss selbst ist auch für die Frage der Auslegung grundsätzlich irrelevant, ob es sich bei der Schiedsvereinbarung um einen Prozessvertrag oder um einen Privatrechtsvertrag handelt. Denn da das Prozessrecht keine Regeln zur Vertragsauslegung enthält, ist jedenfalls auf die privatrechtlichen Grundsätze der Vertragsauslegung zurückzugreifen. Somit finden die §§ 133, 157 BGB Anwendung.[115] Die Auslegung ist folglich an den Einzelfall gebunden. Zwar mögen sich die Dinge bei ausdrücklicher Regelung durch die Parteien einfacher darstellen.[116] Ziel dieser Arbeit kann es aber nur sein, den Inhalt einer „typischen" Schiedsvereinbarung zu bestimmen, mithin zu untersuchen, ob durch den Abschluss einer Schiedsvereinbarung in der Regel Verhaltenspflichten vereinbart werden.

Wie bereits dargestellt, wird der Untersuchung daher eine Schiedsvereinbarung zugrunde gelegt, die sich auf die Feststellung beschränkt, dass für Streitigkeiten aus einem bestimmten Rechtsverhältnis ein Schiedsgericht anstelle der staatlichen Gerichte zuständig ist.[117] Regelmäßig kann dem Wortlaut daher nicht entnommen werden, ob die Parteien mit ihrem Abschluss Verhaltenspflichten begründen wollen.[118] Zudem muss der – vom Einzelfall abhängige – subjektive Parteiwille hier außer Betracht bleiben, sodass nur eine objektivierte Auslegung gelingen kann.[119] Daraus ergibt sich aber auch, dass die Auslegung im Einzelfall zu einem anderen Ergebnis kommen kann, als in der folgenden Untersuchung. Es muss also danach gefragt werden, was die Parteien regelmäßig vernünftiger- und redlicherweise wollen[120], wie also die Parteien die Zustimmung der jeweils anderen Partei nach Treu und Glauben mit Rücksicht auf die Verkehrssitte verstehen dürfen bzw. müssen.[121] Und da sowohl der subjektive Parteiwille als auch mögliche

---

[115] Vgl. die Nachweise unter Kap. 2 C. I. 1.

[116] Für die Gerichtsstandsvereinbarung: *Mankowski*, IPRax 2009, 23, 27. Ebenso *Gebauer*, FS Kaissis, S. 267, 275.

[117] Siehe Kap. 3 A.

[118] Auch Vertragsverhandlungen beschränken sich üblicherweise darauf, „ob ein Schiedsverfahren stattfinden soll und, falls dies bejaht wird, ob eine bestimmte Schiedsordnung anwendbar sein soll", *Stacher*, S. 73. *Wagner*, S. 255 ff., meint, eine Schiedsvereinbarung habe nur Verpflichtungswirkung, wenn die Parteien dies ausdrücklich vereinbart haben. Zur Begründung verweist er auf Parteien aus dem angloamerikanischen Rechtsraum, wo keine Regelungen über die Parteientschädigung existierten und folglich auch nicht angenommen werden könne, eine solche Partei würde einer Verpflichtungswirkung zustimmen, welche einen Schadenersatzanspruch auslösen könne, dem eine der Parteientschädigung entsprechende Wirkung zukomme. Das überzeugt nicht, denn auch eine amerikanische Partei erklärt, sich entsprechend der Schiedsvereinbarung zu verhalten, was nach deutschem Recht eine entsprechende Pflicht begründet. Ebenso für das schweizerische Recht, *Stacher*, S. 79 Fn. 418.

[119] Ebenso *Stacher*, S. 73 m.w.N.

[120] *Schäfer*, S. 174.

[121] *Stacher*, S. 74 f.

Individualisierungen des Wortlauts ausgeklammert werden, kann allein auf den Zweck zurückgegriffen werden, den die Parteien mit der Schiedsvereinbarung verfolgen.[122]

Eine vernünftig und redlich handelnde Person kann eine solche Schiedsvereinbarung nach Treu und Glauben unter Berücksichtigung der Verkehrssitte und des Vertragszwecks nur so verstehen, dass Streitigkeiten aus einem bestimmten Rechtsverhältnis von einem Schiedsgericht anstatt von den staatlichen Gerichten entschieden werden sollen. Die Parteien drücken also aus, dass sie im Streitfalle ein Schiedsverfahren durchführen wollen. Die Zustimmung zu einer Schiedsvereinbarung darf daher grundsätzlich so verstanden werden, dass sich die jeweilige Partei zu allem verpflichten will, was für die Durchführung eines solchen Schiedsverfahrens erforderlich ist.[123] Was erforderlich ist, bemisst sich wiederum danach, an welchen Verhaltensweisen die Parteien im Streitfalle ein Interesse haben.

III. Pflicht vor dem Schiedsverfahren

1. Pflicht zur Klageerhebung vor dem Schiedsgericht – „Klagepflicht"

Möglicherweise besteht für die Parteien einer Schiedsvereinbarung die Pflicht, im Streitfalle eine Klage vor dem Schiedsgericht zu erheben.

a) Gesetzliche Pflicht zur Klageerhebung vor dem Schiedsgericht

Eine Pflicht zur Klageerhebung vor dem Schiedsgericht lässt sich möglicherweise aus § 1032 Abs. 2 ZPO ableiten. Diese Vorschrift bringt jedenfalls mittelbar – durch die Ermöglichung der Schiedseinrede – zum Ausdruck, dass eine Klage vor dem Schiedsgericht erhoben werden soll. Fraglich ist jedoch, ob es sich bei dem bezweckten Verhaltensgebot um eine „echte" Pflicht oder um eine „bloße" Last handelt. Oben wurde bereits festgestellt, dass die Existenz prozessualer Pflichten im Ergebnis nicht geleugnet werden kann.[124] Dennoch ist die

---

[122] Ebenso für die Gerichtsstandsvereinbarung *Gebauer,* FS Kaissis, S. 275 m.w.N.

[123] Ebenso *Voit,* in: Musielak/Voit, § 1029 Rn. 26; *Schütze,* Rn. 324 u. 385; *Stacher,* S. 75. In diesem Sinne bereits *Henckel,* S. 35 f. Für diese Auslegung spricht auch, dass sich die Parteien von einem Schiedsverfahren regelmäßig damit verbundene Vorteile versprechen. Zu den Vorteilen der Schiedsgerichtsbarkeit, vgl. nur *Lachmann,* Rn. 119 ff.; *Schütze,* Rn. 36 ff.; *Redfern/Hunter,* Rn. 1.97 ff.; *Schroeder,* S. 23 ff.; *Born,* Volume I, S. 70 ff. Dagegen lehnen *Bucher,* FS Schlosser, S. 97, 99 und *Knellwolf,* S. 45, 55, jegliche Verpflichtungswirkung der Schiedsvereinbarung ab. Siehe zum Streit um die Verpflichtungswirkung der Schiedsvereinbarung auch *Schwab/Walter,* Kap. 7 Rn. 20 f. und *Lachmann,* Rn. 440. Zum Meinungsstand in Bezug auf die Verpflichtungswirkung einer Gerichtsstandsvereinbarung vgl. *Mankowski,* IPRax 2009, 23, 27 m.z.N.

[124] Siehe Kap. 2 D. V.

Kategorie der Last gegenüber der Kategorie der Pflicht im Prozessrecht vorherr-schend.[125]

aa) Echte Pflicht oder bloße Last?

Benötigt wird ein brauchbares Kriterium, um Pflichten und Lasten voneinan-der zu unterscheiden.[126] Der Gesetzeswortlaut scheidet hierbei jedenfalls aus.[127] Gleiches gilt für die Erzwingbarkeit des gebotenen Verhaltens im Gegensatz zu einer bloßen Androhung von Nachteilen. Nicht nur, dass die Unterschiede zwi-schen Zwang und der Androhung von Nachteilen gering sind.[128] Sondern es gibt auch Pflichten, zu deren Durchsetzung kein Zwang vorgesehen ist, mithin ein Zwang geradezu sinnlos wäre.[129] Würde man dem Unterscheidungsmerkmal der Erzwingbarkeit folgen, so müsste man konsequenterweise auch alle anerkannten prozessualen Pflichten wieder verneinen.[130] *Lent*[131] hat deshalb vorgeschlagen, auf „*die innere Wertung des Parteiverhaltens, die innere Stellungnahme des Ge-setzes zu ihm*", abzustellen. Danach soll es sich um eine Last handeln, wenn „das Gesetz das Verhalten der Partei in Bezug auf die Last in ihr *freies Belieben* stellt."[132] Zwar werden ihr für ein bestimmtes Verhalten Nachteile angedroht, dennoch darf sie sich beliebig verhalten. Ein der Last widersprechendes Verhal-ten wird nicht missbilligt. Das Gesetz nimmt gegenüber dem Verhalten der Partei also eine gleichgültige Stellung ein. Demgegenüber soll eine Pflicht „vorliegen, wo ein bestimmtes Verhalten gefordert, das andere Verhalten gemißbilligt wird."[133] Die Art der Reaktion des Gesetzes auf ein bestimmtes Verhalten, ent-weder durch Erzwingung oder durch Androhung von Nachteilen, ist demgegen-über nicht entscheidend.[134] Dem Ansatz von *Lent* ist zuzustimmen. Insoweit ein Verhalten dergestalt im freien Belieben einer Partei steht, dass sich diese dafür entscheiden kann, die Nachteile wegen Nichterfüllung zu tragen, kann nicht von einer Pflicht gesprochen werden.[135]

---

[125] Zu den Gründen bereits *Lent*, ZZP 67 (1954), 344, 346.

[126] Die Unterscheidung ist insbesondere deshalb relevant, weil die Nichtbeachtung einer Last nie Grundlage eines Schadenersatzanspruchs sein kann, vgl. *Lent*, ZZP 67 (1954), 344, 351.

[127] *Lent*, ZZP 67 (1954), 344, 348.

[128] *Lent*, ZZP 67 (1954), 344, 349.

[129] *Lent*, ZZP 67 (1954), 344, 348 ff.

[130] *Lent*, ZZP 67 (1954), 344, 349 f. unter Hinweis auf *Baumbach/Lauterbach*, die zwar einige prozessuale Pflichten aufzählen, als Folge ihrer Verletzung jedoch nur Nachteile nennen.

[131] *Lent*, ZZP 67 (1954), 344, 350.

[132] *Lent*, ZZP 67 (1954), 344, 350.

[133] *Lent*, ZZP 67 (1954), 344, 351.

[134] *Lent*, ZZP 67 (1954), 344, 353.

[135] Ebenso *Hellwig*, S. 76 f.; *Stacher*, S. 131; *Schwab/Walter*, Kap. 7 Rn. 20; unklar *Rosenberg/Schwab/Gottwald*, § 175 Rn. 39, s. a. § 2 Rn. 11, die dem freien „Belieben"

bb) Klageerhebung vor dem Schiedsgericht als Last

§ 1032 Abs. 1 ZPO enthält daher keine Pflicht zur Klageerhebung vor einem Schiedsgericht. Es handelt sich hierbei um eine bloße prozessuale Last.[136] Die Norm beschränkt sich auf die Regelung der Einrede und der Zuständigkeitsprüfung des staatlichen Gerichts. Das Verhalten – Klageerhebung vor dem Schiedsgericht oder vor dem staatlichen Gericht – ist in das freie Belieben der Parteien gestellt, das Gesetz steht demgegenüber neutral. Der Nachteil, welcher der vor einem staatlichen Gericht klagenden Schiedspartei angedroht wird, ist, dass ihr die Entscheidung über ihr Begehren verwehrt bleibt.

b) Vertragliche Pflicht zur Klageerhebung vor dem Schiedsgericht

Auch aus der Schiedsvereinbarung ergibt sich keine vertragliche Pflicht zur Klageerhebung vor dem Schiedsgericht.[137] Die Annahme einer solchen Pflicht scheitert daran, dass die Parteien weder bei Abschluss der Schiedsvereinbarung noch im Streitfalle ein Interesse daran haben, dass die andere Partei vor dem Schiedsgericht Klage gegen sie erhebt. Die Parteien wollen überhaupt nicht verklagt werden. Ihr Interesse ist deshalb nicht darauf gerichtet, dass Schiedsklage erhoben wird, sondern darauf, dass – falls Klage erhoben wird – dies jedenfalls nicht vor den staatlichen Gerichten geschieht.[138]

c) Fazit

Trotz teilweise gegenteiliger Annahme begründet die Schiedsvereinbarung keine Pflicht zur Klageerhebung vor einem Schiedsgericht. Der Nachteil eines – aufgrund erhobener Schiedseinrede – abweisenden Prozessurteils, der einer vor

---

die Erzwingbarkeit gegenüberstellen. A.A. wohl *Schlosser*, in: Stein/Jonas, Band 10, § 1029 Rn. 54, der auf die Klagbarkeit abzustellen scheint.

[136] Ebenso für das schweizerische Recht *Stacher*, S. 80 Fn. 422.

[137] Ebenso *Stacher*, S. 80. Undeutlich hier *Schäfer*, S. 150. Unklar auch, ob von einer echten Klagepflicht die Rede ist, wenn OLG Oldenburg, NJW 1971, 1461, 1462, ausführt, die Schiedsvertragsparteien seien „einander verpflichtet, ihre Streitigkeiten dem schiedsrichterlichen Verfahren zu unterwerfen". Sowohl die Annahme einer Klagepflicht wie auch sonstiger, aus der Schiedsvereinbarung resultierender Pflichten, bezeichnet *Bucher*, FS Schlosser, S. 97, 99, als „ungeheuerlich". A. A. *Leisinger*, S. 146, der eine schiedsvertragliche Klagepflicht bejaht, jedoch ohne Begründung und unter falscher Zitierung von *Stacher*, der gerade eine Klagepflicht ablehnt. Für die Gerichtsstandsvereinbarung bereits *Endemann*, S. 234, der meint, sie enthalte „ein obligatorisches Recht auf Erfüllung der übernommenen Verpflichtung, sich vor dem betreffenden Gericht zu stellen, oder auf das Interesse."; wohl auch *Gebauer*, FS Kaissis, S. 267, 283: „Die Pflicht [...] kann auch dahingehend umformuliert werden, dass eine Klage – wenn überhaupt – nur am prorogierten Forum zu erheben ist." Dagegen *Gottwald*, FS Henckel, S. 295, 308; *Schlosser*, FS Lindacher, S. 111, 115.

[138] Siehe Kap. 3 C. III. 2. a). Ebenso *Stacher*, S. 80.

einem staatlichen Gericht klagenden Schiedsvertragspartei angedroht wird, stellt lediglich eine prozessuale Last dar.

2. Pflicht zur Unterlassung der Klageerhebung vor staatlichen Gerichten – „Unterlassungspflicht"

Zwar sind die Parteien einer Schiedsvereinbarung – wie gezeigt – nicht verpflichtet, Klage vor einem Schiedsgericht zu erheben, in Betracht kommt aber eine Pflicht zur Unterlassung der Klageerhebung vor staatlichen Gerichten. Normdisposition und Verpflichtung würden sich dann insoweit – jedenfalls teilweise – decken. Präziser formuliert: Die Modifikation der Kompetenzordnung in Form der Derogation der staatlichen Gerichte wäre um die Pflicht ergänzt, sich entsprechend dieser zu verhalten.[139] Modifikations- und Verpflichtungswirkung schließen sich gerade nicht aus, sondern können sich in ihren Wirkungen ergänzen.[140] Ebenso wenig aber, wie sich aus § 1032 Abs. 1 ZPO eine Pflicht zur Erhebung der Klage vor einem Schiedsgericht ableiten lässt, ergibt sich hieraus eine Pflicht zur Unterlassung der Klageerhebung vor einem staatlichen Gericht.[141] In Betracht kommt somit nur eine vertragliche Pflicht zur Unterlassung der Klageerhebung vor staatlichen Gerichten.

a) Vertragliche Pflicht zur Unterlassung der Klageerhebung vor staatlichen Gerichten

Die Schiedsvereinbarung beinhaltet eine vertragliche Pflicht zur Unterlassung der Klageerhebung vor staatlichen Gerichten, wenn ein entsprechender Parteiwille ermittelt werden kann. Regelmäßig ist das Interesse der Parteien einer Schiedsvereinbarung darauf gerichtet, dass ein Schiedsgericht anstelle der staatlichen Gerichte für die Streitigkeiten aus einem Rechtsverhältnis ausschließlich zuständig wird und sich das Verfahren nach besonderen Verfahrensregeln richtet. Diese Rechtsfolge wird jedoch bereits durch die Normdisposition herbeigeführt, welche die Schiedsvereinbarung enthält.[142]

Wer aber einer Schiedsvereinbarung zustimmt, erklärt auch, dass er im Falle einer Streitigkeit an der Durchführung eines Schiedsverfahrens interessiert ist und sich zu allem verpflichten will, was dazu erforderlich ist.[143] Da dieses Interesse beiderseits besteht und jeweils für die Gegenseite erkennbar ist, darf die

---

[139] *Stacher*, S. 77 f.

[140] Ebenso für die Gerichtsstandsvereinbarung *Gottwald*, FS Henckel, S. 295, 308; *Gebauer*, FS Kaissis, S. 267, 276 m.w.N., die freilich den Begriff der Verfügungswirkung verwenden, anstatt des Begriffs der Normdisposition.

[141] Ebenso für das schweizerische Recht *Stacher*, S. 80 Fn. 422.

[142] Siehe Kap. 3 B. II.

[143] Siehe Kap. 3 C. II. 2.

Zustimmung zu einer Schiedsvereinbarung so verstanden werden, dass sich jede Partei entsprechend der Normdisposition verhalten, also kein staatliches Verfahren einleiten wird.[144] Treffend formuliert *Gebauer* ganz ähnlich für die Gerichtsstandsvereinbarung: „Wer sich auf einen Gerichtsstand einigt, kann in der Regel auch erkennen, dass es der anderen Seite nach der Interessenlage auf die Einhaltung der Vereinbarung ankommt. Nicht die Verbindlichkeit der Vereinbarung bedarf daher besonderer Erwähnung, sondern der Vorbehalt ihrer Nichtbefolgung."[145]

Für eine vertragliche Unterlassungspflicht spricht auch, dass dem Parteiinteresse durch die Normdisposition allein nicht entsprochen wird.[146] Denn die hierdurch veranlasste Modifikation verpflichtet keine der Parteien dazu, eine Klage vor einem staatlichen Gericht zu unterlassen.[147] Auch kann die Normdisposition nicht verletzt werden, sodass eine Klage vor einem staatlichen Gericht insoweit grundsätzlich keinen Schadenersatzanspruch begründet.[148] Den Interessen der Parteien entsprechend enthält eine Schiedsvereinbarung folglich einen Konsens über eine Verpflichtung, sich der Normdisposition entsprechend zu verhalten, mithin also keine Klage vor einem staatlichen Gericht zu erheben.[149] Dem kann nicht entgegen gehalten werden, dass es sich bei der Normdisposition um die stärkere Wirkung handele und davon auszugehen sei, dass die Parteien nur die stärkste Wirkung beabsichtigen.[150] Denn die stärkste Wirkung ist gerade eine Kombination aus Normdisposition und Verpflichtung[151], und es ist aufgrund des bereits Ausgeführten davon auszugehen, dass die Parteien grundsätzlich eine vollumfängliche Absicherung des Schiedsverfahrens erreichen wollen. Ebenso wenig überzeugend ist es, eine solche Unterlassungspflicht mit dem Hinweis zu verneinen, ein Schaden sei nur in seltenen Ausnahmefällen denkbar.[152] Denn ob ein Schaden entsteht oder nicht, können die Parteien bei Abschluss der Schiedsvereinbarung, mithin bei Begründung der Verpflichtung, nicht vorhersehen. Auch

---

[144] *Stacher,* S. 78.

[145] *Gebauer,* FS Kaissis, S. 267, 275.

[146] Vgl. auch *Hellwig,* S. 63 ff., der eine Pflicht dann annehmen will, wenn die Gestaltungswirkung (Verfügungswirkung) alleine den Parteiinteressen nicht gerecht wird.

[147] Siehe Kap. 3 B. III. 1.

[148] Siehe Kap. 3 B. III.

[149] *Hellwig,* S. 57; *Schlosser,* in: Stein/Jonas, Band 10, § 1029 Rn. 54; *ders.,* RIW 2006, 486, 488, der allerdings die Pflicht, eine Klage vor einem staatlichen Gericht zu unterlassen, mit der Pflicht, eine Klage vor dem Schiedsgericht zu erheben, zu vermengen scheint; *Stacher,* S. 79; *Lenenbach,* Loy. L.A. Int'l & Comp. L. Rev. 1998, S. 257, 288 f. A. A. *Schiedermair,* S. 102 f.

[150] So aber *Schiedermair,* S. 103, 115 f. u. 177.

[151] Wie sich noch zeigen wird, vermag die Unterlassungspflicht zwar nicht die Durchführung des Schiedsverfahrens abzusichern, sie schützt jedoch das Integritätsinteresse des Beklagten, s. Kap. 3 C. III. 2. b) cc) (1).

[152] So bspw. für die Gerichtsstandsvereinbarung *Schlosser,* FS Lindacher, S. 111, 114 f.

hier gilt, dass die Parteien grundsätzlich den stärksten Schutz und die Verbindlichkeit der Vereinbarung beabsichtigen. Der Abschluss einer Schiedsvereinbarung verpflichtet die Parteien somit grundsätzlich[153] dazu, sich entsprechend der Normdisposition zu verhalten. Und da die Verpflichtung nicht weiter reicht als die Normdisposition, ergibt sich hieraus, dass die Parteien verpflichtet sind, nicht zur Entscheidung in der Hauptsache vor einem staatlichen Gericht zu klagen.[154] Unberührt von der Unterlassungspflicht bleiben also die Möglichkeiten der Parteien, die Kontroll- und Hilfsfunktionen der staatlichen Gerichte in Anspruch zu nehmen.[155] Und da die Unterlassung von den Parteien verlangt und nicht in deren freies Belieben gestellt wird, handelt es sich auch um eine echte Pflicht.[156]

b) Zuständigkeit und Klagbarkeit

In *Common-Law*-Staaten[157] ist die Durchsetzbarkeit von Schiedsvereinbarungen durch sog. *antisuit injunctions,* mit denen das staatliche Gericht einer Partei die Durchführung bzw. Weiterführung eines staatlichen (auch ausländischen) Verfahrens untersagen kann und für ein Zuwiderhandeln hohe Sanktionen androht (sog. *contempt-of-court-measures*), grundsätzlich anerkannt.[158] Wie sich im Folgenden zeigen wird, handelt es sich bei der Unterlassungspflicht jedoch um eine unklagbare Pflicht.

aa) Zuständigkeit des staatlichen Gerichts

Auch wenn die Unterlassungspflicht im Ergebnis nicht klagbar ist, gilt es zunächst zu klären, in wessen Zuständigkeit eine etwaige Entscheidung zur Durchsetzung der aus einer Schiedsvereinbarung resultierenden Unterlassungspflicht

---

[153] Etwas anderes gilt nur dann, wenn sich eindeutig ergibt, dass die Parteien sowohl eine Klage vor einem staatlichen Gericht als auch vor dem Schiedsgericht ermöglichen wollten, vgl. *Stacher,* S. 79.

[154] Ebenso *Hellwig,* S. 57; *Kurth,* S. 74; *Schlosser,* in: Stein/Jonas, Band 10, § 1029 Rn. 54; *Schütze,* Rn. 385; *ders.,* in: Wieczorek/Schütze, § 1029 Rn. 78; *Stacher,* S. 80 m.w.N. A. A. *Schiedermair,* S. 102 f.; *Wagner,* S. 582; *Schack,* Rn. 1319. Wohl auch *Baumgärtel,* S. 233 f.; wohl auch *Bucher,* FS Schlosser, S. 97, 99, welcher allerdings die Pflicht des Klägers zur Durchführung eines Schiedsverfahrens im Blick hat und nicht die Pflicht, eine Klage vor einem staatlichen Gericht zu unterlassen. Ebenfalls a. A., jedoch für die Gerichtsstandsvereinbarung *Wach,* S. 502.

[155] Zu den Kontroll- und Hilfsfunktionen s. Kap. 3 B. II. 1.

[156] Siehe Kap. 3 C. III. 1. a) aa). Ebenso *Schütze,* Rn. 324 u. 385.

[157] Ausführlich hierzu *Zweigert/Kötz,* S. 177 ff.

[158] Hierzu *Dicey/Morris/Collins,* Rn. 16-088 ff.; *Mankowski,* in: Rauscher, EuZPR/EuIPR, 4. Aufl., Vorbem zu Art. 4 Brüssel Ia-VO Rn. 49; *Stacher,* S. 91, der auch darauf hinweist, dass US-amerikanische Gerichte eine Kollision mit dem *comity*-Prinzip anerkennen und daher eine *antisuit injunction* nur unter bestimmten Voraussetzungen aussprechen. Zur Problematik der Vereinbarkeit von *anti-suit injunctions* mit der EuGVVO a. F. vgl. *Lehmann,* NJW 2009, 1645 ff.; *Illmer,* SchiedsVZ 2011, 248 ff.

fallen würde. Die Streitigkeit ergibt sich letztlich aus der Schiedsvereinbarung selbst, sodass die Zuständigkeit des Schiedsgerichts nahe liegt. Dieses leitet seine Rechtsprechungskompetenz aber letztlich aus der staatlichen Rechtsordnung ab. Damit scheint keine Grundlage zu bestehen, auf welcher es die staatliche Rechtsprechungskompetenz einschränken könnte. Jedoch würde eine Unterlassungsklage gerade nicht darauf zielen, dem staatlichen Gericht die Führung des Prozesses zu untersagen. Adressat wäre allein der die aus der Schiedsvereinbarung resultierende Unterlassungspflicht verletzende Kläger. Freilich würde eine solche Sichtweise jedoch außer Acht lassen, dass auch das an den Kläger gerichtete Verbot faktisch eine Entscheidung des staatlichen Gerichts verhindern würde.[159] Und auch für die Kompetenz des Schiedsgerichts zu einer solch mittelbaren Einschränkung der staatlichen Rechtsprechungskompetenz ist keine Grundlage ersichtlich.[160] Überdies erscheint die Annahme einer Zuständigkeit des Schiedsgerichts auch ineffektiv, da dieses überhaupt nicht über geeignete Mittel verfügt, die Einhaltung des Prozessführungsverbots durch die Androhung von Sanktionen sicherzustellen.[161]

In Betracht kommt daher allenfalls eine Zuständigkeit der staatlichen Gerichte. Daher soll zunächst geklärt werden, wonach sich die internationale Zuständigkeit deutscher Gerichte bestimmt. Im Folgenden müssen dazu drei Konstellationen unterschieden werden: Zum einen stellt sich die Frage, ob ein deutsches staatliches Gericht einem Kläger die Führung eines Prozesses vor einem deutschen staatlichen Gericht untersagen kann, ob also eine rein inländische *antisuit injunction* zulässig ist. Weiterhin stellt sich die Frage, ob ein deutsches Gericht einem Kläger die Führung eines Prozesses vor einem ausländischen staatlichen Gericht untersagen kann. Sollte dies grundsätzlich der Fall sein, wäre zu prüfen, ob sich im Hinblick auf EU-mitgliedstaatliche Gerichte Unterschiede ergeben.

bb) Internationale Zuständigkeit

Zum Verhältnis der EuGVVO a. F. zur Schiedsgerichtsbarkeit hat der EuGH insbesondere in den Rechtssachen *Marc Rich*[162], *van Uden*[163] und *West Tankers*[164]

---

[159] Ebenso zur *anti-suit injunction Lehmann*, NJW 2009, 1645, 1646; *Dicey/Morris/Collins*, Rn. 12-078.

[160] Ebenso *Stacher*, S. 92.

[161] Das Schiedsgericht kann kein Zwangsgeld für den Fall der Zuwiderhandlung androhen. Dasselbe gilt für *contempt-of-court measures* oder eine *astreinte*, vgl. *Stacher*, S. 93 Fn. 495 u. S. 166 ff. Zwar könnte sich das Schiedsgericht u. U. der Unterstützung staatlicher Gerichte bedienen. Unter dem Gesichtspunkt der Verfahrensökonomie erschiene es dann aber sinnvoller, von vornherein die Zuständigkeit der staatlichen Gerichte anzunehmen.

[162] EuGH Rs. C-190/89 – *Marc Rich*, NJW 1993, 189.

[163] EuGH Rs. C-391/95 – *Van Uden*, EuZW 1999, 413.

[164] EuGH Rs. C-185/07 – *West Tankers*, NJW 2009, 1655.

Stellung genommen. Für die Frage, ob ein Verfahren vom Anwendungsbereich der EuGVVO a. F. erfasst wird, kommt es danach allein auf den Hauptgegenstand des Verfahrens an.[165] Handelt es sich dabei um einen schiedsrechtlichen, also einen auf das Schiedsverfahren an sich bezogenen Anspruch, so richtet sich die internationale Zuständigkeit nicht nach der EuGVVO a. F., sondern nach den nationalen Prozessrechten der Mitgliedstaaten.[166] Daran hat sich auch durch die neue EuGVVO, die seit dem 10.01.2015 gilt und die EuGVVO a. F. ersetzt, nichts geändert.[167] Bei der Unterlassungspflicht handelt es sich um einen schiedsrechtlichen, weil auf das Schiedsverfahren bezogenen Anspruch.[168] Somit bestimmt sich die internationale Zuständigkeit der deutschen Gerichte nach den Vorschriften der ZPO, die aufgrund ihrer Doppelfunktionalität in entsprechender Anwendung auch die internationale Zuständigkeit deutscher Gerichte regeln.[169]

Ein allgemeiner Gerichtsstand besteht nur, wenn die die Schiedsvereinbarung verletzende Partei ihren (Wohn-)Sitz bzw. Aufenthaltsort im Inland hat, vgl. §§ 12 ff. ZPO. Ist dies nicht der Fall, käme nur eine Zuständigkeit gem. § 29 ZPO in Betracht. Dafür müsste jedenfalls der Erfüllungsort der Unterlassungspflicht in Deutschland liegen. Der Erfüllungsort bestimmt sich nach dem Vertragsstatut, in diesem Fall also nach dem Schiedsvereinbarungsstatut.[170] Ist deutsches Recht auf die Schiedsvereinbarung anwendbar, so bestimmt sich der Erfüllungsort nach § 269 Abs. 1 BGB.[171] Danach hat die Leistung am Wohnsitz des Schuldners zu erfolgen, sofern „ein Ort für die Leistung weder bestimmt noch aus den Umständen, insbesondere aus der Natur des Schuldverhältnisses" zu entnehmen ist. Der Ort zur Erfüllung der Unterlassungspflicht wird sich regelmäßig allenfalls aus der Natur des Schuldverhältnisses, namentlich der Schiedsvereinbarung bzw. der hierin enthaltenen Unterlassungspflicht, entnehmen lassen.[172] Der Ausschluss der staatlichen Gerichtsbarkeit, den die Parteien mit einer Schiedsvereinbarung bewirken wollen, beschränkt sich jedoch nicht auf einen einzigen Staat. Staatliche Gerichte sollen generell, also weltweit, unzuständig werden. Die

---

[165] *Illmer,* SchiedsVZ 2011, 248, 250.

[166] *Illmer,* SchiedsVZ 2011, 248, 249 f. Für eine Unanwendbarkeit der EuGVVO a. F. auf Prozessführungsverbote zur Durchsetzung von Schiedsvereinbarungen, vgl. auch *Schlosser,* RIW 2006, 486, 488 ff. A. A. *C. Schmidt,* RIW 2006, 492, 494.

[167] Zu der teilweisen Öffnung des Ausschlusses der Schiedsgerichtsbarkeit vgl. *Illmer,* SchiedsVZ 2011, 248 ff. Die EuGVVO enthält nun einen ausführlichen Erwägungsgrund (12), der das Verhältnis der Verordnung zur Schiedsgerichtsbarkeit klarstellt. Kritisch zu der Reform *Linke/Hau,* Rn. 11.39.

[168] Siehe Kap. 3 C. III. 2. c).

[169] *Rauscher,* Rn. 2123 u. 2135.

[170] Zum Statut der Schiedsvereinbarung s. Kap. 2 C. II. 2.

[171] Zur Anwendbarkeit der Norm auf Unterlassungspflichten vgl. BGH, NJW 1974, 410, 411 m.w.N.

[172] Zu den Modalitäten der Bestimmung des Leistungsorts vgl. *Krüger,* in: MüKo/BGB, Band 2, § 269 Rn. 9 ff.

Unterlassungspflicht wirkt also global und ist damit in allen Staaten zu erfüllen.[173] Daraus folgt aber nicht, dass auch überall der Gerichtsstand des Erfüllungsorts eröffnet ist. Andernfalls würde der „Ansprüchen aus unerlaubter Handlung vorbehaltene Gerichtsstand des jeweiligen Begehungsortes" auch für vertragliche Pflichtverletzungen gelten.[174] Bei Verletzung einer überall zu erfüllenden vertraglichen Unterlassungspflicht kann der Schuldner demnach nur an seinem Wohnsitz verklagt werden.[175]

Eine Zuständigkeit gemäß § 29 ZPO scheidet auch aus einem anderen Grund aus. Denn hierfür wäre eine Streitigkeit aus einem Vertragsverhältnis erforderlich. Laut BGH versteht das Gesetz hierunter „alle schuldrechtlichen, auf eine Verpflichtung gerichteten Vereinbarungen".[176] Die Art der Verpflichtung ist somit irrelevant für den Begriff des Vertragsverhältnisses.[177] Insoweit wäre auch die Schiedsvereinbarung als prozessualer Vertrag und die Unterlassungspflicht als prozessuale Pflicht von der Regelung erfasst. Nach seinem Sinn und Zweck erfasst § 29 ZPO aber nur Pflichten, „auf deren Erfüllung geklagt werden kann".[178] Wie sich im Folgenden zeigen wird, ist die Unterlassungspflicht aber gerade nicht klagbar.[179] Die deutschen Gerichte sind folglich nur dann international zuständig, wenn die die Schiedsvereinbarung verletzende Partei ihren (Wohn-) Sitz bzw. Aufenthaltsort im Inland hat, vgl. §§ 12 ff. ZPO.

cc) Keine Klagbarkeit der Unterlassungspflicht

Im Folgenden ist zu untersuchen, ob die Unterlassungspflicht eingeklagt werden kann. Hierzu wird unterstellt, dass die Schiedsvereinbarung und folglich auch die in ihr enthaltene Unterlassungspflicht deutschem Recht unterliegen.[180] Diese Unterstellung erfolgt aber insbesondere, um den Pflichtcharakter der Unterlassungspflicht nach deutschem Recht zu klären. Die Unklagbarkeit der Unterlassungspflicht ergibt sich hingegen – wie noch zu zeigen ist – letztlich nicht aus dem Typus der Pflicht, sondern aus dem fehlenden Rechtsschutzbedürfnis sowie einer Unvereinbarkeit mit der Lehre von der *comitas gentium* und der EuGVVO.

---

[173] Ebenso *Stacher*, S. 94 u. 119.

[174] BGH, NJW 1974, 410, 412.

[175] *Krüger*, in: MüKo/BGB, Band 2, § 269 Rn. 45. Im Ergebnis ebenso im Rahmen von Art. 7 Nr. 1 EuGVVO, vgl. *Leible*, in: EuZPR/EuIPR, Band I, 4. Aufl., Art. 7 Brüssel Ia-VO Rn. 48. Ebenso noch bei Art. 5 Nr. 1 EuGVVO a. F., vgl. *Leible*, in: EuZPR/EuIPR, Bearbeitung 2011, Art. 5 Brüssel I-VO Rn. 39. Vgl. auch noch zu Art. 5 Nr. 1 EuGVÜ: EuGH Rs. C-256/00 – *Besix/Kretzschmar*, NJW 2002, 1407.

[176] BGH, NJW 1996, 1411, 1412.

[177] *Patzina*, in: MüKo/ZPO, Band 1, § 29 Rn. 10.

[178] BGH, NJW 1996, 1411, 1412.

[179] Siehe Kap. 3 C. III. 2. b) cc).

[180] Zum anwendbaren Recht s. Kap. 2 C. II. 2.

(1) Unterlassungspflicht als Schutzpflicht i. S. v. § 241 Abs. 2 BGB

Die Entscheidung, ob es sich bei der verletzten Pflicht um eine Leistungspflicht i. S. v. § 241 Abs. 1 BGB oder um eine Schutzpflicht i. S. v. § 241 Abs. 2 BGB handelt, hat grundsätzlich nur Bedeutung, wenn der Gläubiger Schadenersatz statt der Leistung verlangt.[181] Die Art der verletzten Pflicht ist hier aber unter einem anderen Gesichtspunkt von Relevanz. Denn es könnte sich bei der Unterlassungspflicht um eine unklagbare Pflicht handeln. Dies käme im Falle einer Schutzpflicht i. S. v. § 241 Abs. 2 BGB in Betracht[182], denn Schutzpflichten gelten teilweise als nicht klagbar.[183]

Fraglich ist also zunächst, ob es sich bei der Unterlassungspflicht um eine Leistungs- oder um eine Schutzpflicht[184] handelt. Zwar wird teilweise zur Abgrenzung dieser beiden Pflichtbereiche ihre Klagbarkeit herangezogen. Dieses Vorgehen erscheint aber bereits im Ansatz verfehlt, da die Klagbarkeit von Schutzpflichten umstritten ist und jedenfalls wohl nicht grundsätzlich ausgeschlossen werden kann.[185] Zwar wird teilweise in der Unklagbarkeit ein Anhaltspunkt für die Einordnung als Schutzpflicht gesehen, da die Klagbarkeit zumindest bei den meisten Schutzpflichten ausgeschlossen sei.[186] Dagegen spricht aber, dass sich die Klagbarkeit oder Unklagbarkeit erst aus dem Rechtscharakter der jeweiligen Pflicht ergibt.[187] Die Klagbarkeit stellt also kein taugliches Abgrenzungskriterium dar.[188] Auch die von *Weller*[189] vorgeschlagene Abgrenzung der Pflichten anhand des Zeitpunkts ihrer Fixierung vermag nicht durchgängig zu überzeugen.[190] Am eindeutigsten erscheint eine Zuordnung anhand der Zielsetzung der jeweiligen Pflicht.[191] Denn Schutzpflichten fehlt im Gegensatz zu Leistungspflichten der Leistungsbezug, sie betreffen also nicht das Äquivalenz-, sondern das Integritätsinteresse.[192] Während Schutzpflichten auf die Bewahrung der gegenwärtigen Güterlage der Vertragsparteien, also auf die Erhaltung des

---

[181] *Looschelders,* Rn. 24.

[182] So für die Gerichtsstandsvereinbarung *Gebauer,* FS Kaissis, S. 267, 279.

[183] So *Schulze,* in: Hk-BGB, § 241 Rn. 4. Demgegenüber differenzierend *Schmidt-Kessel/Kramme,* in: Prütting/Wegen/Weinreich, § 241 Rn. 24; *Bachmann,* in: MüKo/BGB, Band 2, § 241 Rn. 109; *Medicus,* FS Canaris, S. 835, 839; *Looschelders,* Rn. 25.

[184] Zu der vielfältigen Terminologie vgl. *Olzen,* in: Staudinger, § 241 Rn. 154 ff.

[185] Dazu sogleich unter Kap. 3 C. III. 2. b) cc) (2).

[186] *Bachmann,* in: MüKo/BGB, Band 2, § 241 Rn. 56.

[187] *Olzen,* in: Staudinger, § 241 Rn. 159.

[188] *Medicus,* FS Canaris, S. 835, 839. s. a. *Looschelders,* Rn. 25, der entsprechend umgekehrt formuliert: „Die Einordnung als Nebenleistungs- oder Schutzpflicht entscheidet [...] nicht über die Klagbarkeit."

[189] *Weller,* S. 256 f.

[190] *Olzen,* in: Staudinger, § 241 Rn. 160.

[191] *Olzen,* in: Staudinger, § 241 Rn. 161.

[192] *Olzen,* in: Staudinger, § 241 Rn. 153.

status quo, abzielen und den ungestörten Leistungsvollzug ermöglichen bzw. absichern, sind Leistungspflichten – in Form von Haupt- und Nebenleistungspflichten – auf eine Veränderung der Güterlage, also auf eine Förderung des *status ad quem,* gerichtet.[193] Einen Leistungsbezug weist eine Pflicht insbesondere dann auf, wenn sie der Vorbereitung, Erbringung oder Sicherung der geschuldeten Leistung dient.[194]

Bei der Schiedsvereinbarung fehlt es aber bereits an einer Hauptleistungspflicht, auf welche eine mögliche Nebenleistungspflicht bezogen sein könnte. Denn eine Hauptleistungspflicht könnte allenfalls in einer Pflicht zur Durchführung eines Schiedsverfahrens zu sehen sein, was jedoch abzulehnen ist.[195] Selbst wenn man den Leistungsvollzug, welcher vorbereitet, erbracht oder gesichert werden soll, bei der Schiedsvereinbarung in der Normdisposition sehen würde, so erscheint ein „Dispositionsbezug" fern liegend. Denn die Normdisposition ist im Zeitpunkt des Abschlusses der Schiedsvereinbarung bereits umgesetzt. Die Unterlassungspflicht kann also weder ihrer Vorbereitung noch ihrer Erbringung dienen. Allenfalls könnte überlegt werden, ob die Unterlassungspflicht der Sicherung der Normdisposition dient. Aber auch das ist nicht der Fall, denn der Beklagte kann der Normdisposition durch Einrede zur Durchsetzung verhelfen. Gesichert wird die Normdisposition also durch die Schiedseinrede. Die Unterlassungspflicht könnte diesen Schutz im Sinne einer Beachtlichkeit und Durchsetzbarkeit der Normdisposition nicht vergrößern bzw. verstärken. Ihr Zweck besteht ausschließlich in dem Schutz, den die Normdisposition wiederum nicht bzw. nur eingeschränkt bewirken kann, nämlich im Schutz des Integritätsinteresses, mithin in der Bewahrung der Güterlage des Beklagten.

An dieser Betrachtungsweise ändert sich auch nichts, wenn man davon ausgeht, eine Nebenleistungspflicht liege vor, wenn die Pflicht den Vertragszweck fördert und Zweck einer Schiedsvereinbarung die Durchführung eines Schiedsverfahrens im Streitfalle ist.[196] Denn auch die Durchführung eines Schiedsverfahrens wird bereits durch die Normdisposition gesichert, und die Unterlassungspflicht könnte diesen Schutz nicht vergrößern. Wird trotz einer Schiedsvereinbarung vor einem staatlichen Gericht geklagt, entsteht für ein parallel angerufenes Schiedsgericht gemäß § 1032 Abs. 3 ZPO keine Rechtshängigkeitssperre, sodass ein Schiedsverfahren entsprechend der Normdisposition durchgeführt wer-

---

[193] *Olzen,* in: Staudinger, § 241 Rn. 156 u. 161 m.w.N. Insbesondere im Bereich vertraglicher Pflichten erscheinen die Grenzen jedoch fließend, sodass auch Pflichten mit Doppelcharakter möglich sind. Bei der Verletzung solcher Pflichten muss dann im Wege der Auslegung ermittelt werden, welcher konkrete Zweck der Pflicht verletzt wurde, vgl. *Olzen,* in: Staudinger, § 241 Rn. 162.

[194] *Olzen,* in: Staudinger, § 241 Rn. 163.

[195] Siehe Kap. 3 C. III. 1.

[196] *Holder,* S. 29.

den kann.[197] Die Unterlassungspflicht schützt also nicht die Durchführung des Schiedsverfahrens, sondern allein das Integritätsinteresse des Beklagten.[198] Die Unterlassungspflicht ist somit als Schutzpflicht i. S. v. § 241 Abs. 2 BGB zu qualifizieren.[199]

(2) Fehlende Klagbarkeit der Schutzpflicht

Die Klagbarkeit von Schutzpflichten ist allerdings bis heute weitgehend ungeklärt und umstritten.[200] Allein die Tatsache, dass der Gesetzgeber für selbige nur die Rechtsfolgen des Schadenersatzes und des Rücktritts geregelt hat, lässt noch keine Rückschlüsse zu.[201] Die herrschende Meinung geht jedenfalls davon aus, dass es klagbare Schutzpflichten gibt, also nicht von einer generellen Unklagbarkeit ausgegangen werden kann.[202] Für die Klagbarkeit spricht nicht nur die Ähnlichkeit der Schutzpflichten zu den deliktischen Ansprüchen[203], sondern auch, dass die Vereinbarung zwischen den Parteien gerade eine Sonderverbindung begründet, die ein höheres Schutzniveau rechtfertigt. Andererseits wird befürchtet, durch die Klagbarkeit würden die Möglichkeiten des vorbeugenden Rechtsschutzes für den Gläubiger zu stark zu Lasten des Schuldners erweitert und viele Rücksichtspflichten wären den Anforderungen des Prozessrechts nicht gewachsen.[204] Die Klagbarkeit von Schutzpflichten soll daher anhand einer Abwägung der Gläubiger- und Schuldnerinteressen ermittelt werden.[205] „Sie können nach dieser Betrachtungsweise nur bei drohender Rechtsverletzung gerichtlich geltend gemacht werden, und nur dann, wenn sie inhaltlich hinreichend bestimmt sind und ein effektiver Schutz der Gläubigerinteressen auf andere Weise entfällt [...]. Das so erforderliche besondere Präventionsinteresse liege vor, wenn existenzge-

---

[197] Im Gegensatz dazu kann die in der Gerichtsstandsvereinbarung enthaltene Normdisposition durch eine Klage vor einem unzuständigen staatlichen Gericht effektiv unterlaufen werden, da einer Klage vor dem nach der Gerichtsstandsvereinbarung zuständigen staatlichen Gericht dann die Rechtshängigkeit des anderen Gerichtsverfahrens entgegensteht.

[198] In Kombination mit der Normdisposition bietet sie daher für die Schiedsvertragsparteien den größtmöglichen Schutz, s. Kap. 3 C. III. 2. a).

[199] Im Ergebnis ähnlich für die Gerichtsstandsvereinbarung *Gebauer*, FS Kaissis, S. 267, 279. Anders wohl *Schäfer*, S. 150, die die Unterlassungspflicht wohl als Leistungspflicht einordnet, freilich ohne Begründung. Ob als Haupt- oder Nebenleistungspflicht bleibt zudem offen.

[200] *Bachmann*, in: MüKo/BGB, Band 2, § 241 Rn. 109; *Olzen*, in: Staudinger, § 241 Rn. 554 ff.

[201] *Olzen*, in: Staudinger, § 241 Rn. 558.

[202] *Bachmann*, in: MüKo/BGB, Band 2, § 241 Rn. 109; *Olzen*, in: Staudinger, § 241 Rn. 555 f. m.w.N.

[203] *Bachmann*, in: MüKo/BGB, Band 2, § 241 Rn. 109.

[204] *Olzen*, in: Staudinger, § 241 Rn. 556 m.w.N.

[205] *H. Köhler*, AcP 190 (1990), 496, 509; *Henckel*, AcP 174 (1974), 97, 112 Fn. 28. Diesen folgend *Olzen*, in: Staudinger, § 241 Rn. 557.

fährdende Schäden oder die Verletzung von Rechtsgütern i. S. d. § 823 Abs. 1 drohten".[206] Zwar wäre die Unterlassungspflicht inhaltlich hinreichend bestimmt, jedoch fehlt es regelmäßig an der notwendigen Schwere der drohenden Rechtsverletzung, mithin am besonderen Präventionsinteresse.[207] Überdies kann der Gläubiger effektiven Rechtsschutz auch auf andere, einfachere Weise erreichen, sodass es grundsätzlich am allgemeinen Rechtsschutzbedürfnis fehlt.[208] Aber auch in den Fällen, in denen ausnahmsweise ein allgemeines Rechtsschutzbedürfnis vorliegt, ist die Klagbarkeit aus gewichtigen Gründen ausgeschlossen.[209] Die Unterlassungspflicht ist somit eine nicht einklagbare Schutzpflicht.

(a) Grundsätzlich kein allgemeines Rechtsschutzbedürfnis

Die Zulässigkeit der Unterlassungsklage verlangt stets ein allgemeines Rechtsschutzbedürfnis, welches insbesondere dann fehlt, wenn der Kläger sein Rechtsschutzziel auf eine andere Weise einfacher erreichen kann.[210] Eben dies ist aber der Fall, wenn die die Schiedsvereinbarung verletzende Klage vor einem deutschen Gericht erhoben wird und der Beklagte hiergegen durch eine Unterlassungsklage vorgehen will. Der Beklagte könnte zum einen versucht sein, an dem Gericht der verletzenden Klage Widerklage zu erheben mit dem Begehren, den Kläger zur Unterlassung der Klage zu verurteilen. Zwar wären die speziellen Voraussetzungen der Widerklage[211] erfüllt, insbesondere hätte diese einen anderen Streitgegenstand[212] als die Klage.[213] Jedoch steht dem Beklagten mit der Schiedseinrede gemäß § 1032 Abs. 1 ZPO nicht nur ein einfacheres, sondern insbesondere effektiveres Mittel zur Verfügung, um sein Rechtsschutzziel zu erreichen. Auf den ersten Blick könnte man zwar daran zweifeln, dass es sich bei der Schiedseinrede im Verhältnis zu der Widerklage tatsächlich um das einfachere Mittel handelt, denn sowohl die Widerklage als auch die Schiedseinrede bedürfen keiner besonderen Form.[214] Insbesondere aber muss die Schiedseinrede gemäß

---

[206] *Olzen*, in: Staudinger, § 241 Rn. 557 m.w.N.

[207] Siehe Kap. 3 C. III. 2. b) cc) (2) (b).

[208] Dazu sogleich unter Kap. 3 C. III. 2. b) cc) (2) (a).

[209] Siehe Kap. 3 C. III. 2. b) cc) (2) (b).

[210] *Pohlmann*, Rn. 271 ff.

[211] Hierzu *Pohlmann*, Rn. 181.

[212] Zum Streitgegenstandsbegriff *Pohlmann*, Rn. 315 ff.

[213] A. A. *Stacher*, S. 115, der meint, Klage und Verbotsklage hätten denselben Streitgegenstand, da beide – jdf. implizit – die Zuständigkeit des Erstgerichts beträfen. Dies überzeugt nicht. Auch im Hauptsacheverfahren nach § 1032 Abs. 1 ZPO und im Kontrollverfahren nach § 1032 Abs. 2 ZPO geht es – implizit – um die Zuständigkeit des Gerichts im Hauptsacheverfahren. Dennoch liegen zwei unterschiedliche Streitgegenstände vor, vgl. *Münch*, in: MüKo/ZPO, Band 3, § 1032 Rn. 22.

[214] Für die Widerklage s. *Becker-Eberhard*, in: MüKo/ZPO, Band 1, § 253 Rn. 42. Für die Schiedseinrede s. *Münch*, in: MüKo/ZPO, Band 3, § 1032 Rn. 6.

§ 1032 Abs. 1 ZPO „vor Beginn der mündlichen Verhandlung zur Hauptsache" erhoben werden.[215] Demgegenüber kann die Widerklage bis zum Schluss der mündlichen Verhandlung erhoben werden[216] und erscheint damit zunächst als das für den Beklagten einfachere Mittel. Dies ist freilich ein Trugschluss, denn die Nichterhebung der Schiedseinrede bewirkt eine Präklusion dergestalt, dass sich der Beklagte nachfolgend nicht mehr auf die Schiedsvereinbarung berufen kann.[217] Insoweit ist der Beklagte also auf die Erhebung der Schiedseinrede angewiesen, um der Schiedsvereinbarung zur Umsetzung zu verhelfen. Die Widerklage erscheint hiernach nicht als das einfachere Mittel. Allerdings ist der Klageantrag vom Gericht auszulegen, und da die Schiedseinrede keinem Formzwang unterliegt, ist in einer vom Beklagten erhobenen Widerklage regelmäßig auch die Erhebung einer Schiedseinrede zu sehen. Hieraus könnte man schließen, dass eine Unterlassungsklage in Form einer Widerklage jedenfalls analog § 1032 Abs. 1 ZPO bis zum Beginn der mündlichen Verhandlung erhoben werden kann, da dies dann parallel mit einer – die Präklusion verhindernden – Schiedseinrede geschieht. Das ist aber nicht der Fall. Denn auch hier hätte der Beklagte bereits allein mit der Schiedseinrede alles Erforderliche getan, um sein Rechtsschutzziel zu erreichen. Das Gericht würde seine eigene Zuständigkeit prüfen und im Falle einer wirksamen Schiedsvereinbarung die Klage durch Prozessurteil abweisen. Die Unterlassungsklage würde dem Beklagten daher offensichtlich keinen zusätzlichen oder weitergehenden Nutzen bringen. Ihr fehlt damit auch in diesem Fall das Rechtsschutzbedürfnis.[218] Dasselbe gilt, wenn der Beklagte die Unterlassungsklage vor einem anderen inländischen Gericht erheben möchte als vor dem Gericht, bei dem die die Schiedsvereinbarung verletzende Klage erhoben wurde. Auch hier hat der Beklagte die Möglichkeit, die Klage durch Schiedseinrede zu verhindern und sein Rechtsschutzziel somit auf einfacherem Weg zu erreichen als durch eine Unterlassungsklage. Zudem würde die Unterlassungsklage offensichtlich keinen Nutzen bringen, wenn die Klage aufgrund der Schiedseinrede abgewiesen wird.

Nichts anderes ergibt sich für den Fall, dass die die Schiedsvereinbarung verletzende Klage vor einem ausländischen Gericht erhoben wird. Auch hier fehlt es grundsätzlich an einem allgemeinen Rechtsschutzbedürfnis. Eindeutig ist dies der Fall, wenn der Schiedseinrede in dem ausländischen Verfahren entsprochen wird, denn dann ist das mit der Unterlassungsklage angestrebte Rechtsschutzziel erreicht und das erstrebte Urteil würde für den Kläger keinen Nutzen mehr bie-

---

[215] Zur ausnahmsweise zulässigen verspäteten Einrede vgl. *Münch,* in: MüKo/ZPO, Band 3, § 1032 Rn. 16.
[216] *Pohlmann,* Rn. 180.
[217] *Münch,* in: MüKo/ZPO, Band 3, § 1032 Rn. 16 f.
[218] Hierzu *Pohlmann,* Rn. 271.

ten. Gleiches gilt aber für den Fall, dass das ausländische Gericht noch nicht über die Schiedseinrede entschieden hat, also noch offen ist, ob der Beklagte diese erfolgreich erheben kann.[219] Denn auch dann besteht für den Beklagten mit der Erhebung der Schiedseinrede eine einfachere Möglichkeit, sein Rechtsschutzziel zu erreichen. Die Möglichkeit, sich auf die Schiedsvereinbarung zu berufen, besteht jedenfalls in allen Vertragsstaaten[220] des UNÜ.[221]

(b) Fehlende Klagbarkeit trotz ausnahmsweise bestehenden
    allgemeinen Rechtsschutzbedürfnisses

Ein allgemeines Rechtsschutzbedürfnis kann aber dann – jedenfalls zunächst – nicht in Fällen negiert werden, in denen die Erhebung der Schiedseinrede von vornherein ausgeschlossen ist, weil die Rechtsordnung keine Schiedsvereinbarungen und somit auch keine Schiedseinrede anerkennt.[222] Dem gleichzustellen sind wohl auch die Fälle, in denen zwar grundsätzlich die Möglichkeit einer Schiedseinrede im Klagestaat vorgesehen ist, die Entscheidung hierüber aber faktisch exorbitant lange Zeit in Anspruch nehmen würde, sodass die Schiedseinrede letztlich nicht als effizienteres, einfacheres Mittel angesehen werden kann, um das Rechtsschutzziel des Beklagten zu erreichen.[223] Bei diesem Phänomen der sog. Torpedoklage, welcher in *Common Law*-Staaten durch *anti-suit injunctions* zu begegnen versucht wird, handelt es „sich regelmäßig um eine negative Feststellungsklage, mit welcher der Kläger als Anspruchsgegner in der Sache beantragt, festzustellen, dass er nicht haftet. Im Rahmen dieser Klage stellen sich für das angerufene Gericht bei der Entscheidung über seine internationale Zuständigkeit die Vorfragen nach dem Bestehen, der Gültigkeit und den Wirkungen der Schiedsvereinbarung. Wenn der Beklagte die Gerichte am Schiedssitz anruft und bzw. oder das Schiedsverfahren einleitet, drohen sich widersprechende Entscheidungen über diese Frage und gegebenenfalls auch in der Hauptsache mit der Folgeproblematik wechselseitiger Anerkennung dieser Entscheidungen."[224] Zuletzt fehlt es auch in den Fällen nicht an einem allgemeinen Rechtsschutzbedürfnis, in denen die Schiedseinrede bereits von dem ausländischen Gericht aufgrund seiner Verfahrensvorschriften abgelehnt wurde.

---

[219] Ebenso *Stacher,* S. 96 f. m.w.N.

[220] Anfang des Jahres 2017 ist die Anzahl der Mitgliedstaaten des UNÜ auf 157 angestiegen, vgl. *Wilske/Markert/Bräuninger,* SchiedsVZ 2017, 49, 50. Eine laufend aktualisierte Liste aller Vertragsstaaten ist abrufbar unter: http://www.uncitral.org/uncitral/en/uncitral_texts/arbitration/NYConvention_status.html (zuletzt besucht am 17.05.2017).

[221] Art. II Abs. 3 UNÜ.

[222] Dieses Risiko ist jedenfalls durch die vielen Mitgliedstaaten des UNÜ stark minimiert, s. Fn. 731.

[223] Vgl. hierzu *Illmer,* SchiedsVZ 2011, 248, 250.

[224] *Illmer,* SchiedsVZ 2011, 248, 250.

Dennoch ist die Unterlassungspflicht auch in diesen Fällen nicht klagbar. Dafür spricht schon, dass es trotz möglicherweise bestehenden allgemeinen Rechtsschutzbedürfnisses weiterhin regelmäßig an dem besonderen Präventionsinteresse fehlen wird.[225] Denn während es beim Rechtsschutzbedürfnis nur um die Frage geht, ob der Kläger sein Rechtsschutzbegehren auch auf einfachere Weise erreichen kann, geht es bei der Frage des besonderen Präventionsinteresses um die Frage, ob die Unterlassungspflicht als Schutzpflicht überhaupt eine klagbare Pflicht ist. Dafür müssten durch die Klage vor dem staatlichen Gericht existenzgefährdende Schäden oder die Verletzung von Rechtsgütern im Sinne des § 823 Abs. 1 BGB drohen.[226] Da die Klageerhebung vor staatlichen Gerichten trotz Schiedsvereinbarung jedoch nicht die Einleitung eines Schiedsverfahrens hindert, sind kaum Fälle denkbar, in denen ein Verstoß gegen die Unterlassungspflicht solch schwere Folgen auslöst. Daneben sprechen aber auch andere Gründe gegen die Klagbarkeit, die hier für den Fall einer pflichtwidrigen Klage vor einem ausländischen Gericht im Allgemeinen, sowie für den Fall einer pflichtwidrigen Klage vor einem EU-mitgliedstaatlichen Gericht im Besonderen aufgezeigt werden sollen.

(aa) Fehlende Klagbarkeit bei pflichtwidriger Klage
    im außereuropäischen Ausland

Gegen eine Klagbarkeit der Unterlassungspflicht sprechen insbesondere rechtspolitische Überlegungen. Denn es ist gerade Ausdruck der Souveränität des ausländischen Staates, darüber zu entscheiden, ob und unter welchen Voraussetzungen Schiedsvereinbarungen anerkannt werden.[227] Zwar verstieße ein Prozessführungsverbot auf den ersten Blick nicht gegen das Völkerrecht, da es sich an die Parteien richtet und folglich nicht die Souveränität des ausländischen Staates verletzt.[228] Es widerspräche jedoch der Lehre von der *comitas gentium*, die dem deutschen internationalen Zivilverfahrensrecht zugrunde liegt.[229] Denn trotz fehlender völkerrechtlicher Verpflichtung hat sich die Bundesrepublik Deutschland dazu entschieden, ausländische Urteile unter bestimmten Voraussetzungen anzu-

---

[225] Kap. 3 C. III. 2. b) cc) (2).

[226] Kap. 3 C. III. 2. b) cc) (2).

[227] Selbst das UNÜ überlässt es den Vertragsstaaten, bis wann die Schiedseinrede erhoben werden muss. Hierzu *van den Berg*, S. 137 ff.

[228] *Geimer*, Rn. 399c; *Lenenbach*, Loy. L.A. Int'l & Comp. L. Rev. 1998, S. 257, 289. Im Ergebnis offen gelassen *Stacher*, S. 105. Ebenso für *anti-suit injunctions Lehmann*, NJW 2009, 1645, 1646; *Schlosser*, RIW 2006, 486, 490 f.

[229] Zur *comitas* als Grund für die freiwillige und gegenseitige Anwendung fremden Rechts bei *Savigny* vgl. *Berger/Scholl*, FS Hübner, S. 569, 572 f., die aber auch darauf hinweisen, dass der *comitas*-Lehre im heutigen IPR nur noch eine eingeschränkte Rolle zukommt, vgl. S. 573 ff. A. A. *C. Schmidt*, RIW 2006, 492, 495 f.

erkennen und zu vollstrecken.[230] Nicht nur die Parteien, sondern auch der Staat und die innerstaatlichen Gerichte haben ein Interesse an dieser Anerkennung.[231] Ein Prozessführungsverbot verhindert faktisch aber bereits die Entscheidung des ausländischen Gerichts[232] und ist damit zeitgleich Ausdruck der Geringschätzung der ausländischen Rechtspflege.[233] Auch beurteilt sich die Frage nach der Existenz bzw. der Anerkennung einer Schiedsvereinbarung aus der Perspektive des jeweiligen Staates. Das UNÜ hat weder in Bezug auf die materiellen Gültigkeitsvoraussetzungen noch in Bezug auf die Frage des auf die Schiedsvereinbarung anwendbaren Rechts eine Vereinheitlichung gebracht.[234] Die Frage, ob überhaupt eine Schiedsvereinbarung existiert, kann also von den Gerichten in den verschiedenen Staaten unterschiedlich beurteilt werden. Anerkennt also das deutsche Gericht, vor dem auf Unterlassung geklagt wird, eine Schiedsvereinbarung, verneint aber das ausländische Gericht eine solche und hält sich für zuständig, erscheint das Prozessführungsverbot nur aus der Sicht einer Rechtsordnung – hier der deutschen – gerechtfertigt, nicht aber objektiv. Auf beiden Seiten bestehen staatliche und private Interessen, die aus der jeweiligen Sicht auch berechtigt sind. Das bezweckte Zusammenspiel der Rechtsordnungen würde durch ein Prozessführungsverbot nicht nur torpediert, sondern im schlimmsten Fall ins Gegenteil verkehrt – dann nämlich, wenn das ausländische Gericht auf das von einem inländischen Gericht ausgesprochene Prozessführungsverbot ebenfalls mit einem Prozessführungsverbot reagiert und sich die beiden Gerichte gegenseitig „lähmen".[235] Es ist daher angebracht, dass sich der Staat auf die Möglichkeit beschränkt, die Entscheidung nicht anzuerkennen und ihr die Wirkung im Inland zu versagen. Dementsprechend ist es sachgerecht, dem Beklagten die Unterlassungsklage zu verwehren[236] und ihn auf die Anerkennungsvorschriften, genauer auf die Möglichkeit der Anerkennungsverhinderung, zu verweisen.

(bb) Fehlende Klagbarkeit bei pflichtwidriger Klage
      in einem EU-Mitgliedstaat

Im Verhältnis zu dem Gericht eines EU-Mitgliedstaats stellt sich zudem die Frage, ob ein Prozessführungsverbot einen Verstoß gegen die EuGVVO darstel-

---

[230] Zöller/*Geimer*, § 328 Rn. 1.

[231] *Schack*, Rn. 878 ff.

[232] *Mankowski*, in: Rauscher, EuZPR/EuIPR, 4. Aufl., Art. 1 Brüssel Ia-VO Rn. 127; *Stacher*, S. 100.

[233] *Staudinger*, in: Rauscher, EuZPR/EuIPR, 4. Aufl., Einl. Brüssel Ia-VO Rn. 11.

[234] Vgl. aber *Schlosser*, Rn. 248, der meint, Art. 2 Abs. 3 UNÜ schließe die Anerkennung international völlig aus dem Rahmen fallender Unwirksamkeitsgründe aus. Dem folgend *Born/Koepp*, in: FS Schlosser, S. 59 ff.; *Schütze*, in: FS Schlosser, S. 874.

[235] Ebenso *Stacher*, S. 102.

[236] Ebenso *Stacher*, S. 96 m.w.N. Zu weiteren Einwänden gegen Prozessführungsverbote s. *Schmehl*, S. 71 f. m.w.N.

len würde.[237] Die Klagbarkeit der Unterlassungspflicht wäre ausgeschlossen, wenn ein entsprechendes Prozessführungsverbot unvereinbar mit der Verordnung ist. Die Schnittstelle zwischen der EuGVVO und der Schiedsgerichtsbarkeit ist seit jeher[238], und insbesondere im Vorfeld der Reform der EuGVVO, Gegenstand zahlreicher Betrachtungen gewesen.[239] Der Vorschlag der EU-Kommission, der insbesondere eine spezielle *lis pendens*-Regel zugunsten des Schiedsgerichts oder eines staatlichen Gerichts am Schiedssitz vorsah, um diesen die Entscheidung über das Bestehen, die Wirksamkeit und die Wirkungen der Schiedsvereinbarung zu ermöglichen, konnte sich nicht durchsetzen.[240]

Insoweit man ein Prozessführungsverbot als (mittelbare) Verhinderung eines ausländischen Urteils begreift[241], verstieße ein solches gegen die EuGVVO, wenn das zu verhindernde mitgliedstaatliche Urteil nach der Verordnung im Inland anzuerkennen wäre.[242] Diese verpflichtet die Mitgliedstaaten gemäß ihrem Art. 45 Abs. 3 dazu, mitgliedstaatliche Urteile und damit auch Zuständigkeitsentscheide grundsätzlich ohne Nachprüfung der Zuständigkeit anzuerkennen.[243] Eine mitgliedstaatliche Entscheidung muss folglich auch dann ohne Überprüfung der Zuständigkeit anerkannt werden, wenn sie trotz einer zwischen den Parteien bestehenden Schiedsvereinbarung ergangen ist.[244] Entsprechend stellt Erwägungsgrund (12) der EuGVVO jetzt klar, dass die Entscheidung eines zuständigen Gerichts in der Hauptsache auch dann anerkannt und vollstreckt werden soll,

---

[237] Für die reformierte EuGVVO offengelassen *Wilske/Markert/Bräuninger*, SchiedsVZ 2014, 49, 58.

[238] Vgl. insbesondere die bereits zum EuGVÜ ergangenen Berichte von *Jenard*, O.J. 1979 C 59/1, 13; *Schlosser*, O.J. 1979 C 59/71, 92 f.; *Evrigenis/Kerameus*, O.J. 1986 C 298/1, 10. Zur EuGH-Rechtsprechung s. Kap. 3 C. III. 2. b) bb).

[239] Vgl. nur die Vorgeschichte der Reform der EuGVVO a. F., hierzu *Illmer*, SchiedsVZ 2011, 248, 251 f. s. a. *Staudinger*, in: Rauscher, EuZPR/EuIPR, 4. Aufl., Einl. Brüssel Ia-VO Rn. 11 m. w. N.

[240] Zu dem Kommissionsvorschlag *Illmer*, SchiedsVZ 2011, 248, 251 ff.

[241] Siehe Kap. 3 C. III. 2. b) cc) (2) (b) (aa).

[242] Ebenso für das LugÜ *Stacher*, S. 107. Unter Geltung der EuGVVO a. F. ging die h. M. im Anschluss an EuGH Rs. C-159/02 – *Turner*, IPRax 2004, 425, generell von der Unzulässigkeit von Prozessführungsverboten aus, vgl. nur *Kropholler/von Hein*, Art. 27 EuGVO Rn. 20; *Rauscher*, IPRax 2004, 405, 408 f.

[243] Zu den Ausnahmen gem. Art. 45 Abs. 1 lit. e, Abs. 3 EuGVVO, vgl. *Rauscher*, Rn. 2181 (noch zu Art. 35 Abs. 1 EuGVVO a. F.).

[244] *Schlosser*, Rn. 116 u. 400, nimmt jedoch einen *ordre public*-Verstoß an, wenn ein staatliches Gericht anstelle eines eigentlich zuständigen Schiedsgerichts entscheidet. Dagegen spricht aber nicht nur, dass die Zuständigkeit gemäß Art. 45 Abs. 3 EuGVVO gerade nicht zum *ordre public* zählt, sondern auch, dass Gerichtsverfahren und Schiedsverfahren grundsätzlich gleichwertig sind und die Durchführung eines Gerichtsverfahrens anstelle eines Schiedsverfahrens daher nicht gegen fundamentale unverzichtbare Grundsätze der deutschen Rechtsordnung widerspricht. Etwas anderes gilt wohl dann, wenn die Schiedseinrede nicht einmal berücksichtigt bzw. geprüft wurde, vgl. *Stacher* S. 107 f. m. Fn. 562.

wenn es festgestellt hat, „dass eine Schiedsvereinbarung hinfällig, unwirksam oder nicht erfüllbar ist". Der gleiche Erwägungsgrund stellt aber auch klar, dass die Entscheidung über die Hinfälligkeit, Unwirksamkeit oder Nichterfüllbarkeit einer Schiedsvereinbarung an sich nicht den Anerkennungs- und Vollstreckungsvorschriften der EuGVVO unterliegt, sowie dass das UNÜ hiervon unberührt bleibt und Vorrang vor der EuGVVO hat. Hätte das vereinbarte Schiedsgericht seinen Sitz nicht in Deutschland, sondern im Ausland gehabt, fände das UNÜ Anwendung, welches in seinem Art. II Abs. 3 gerade die Berücksichtigung von Schiedsvereinbarungen vorschreibt. Somit widersprächen sich beide Rechtsakte. Die EuGVVO würde die Anerkennung der ausländischen Entscheidung ohne Rücksicht auf die Zuständigkeit, das UNÜ hingegen die Beachtung der Schiedsvereinbarung verlangen. Die Klarstellung über das Verhältnis beider Rechtsakte in Erwägungsgrund (12) der EuGVVO spricht dafür, dass das Anerkennungsgericht den Zuständigkeitsentscheid des mitgliedstaatlichen Gerichts insoweit nachprüfen kann, als eine Schiedsvereinbarung getroffen und eventuell fälschlicherweise nicht berücksichtigt wurde.[245] Dagegen spricht auch nicht, dass sich die Mitgliedstaaten durch die Art. 36 ff. EuGVVO ein weitreichendes Vertrauen eingeräumt haben – unabhängig davon, ob das anzuerkennende und zu vollstreckende Urteil auf einer europäischen oder nationalen Zuständigkeitsnorm beruht. Denn der Erwägungsgrund stellt ausdrücklich klar, dass sich dieses Vertrauen nicht auf die Entscheidung über das Vorliegen einer Schiedsvereinbarung erstreckt, für welche das UNÜ Vorrang genießen soll. Existiert zwischen den Parteien eine Schiedsvereinbarung, so enthält die Entscheidung über die Zuständigkeit also auch eine Entscheidung über einen Umstand, der nicht nach der EuGVVO von der Nachprüfung ausgeschlossen ist.[246] Eine Überprüfung der Zuständigkeitsentscheidung dahingehend, ob eine zu berücksichtigende Schiedsvereinbarung zwischen den Parteien bestand, verstieße in diesem Fall demnach nicht gegen die EuGVVO.[247] Und da die EuGVVO insoweit nicht zur Anerkennung

---

[245] Ebenso für das LugÜ *Stacher,* S. 109 m.w.N. Das Argument von *Maack,* S. 196, dem EuGVÜ als *lex posterior* den Vorrang einzuräumen, vermag jedenfalls für die neue EuGVVO aufgrund der klaren Aussage im 12. Erwägungsgrund nicht zu überzeugen.

[246] Ähnlich für das LugÜ *Stacher,* S. 109.

[247] Der Ansicht von *Stacher,* S. 109 f., dass eine Nachprüfung dann nicht erfolgen soll, wenn das ausländische Gericht die Schiedseinrede nach denselben Grundsätzen prüft, welche das inländische Gericht anwenden würde, ist nicht zu folgen. Zum einen besteht gerade im Hinblick auf die materielle Gültigkeit von Schiedsvereinbarungen keine vereinheitlichten Vorschriften. Aber auch wenn das ausländische Gericht die Gültigkeit der Schiedsvereinbarung nach demselben Statut prüft, welches das inländische Gericht berufen würde, ist keine Nachprüfung angebracht. Denn auch dann erging die Entscheidung gerade nicht auf einer vereinheitlichten Regel, die das gegenseitige Vertrauen rechtfertigen würde. Zum anderen ist gerade die kollisionsrechtliche Behandlung der Schiedsvereinbarung national wie international weiterhin umstritten, s. Kap. 2 C. II.

verpflichtet, würde auch ein Prozessführungsverbot keinen Verstoß gegen die Verordnung darstellen.

Etwas anderes könnte sich aber dann ergeben, wenn sich das UNÜ zwar für die Berücksichtigung von Schiedsvereinbarungen, aber gegen die Zulässigkeit von Prozessführungsverboten ausspräche. Dem Wortlaut des Übereinkommens und insbesondere des Art. II Abs. 3 lässt sich hierzu nichts entnehmen. Aus dem Fehlen eines Verbots von Prozessführungsverboten lässt sich nicht auf deren Zulässigkeit schließen.[248] Im Gegenteil: Sinn und Zweck sowie die Historie des Übereinkommens lassen gerade auf deren Unzulässigkeit schließen. Denn zum einen verhindert das UNÜ gerade keine parallelen Verfahren oder widersprüchliche Entscheidungen. Art. II Abs. 3 begründet keine ausschließliche Zuständigkeit der Gerichte eines bestimmten Vertragsstaates, sondern verpflichtet schlicht jeden Vertragsstaat zur Umsetzung von Schiedsvereinbarungen. Und Art. V Abs. 1 lit. e UNÜ schließt eine Vollstreckung trotz im Urteilsstaat anhängigem Aufhebungsverfahren nicht aus. Zum anderen beschränkt sich die vom Übereinkommen herbeigeführte Vereinheitlichung nur auf gewisse Bereiche, während andere hiervon ausgenommen sind. Dies betrifft insbesondere die bereits erwähnte Frage, nach welchem Recht die materielle Gültigkeit der Schiedsvereinbarung zu prüfen ist. Damit sprechen sich die Vertragsstaaten das gegenseitige Vertrauen aus und akzeptieren, dass die ungeregelten Bereiche durch die aus Sicht des jeweiligen Vertragsstaats anwendbaren Normen ausgefüllt werden. Ein Prozessführungsverbot widerspräche aber diesem Vertrauen. Es drückt gerade aus, dass dem ausländischen Rechtspflegeorgan nicht zugetraut wird, über das Bestehen einer Schiedsvereinbarung „richtig" zu entscheiden. Prozessführungsverbote widersprechen daher dem Sinn und Zweck des UNÜ.[249]

Unabhängig davon, ob sich das vereinbarte Schiedsgericht im In- oder Ausland befindet bzw. befinden würde, also unabhängig von der Anwendbarkeit des UNÜ, ist eine mitgliedstaatliche Entscheidung somit gemäß der EuGVVO anzuerkennen, ohne dass die Zuständigkeit im Hinblick auf die Schiedsvereinbarung überprüft werden könnte. Ein Prozessführungsverbot würde in jedem Fall einen Verstoß gegen die Verordnung darstellen, denn das UNÜ spricht sich zwar vorrangig für die Berücksichtigung von Schiedsvereinbarungen aus, jedoch gegen deren Durchsetzung durch Prozessführungsverbote.[250]

---

[248] So aber der U.S. Court of Appeal for the Fifth Circuit, *Karaha Bodas Company v. Perusahaan Pertambangan Miniyak*, 335 F.3d 357, 365.

[249] Ebenso, auch zum Vorstehenden, *Stacher*, S. 111.

[250] Anders *Stacher*, S. 110 f., der zwar ebenfalls davon ausgeht, dass das UNÜ Prozessführungsverbote ausschließt. Bei paralleler Anwendbarkeit von LugÜ und UNÜ meint er aber, das UNÜ spreche in bestimmten Konstellationen für die Überprüfung der Zuständigkeit, also gegen die Anerkennung, mithin für ein Prozessführungsverbot.

c) Rechtsnatur der Unterlassungspflicht

Eine Verpflichtung ist nicht zwingend dem materiellen Recht zuzuordnen.[251] Richtigerweise ist ein Vertragselement seinem Inhalt entsprechend privatrechtlich oder prozessrechtlich zu qualifizieren.[252] Die Unterlassungspflicht betrifft nicht den Streitgegenstand, ist also nicht für den Entscheid über selbigen relevant, sondern hat das Verfahren zum Gegenstand, in welchem über den Streitgegenstand entschieden wird. Sie beschränkt sich auf die Untersagung einer Klageerhebung vor staatlichen Gerichten. Eine Regelung mit diesem Inhalt würde durch eine Norm des Prozessrechts erfolgen. Die Unterlassungspflicht ist damit als prozessuale Pflicht zu qualifizieren.[253]

d) Fazit

Mit dem Abschluss einer Schiedsvereinbarung verpflichten sich die Parteien grundsätzlich dazu, eine Klageerhebung vor einem staatlichen Gericht zu unterlassen. Hierbei handelt es sich um eine prozessuale Pflicht, die jedoch in keiner denkbaren Konstellation klagbar ist.

3. Exkurs: Pflicht zur Unterlassung der Klageerhebung vor einem unzuständigen Schiedsgericht

Geht der Regelungsinhalt einer Schiedsvereinbarung über den Inhalt der in dieser Arbeit betrachteten Muster-Schiedsvereinbarung[254] hinaus und benennt diese eine Schiedsinstitution bzw. eine Schiedsgerichtsordnung, nach der das Schiedsgericht zu bilden ist, oder benennt sie sogar die Schiedsrichter bereits namentlich, so besteht auch die Pflicht, die Klage vor einem anderen Schiedsgericht zu unterlassen bzw. kein Verfahren bei einer anderen Schiedsinstitution einzuleiten. Denn dieses andere Schiedsgericht ist ebenso unzuständig wie die staatlichen Gerichte. Eine Klage vor einem unzuständigen Schiedsgericht stellt – wie

---

[251] Siehe Kap. 2 D. V. Anders *Blomeyer*, Zivilprozessrecht, § 125 III, der alle Verpflichtungswirkungen der Schiedsvereinbarung dem materiellen Recht zuordnet. Anders auch *Gebauer*, FS Kaissis, S. 277 u. 282, für die Pflicht, den Zweck einer wirksamen Gerichtsstandsvereinbarung nicht zu vereiteln. Obwohl er anerkennt, diese sei „tief geprägt durch verfahrensrechtliche Wertungen" (S. 283), sei sie dennoch materiellrechtlich zu qualifizieren, da sich die Voraussetzungen und Rechtsfolgen nicht dem Prozessrecht entnehmen ließen.

[252] Siehe Kap. 2 D. VIII. und E. III. Anders *Lent*, ZZP 67 (1954), 344, 353 f., welcher für die Qualifikation einer Pflicht (nicht Vertrag!) darauf abstellt, in welchem „Zusammenhang" sie Bedeutung erlangt bzw. Wirkung entfaltet. Ist dies nur im Zivilprozess der Fall, so handele es sich um eine zivilprozessuale Pflicht.

[253] Ebenso *Kurth*, S. 74; *Stacher*, S. 81 ff., dort auch zur Reichweite der Anwendbarkeit des Privatrechts auf die Unterlassungspflicht. A.A. *Schütze*, Rn. 324 u. 385.

[254] Siehe Kap. 3 A.

die Klage vor einem unzuständigen staatlichen Gericht – eine Verletzung der in der Schiedsvereinbarung enthaltenen Unterlassungspflicht dar.[255]

4. Schadenersatzpflicht aufgrund Verletzung der Unterlassungspflicht

a) Einleitung

Wie gezeigt, hat die Partei einer Schiedsvereinbarung keine Möglichkeit, die hiermit einhergehende Unterlassungspflicht auf dem Klageweg durchzusetzen. Sie muss die vertragswidrige Klage vor dem staatlichen Gericht zwar nicht akzeptieren, ist aber – jedenfalls zunächst – auf die Erhebung der Schiedseinrede gemäß § 1032 Abs. 1 ZPO beschränkt. Dennoch steht mit der Klage eine (Schieds-)Vertragsverletzung im Raum, die unter Umständen nach einer Kompensation verlangt.[256]

Zwar kommt aufgrund der Verletzung der in der Schiedsvereinbarung enthaltenen Normdisposition grundsätzlich auch ein (gesetzlicher) Schadenersatzanspruch in Betracht, er unterliegt aber hohen Anforderungen.[257] Es stellt sich daher die Frage, ob ein (vertraglicher) Schadenersatzanspruch aus einer Verletzung der Unterlassungspflicht hergeleitet werden kann.[258] Dies ist umstritten[259] und soll im Folgenden geklärt werden.

b) Zuständigkeit

Wie bereits festgestellt, ist die Zuständigkeit des Schiedsgerichts grundsätzlich umfassend zu verstehen.[260] Sie besteht daher insbesondere für Streitigkeiten, die in der Schiedsvereinbarung selbst begründet sind, wozu auch der Schadenersatzanspruch wegen Verletzung der Unterlassungspflicht zählt. Im Zweifel ist also davon auszugehen, dass das Schiedsgericht hierfür zuständig ist.

---

[255] BGH, NJW 1986, 2765, 2766.

[256] Ob tatsächlich ein Bedürfnis für einen Schadenersatzanspruch besteht, ist strittig und soll unten im Rahmen des kausalen Schadens geklärt werden, s. Kap. 3 C. III. 4. d) ee).

[257] Siehe Kap. 3 B. III.

[258] Vgl. auch *Hellwig,* S. 60 ff., der darauf hinweist, die Normdisposition bedürfe in bestimmten Fällen der Ergänzung um eine Pflicht, welche im Falle einer Verletzung Grundlage einer Schadenersatzpflicht sein kann, um den finanziellen Interessen einer Partei gerecht zu werden. Ebenso *Konzen,* S. 209 ff.; *Wagner,* S. 227.

[259] *Stacher,* S. 116 m.w.N.; *Kurth,* S. 71 ff., der selbst die Möglichkeit eines Schadenersatzanspruchs bejaht, vgl. S. 74.

[260] Siehe Kap. 3 B. III. 2.

c) Anwendbares Recht

Weiterhin ist zu ermitteln, welchen Vorschriften der Schadenersatzanspruch unterliegt. Das betrifft nicht nur die kollisionsrechtliche Bestimmung des anwendbaren Rechts, sondern auch die Identifizierung der einschlägigen Normen bei Anwendbarkeit des deutschen Rechts.

aa) Kollisionsrecht

Wie der gesetzliche Schadenersatzanspruch aufgrund Verletzung der Normdisposition[261] bildet auch der vertragliche Schadenersatzanspruch aufgrund Verletzung der Unterlassungspflicht einen eigenständigen Streitgegenstand. Das anwendbare Recht bestimmt sich somit nach § 1051 ZPO.[262] Haben die Parteien – wie hier angenommen – das auf die Schiedsvereinbarung anwendbare Recht nicht gewählt, so gilt gemäß § 1051 Abs. 2 ZPO eine objektive Anknüpfung an das Recht des Staates, „mit dem der Gegenstand des Verfahrens die engsten Verbindungen aufweist." Auch hier kann der Streit, ob die Regelung einen vollständigen Ausschluss europäischen Kollisionsrechts bewirkt, umgekehrt, ob die Regelung durch Art. 3 ff. Rom I-VO verdrängt wird, oder ob § 1051 ZPO zumindest im Lichte der Rom I-VO auszulegen ist, dahinstehen.[263] Denn bei einer Schiedsvereinbarung fehlt es jedenfalls an einer „charakteristischen Leistung" im Sinne von Art. 4 Abs. 2 Rom I-VO, sodass in jedem Fall – nach § 1051 Abs. 2 und nach Art. 4 Abs. 4 Rom I-VO – das Recht des Staates anzuwenden ist, zu welchem die engste Verbindung besteht. Somit ist fraglich, zu welcher Rechtsordnung die Unterlassungspflicht die engste Verbindung aufweist. Naheliegend – aber nicht überzeugend – ist es, die engste Verbindung zu dem Staat zu sehen, in welchem die Unterlassungspflicht durch die Klageerhebung verletzt wurde. Denn die Unterlassungspflicht ist global zu erfüllen, also nicht nur in dem Staat der Vertragsverletzung.[264] Die Verletzungshandlung begründet aber keine engste Verbindung zwischen der Unterlassungspflicht und diesem Staat. Vielmehr beanspruchen auch hier die zu der kollisionsrechtlichen Behandlung der Schiedsvereinbarung angestellten Überlegungen Geltung.[265] Der Wille der Parteien geht dahin, Streitigkeiten von einem Schiedsgericht an einem bestimmten Ort entscheiden zu lassen, sodass dieser Wille mit diesem Ort verknüpft ist. Die Unterlassungspflicht ist daher mit dem Sitzstaat am engsten verbunden.[266] Die Unter-

---

[261] Siehe Kap. 3 B. III. 2.
[262] Siehe Kap. 3 B. III. 2.
[263] Ebenso unter Kap. 3 B. III. 2.
[264] Siehe Kap. 3 C. III. 2. b) bb).
[265] Siehe Kap. 2 C. II.
[266] Ebenso *Stacher,* S. 119.

lassungspflicht richtet sich somit nach der *lex loci arbitri*.[267] Da hier Schiedsgerichte mit Sitz in Deutschland betrachtet werden, wird im Folgenden von der Anwendbarkeit deutschen Rechts ausgegangen.

bb) Anwendbarkeit des deutschen Schuldrechts

Wie das allgemeine Vertragsrecht[268] findet auch das allgemeine Schuldvertragsrecht Anwendung auf Prozessverträge, denn auch hierin sind allgemeine Rechtsgedanken geregelt, die über privatrechtliche Verträge hinaus Geltung beanspruchen.[269] Für die Anwendung besteht aber auch ein konkretes Bedürfnis. Denn andernfalls stünde die in Verletzung der Schiedsvereinbarung verklagte Partei wie eine beliebige Partei, die vor einem unzuständigen Gericht verklagt wird. Wie die Partei einer Schiedsvereinbarung kann auch diese beliebige Partei der Klage durch Zuständigkeitsrüge begegnen, woraufhin die Klage kostenpflichtig abgewiesen wird. Dieser Schutz ergibt sich für die Schiedspartei aus der durch die Normdisposition modifizierten Zuständigkeitsordnung. Durch die Schiedsvereinbarung hat sich die Schiedspartei aber gerade vor der unzulässigen Klage schützen wollen, hat also gegenüber einer beliebigen Partei ein „Mehr" geschaffen. Die in der Schiedsvereinbarung enthaltene Unterlassungspflicht begründet eine „zusätzliche Dimension"[270] bzw. eine „Sonderverbindung"[271]. Und da das Prozessrecht keinen Ausgleich dieser Verletzung vorsieht, ist es sachgerecht, insoweit auf das allgemeine Schuldrecht zurückzugreifen.[272]

Dagegen kann nicht eingewendet werden, dass allen Interessen der vertragstreuen Partei bereits durch die Einrede entsprochen wird.[273] Denn insoweit diese

---

[267] Im Ergebnis ebenso für die Gerichtsstandsvereinbarung *Gebauer*, FS Kaissis, S. 267, 282. Seiner Begründung, das *forum prorogatum* könne auch als Erfüllungsort der verpflichtenden Elemente einer ausschließlichen Gerichtsstandsvereinbarung angesehen werden, kann jedenfalls in Bezug auf die Schiedsvereinbarung nicht gefolgt werden. Denn eine Klagepflicht, welche dann wohl tatsächlich am Schiedsort zu erfüllen wäre, begründet die Schiedsvereinbarung gerade nicht, s. Kap. 3 C. III. 1., und die Unterlassungspflicht ist global zu erfüllen, sodass nur ein Gerichtsstand am Wohnsitz des Schuldners eröffnet ist, s. Kap. 3 C. III. 2. b) bb). A. A. für die Schiedsvereinbarung *Lorenz*, AcP 157 (1958), 265, 272, der auf das Recht des Hauptvertrags abstellt.

[268] Siehe Kap. 2 C. I. 1.

[269] Auch *Wagner*, S. 255, stellt fest: „Das allgemeine Schuldvertragsrecht ist – wie das Vertragsrecht des BGB überhaupt – Ausdruck allgemeiner Rechtsgedanken, die ohne weiteres auch für Prozeßverträge maßgeblich sind."

[270] *Stacher*, S. 63.

[271] So für die Gerichtsstandsvereinbarung *Gebauer*, FS Kaissis, S. 267, 276.

[272] Ebenso *Hellwig*, S. 108 ff.; *Kern*, in: Stein/Jonas, Band 2, vor § 128 Rn. 350; *Stacher*, S. 63. Ebenso für die Gerichtsstandsvereinbarung *Gebauer*, FS Kaissis, S. 267, 276. Vgl. auch *Baumgärtel*, S. 185, der jeweils gesondert prüfen will, inwieweit die Anwendung von Privat- oder Prozessrecht sachgerecht ist. Ebenso ausdrücklich für die Schiedsvereinbarung *Schlosser*, Rn. 52.

[273] So aber *Schiedermair*, S. 105 ff., 177.

Partei durch die Klageerhebung eine finanzielle Einbuße erleidet, trifft dies gerade nicht zu.[274] Ebenfalls kann nicht eingewendet werden, die Anwendung des Schuldrechts sei nicht sachgerecht, da der Verstoß gegen die Unterlassungspflicht bereits anderweitig berücksichtigt werden kann. In Betracht käme nämlich allenfalls eine Berücksichtigung durch das Schiedsgericht, an welches sich die Klägerin nach Abweisung durch das staatliche Gericht wendet. Der Vermögensschaden ist aber durch das staatliche Gerichtsverfahren und nicht durch das Schiedsverfahren entstanden. Und regelmäßig fehlt eine entsprechende spezielle Parteivereinbarung bzw. Vorschrift in der gewählten Schiedsordnung. Daher kann das Schiedsgericht in der Regel nur über die durch das vor ihm geführte Schiedsverfahren verursachten Kosten entscheiden.[275] Es bleibt also dabei, dass die Vermögenseinbuße regelmäßig unberücksichtigt bliebe, wenn ein Verstoß gegen die Unterlassungspflicht nicht einen Schadenersatzanspruch zur Folge hätte.

Auch der Einwand von *Wagner*, dass ein solcher Schadenersatz im Ergebnis dazu führen würde, „daß die Rechtsfolgen der §§ 91 ff. ZPO über den Geltungsbereich des deutschen Rechts hinaus erstreckt würden"[276], vermag nicht zu überzeugen. Die Parteientschädigung ist zwar für den Schadenersatz insoweit relevant, als sie einen Schaden entfallen lässt, soweit eine Entschädigung erfolgt[277], sie bedeutet aber keine Ausdehnung der Parteientschädigung. Dem Schadenersatzanspruch aufgrund Verletzung der Unterlassungspflicht kommt – neben der Parteientschädigung, welche bereits durch die Normdisposition bewirkt wird – eine ganz eigenständige Funktion zu, indem er die zusätzliche Dimension der Schiedsvereinbarung berücksichtigt.

d) Anspruchsvoraussetzungen

Da der Schadenersatz hier nicht funktional an die Stelle der Leistung treten würde, kommt nur ein Schadenersatz neben der Leistung in Betracht, sodass im Folgenden die Voraussetzungen von § 280 Abs. 1 BGB zu prüfen sind.[278]

---

[274] Ebenso *Stacher*, S. 64 Fn. 343.

[275] Vgl. nur § 1057 ZPO; § 35 DIS-Schiedsgerichtsordnung 98, hierzu *Manner*, in: ICC-SchO/DIS-SchO, S. 912 ff.; Art. 37 ICC-Schiedsgerichtsordnung von 2012, hierzu *Webster/Bühler*, S. 565 ff. und *Herzberg/Nedden*, in: ICC-SchO/DIS-SchO, S. 571 ff.; Art. 38 Internationale Schweizerische Schiedsordnung (Swiss Rules).

[276] *Wagner*, S. 257.

[277] Dazu unter Kap. 3 C. III. 4. d) ee).

[278] Zur Abgrenzung Schadenersatz statt der Leistung und Schadenersatz neben der Leistung, vgl. nur *Looschelders*, Rn. 528. Ebenso für das schweizerische Recht *Stacher*, S. 127 m.w.N.

aa) Art der verletzten Pflicht – Schadenersatz trotz Unklagbarkeit des Unterlassungsanspruchs

Einem möglichen Schadenersatzanspruch steht nicht entgegen, dass ihm ein durchsetzbarer Primäranspruch, mithin ein klagbarer Unterlassungsanspruch fehlt.[279] Denn wie gezeigt handelt es sich bei der Unterlassungspflicht um eine Schutzpflicht i. S. v. § 241 Abs. 2 BGB.[280] Und während die Klagbarkeit von Schutzpflichten umstritten ist[281], herrscht bislang Einigkeit darüber, dass auch die Verletzung einer unklagbaren Schutzpflicht einen Schadenersatzanspruch auslösen kann.

bb) Schuldverhältnis

Mit der Schiedsvereinbarung, genauer mit deren verpflichtendem Teil, besteht ein Schuldverhältnis zwischen den Parteien. Dieses muss wirksam sein und darf insbesondere nicht durch Parteivereinbarung oder rügelose Einlassung aufgehoben worden sein.[282] Der Beklagte muss demnach in jedem Fall die Schiedseinrede erheben, um sich die Möglichkeit eines Schadenersatzanspruches zu erhalten.

cc) Pflichtverletzung

Eine Verletzung der Unterlassungspflicht könnte in der Klageerhebung vor einem staatlichen Gericht gesehen werden. Allerdings ist zu klären, ob schlichtweg jede Klageerhebung vor einem staatlichen Gericht die vereinbarte Unterlassungspflicht verletzt. Anders könnte dies nämlich beispielsweise dann zu beurteilen sein, wenn sich das angegangene staatliche Gericht trotz Schiedseinrede für zuständig hält. Zwar entfaltet der Zuständigkeitsentscheid des Gerichts, welcher implizit auch eine Verletzung der Unterlassungspflicht verneint, keinerlei Bindungswirkung für das Schiedsgericht[283], es stellt sich aber die Frage, ob die Zulässigkeit der Klage vor dem staatlichen Gericht beachtlich für die Beurteilung einer Pflichtverletzung ist. In Betracht kommt einmal, die Frage nach dem Vorliegen einer Pflichtverletzung gesondert anzuknüpfen und nach der *lex fori* des Klagegerichts zu beurteilen.[284] Der Schadenersatzanspruch könnte jedoch auch

---

[279] Siehe Kap. 3 C. III. 2. b). Eine andere Frage ist, ob die Unklagbarkeit des Primäranspruchs überhaupt einen solchen Einwand darstellt. So jedenfalls für die Gerichtsstandsvereinbarung *Mankowski*, in: Rauscher, EuZPR/EuIPR, 4. Aufl., Art. 25 Brüssel Ia-VO Rn. 250 m.w.N.; *ders.*, IPRax 2009, 23, 30. A. A. wohl *Lent*, ZZP 67 (1954), 344, 355: „Auch ein Recht, das nicht durchgesetzt werden kann, bleibt ein Recht. Der privatrechtliche Anspruchsgläubiger muß und will sich auch in vielen Fällen mit einem Ersatzanspruch statt der Erfüllung begnügen."

[280] Siehe Kap. 3 C. III. 2. b) cc) (1).

[281] Siehe Kap. 3 C. III. 2. b) cc) (2).

[282] Siehe Kap. 3 C. III. 5. a); s. a. *Stacher*, S. 120.

[283] *Stacher*, S. 120 f.

[284] So *Stacher*, S. 121 ff.

weiterhin kollisionsrechtlich einheitlich einem Recht[285] unterstellt bleiben, die
Zulässigkeit der Klage vor dem staatlichen Gericht aber – entsprechend der Datum-Theorie[286] – auf sachrechtlicher Ebene für die Frage der Pflichtverletzung
beachtlich sein.[287] In beiden Fällen würde sich die Pflichtverletzung jedenfalls
nach der *lex fori* des angegangenen staatlichen Gerichts beurteilen.[288]

Dieser Ansatz überzeugt zumindest für den Fall, dass die Klage vor dem staatlichen Gericht nach dessen *lex fori* unzulässig war, eine Pflichtverletzung also zu
bejahen wäre. Denn jedenfalls wollen sich die Parteien einer Schiedsvereinbarung dazu verpflichten, unzulässige Klagen vor staatlichen Gerichten zu unterlassen. Der Ansatz scheint aber auch zu überzeugen, wenn die Klage vor dem staatlichen Gericht nach dessen *lex fori* zulässig war, eine Pflichtverletzung also zu
verneinen wäre. Denn naheliegend ist, dass sich die Parteien einer Schiedsvereinbarung regelmäßig nicht dazu verpflichten wollen, Klagen vor staatlichen Gerichten zu unterlassen, die trotz der Schiedsvereinbarung zulässig sind.[289] Klagt
eine Partei beispielsweise vor dem Gericht eines Staates, der den Streitgegenstand als nicht schiedsfähig beurteilt, sodass die Schiedseinrede erfolglos bleibt
und die Klage als zulässig beurteilt wird, war die klagende Partei demnach nicht
zur Unterlassung der Klage verpflichtet. Diese Argumentation überzeugt möglicherweise in Bezug auf die Gerichtsstandsvereinbarung[290], nicht jedoch in Bezug
auf die Schiedsvereinbarung. Denn bei der Gerichtsstandsvereinbarung koordi-
nieren die Parteien die Zuständigkeit innerhalb des staatlichen Zuständigkeitssystems und sind daher im Zweifel gewillt, auch Zuständigkeiten zu akzeptieren,
die gemäß diesem Zuständigkeitssystem trotz ihrer Vereinbarung bestehen. Mit
der Schiedsvereinbarung begründen die Parteien aber eine außerhalb dieses Systems bestehende Zuständigkeit, und ihr Wille zielt gerade darauf, die staatliche
Gerichtsbarkeit vollständig[291] auszuschließen und Streitigkeiten von dem gewählten Schiedsgericht entscheiden zu lassen. Gegen diesen Konsens verstößt
grundsätzlich auch eine Klage vor einem staatlichen Gericht, die nach dessen *lex*

---

[285] Zum auf den Schadenersatzanspruch anwendbaren Recht s. Kap. 3 C. III. 4. c).

[286] Zu der auf *Albert Ehrenzweig* zurückgehenden und in Deutschland insbesondere
durch *Erik Jayme*, Gedächtnisschrift, S. 37 ff., belebten Datum-Theorie, s. *v. Hoffmann/
Thorn*, § 1 Rn. 129.

[287] So wohl für die Gerichtsstandsvereinbarung *Gebauer*, FS Kaissis, S. 267, 281 u.
285.

[288] Im ersten Fall müsste der Richter die *lex fori* auf die Frage der Pflichtverletzung
anwenden, im zweiten Fall müsste er die *lex fori* bezüglich dieser Frage als Tatsache
berücksichtigen, vgl. *v. Hoffmann/Thorn*, § 1 Rn. 129. Für die Frage, ob die Klage nach
der *lex fori* zulässig oder unzulässig war, soll der Entscheidung des Klagegerichts Indiz-
bzw. Vermutungswirkung zukommen, so *Gebauer*, FS Kaissis, S. 267, 281; ebenso wohl
Stacher, S. 122 f.

[289] So für die Gerichtsstandsvereinbarung *Gebauer*, FS Kaissis, S. 267, 280.

[290] Hierzu *Gebauer*, FS Kaissis, S. 267, 280 f.

[291] Zu den Ausnahmen s. Kap. 3 B. II. 1.

fori zulässig ist. Allerdings entspricht es auch nicht dem Willen der Parteien, dass eine Partei in bestimmten Konstellationen überhaupt keinen Rechtsschutz suchen kann, also weder vor dem Schiedsgericht noch vor einem staatlichen Gericht, das nach seiner *lex fori* zuständig ist. Wird – um das obige Beispiel fortzuführen – von einer Partei Klage vor einem staatlichen Gericht erhoben, nach dessen *lex fori* die Schiedseinrede erfolglos und die Klage zulässig ist, so widerspricht dies deshalb dann nicht dem Willen der Parteien, wenn eben diese Klage vor dem Schiedsgericht unzulässig gewesen wäre. Wäre eine Klage vor dem Schiedsgericht allerdings zulässig gewesen, so widerspricht die Klage vor dem staatlichen Gericht trotz ihrer Zulässigkeit dem Willen der Parteien.

Für die Frage, ob die Klage vor einem staatlichen Gericht eine Verletzung der in einer Schiedsvereinbarung enthaltenen Unterlassungspflicht darstellt, ist also nicht nur die *lex fori* des Klagegerichts beachtlich, sondern auch die *lex loci arbitri*. Demgegenüber meint *Stacher,*[292] das Schiedsgericht solle die Frage einer Pflichtverletzung stets nach der *lex fori* des Klagegerichts entscheiden, um Entscheidungseinklang zwischen diesem und dem Schiedsgericht herzustellen. Zum einen ist das Schiedsgericht jedoch nicht dem Idealziel Entscheidungseinklang verpflichtet und wenn, dann sprächen wohl die besseren Argumente dafür, dass das Schiedsgericht einem (eigenen) internen und keinem internationalen Entscheidungseinklang verpflichtet ist. Zum anderen ist die Entscheidungsdisharmonie im Falle einer nach der *lex fori* des Klagegerichts zulässigen Klage, welche ebenfalls vor dem Schiedsgericht zulässig gewesen wäre, sodass eine Pflichtverletzung anzunehmen ist, mit Blick auf den soeben dargestellten Parteiwillen hinzunehmen. Auch *Stachers* Argument, eine Beachtlichkeit der *lex loci arbitri* sei auch deshalb abzulehnen, da dies „genauso sehr wie ein Prozessführungsverbot die Einheit der betroffenen Rechtsordnung"[293] beeinträchtige, kann nicht gefolgt werden. Zum einen ist das Schiedsgericht wiederum nicht der „Einheit der betroffenen Rechtsordnung" verpflichtet. Zum anderen bedürfte es einer – fehlenden – guten Begründung, warum ein nachträglicher Schadenersatzanspruch einem Prozessführungsverbot gleichzustellen ist, bei dem der betroffenen Rechtsordnung faktisch bereits die Entscheidungsgewalt genommen wird. Denn zwar lässt sich möglicherweise argumentieren, der nachträglich zugesprochene Schadenersatz hebe die ergangene Entscheidung faktisch wieder (teilweise) auf. Jedenfalls hindert er die betroffene Rechtsordnung aber nicht (auch nicht faktisch) an der Ausübung ihrer Entscheidungsgewalt.

Es bleibt somit dabei, dass für die Frage der Verletzung der Unterlassungspflicht sowohl die *lex fori* des Klagegerichts als auch die *lex loci arbitri* beachtlich ist. Eine Klage, die nach der *lex fori* des angegangenen staatlichen Gerichts

---

[292] *Stacher,* S. 121 f.
[293] *Stacher,* S. 122.

unzulässig ist, stellt in jedem Fall eine Verletzung der schiedsvertraglichen Unterlassungspflicht dar. Eine Klage hingegen, die nach der *lex fori* des angegangenen staatlichen Gerichts zulässig ist, stellt nur dann eine Pflichtverletzung dar, wenn diese Klage – hypothetisch – auch vor dem Schiedsgericht hätte erhoben werden können. Wäre die Klage vor dem Schiedsgericht unzulässig gewesen, so stellt die vor dem staatlichen Gericht zulässig erhobene Klage keine Pflichtverletzung dar.

dd) Vertretenmüssen

Aufgrund der Beweislastumkehr in § 280 Abs. 1 S. 2 BGB wird das Verschulden des Klägers vermutet.[294] Diese Vermutung dürfte aber regelmäßig nur schwer zu widerlegen sein. Gemäß § 276 Abs. 1 S. 1 BGB hat der Schuldner grundsätzlich Vorsatz und Fahrlässigkeit zu vertreten. Nach § 276 Abs. 2 BGB handelt derjenige fahrlässig, der die im Verkehr erforderliche Sorgfalt außer Acht lässt. Einer Vertragspartei wird man in der Regel unterstellen können, dass sie ihre Verträge kennt, zumindest aber, dass sie den Vertrag und damit die Schiedsvereinbarung hätte kennen müssen, wenn sie sich gewissenhaft auf den Prozess vorbereitet hätte. Aus der Kenntnis der Schiedsvereinbarung folgt jedoch nicht automatisch auch, dass dem Kläger bewusst sein muss, dass sie durch die Klage vor dem staatlichen Gericht gegen die Schiedsvereinbarung verstößt. Dies folgt daraus, dass eine Schiedsvereinbarung jedenfalls in Grenzbereichen einen gewissen Grad an Rechtsunsicherheit verursacht. Das betrifft insbesondere Fragen ihrer Reichweite, also ob bestimmte Streitgegenstände überhaupt erfasst sind und Fragen der Schiedsfähigkeit des jeweiligen Streitgegenstandes. Aus der Existenz der Schiedsvereinbarung folgt nicht zwingend, dass diese stets auf alle Streitigkeiten zwischen den Parteien Anwendung findet, mithin, dass die Parteien stets an diese gebunden sind.

Schlosser[295] möchte daher für die Frage des Vertretenmüssens auf die Rechtsprechung des BGH zur Geltendmachung nicht bestehender vertraglicher Ansprüche zurückgreifen. Der BGH führte hierzu aus: „Im Sinne von § 280 I 2 BGB zu vertreten hat die Vertragspartei diese Pflichtwidrigkeit aber nicht schon dann, wenn sie nicht erkennt, dass ihre Rechtsposition in der Sache nicht berechtigt ist, sondern erst, wenn sie diese Rechtsposition auch nicht als plausibel ansehen durfte."[296] Ein Vertretenmüssen des Klägers könne danach nicht angenommen werden, wenn „die eigene Rechtsposition jedenfalls vertretbar ist".[297] Dem kann aber nicht gefolgt werden. Denn diese Anforderungen sind bereits für die

---

[294] Ebenso für das schweizerische Recht *Stacher*, S. 126 f.

[295] *Schlosser*, in: Stein/Jonas, Band 10, § 1029 Rn. 59.

[296] BGH, NJW 2009, 1262, 1262.

[297] BGH, NJW 2009, 1262, 1264.

Geltendmachung nicht bestehender Ansprüche zu eng gefasst[298], erst recht aber
für die Klage vor einem staatlichen Gericht trotz Schiedsvereinbarung. Denn die
Schiedsvereinbarung soll grundsätzlich alle Streitigkeiten zwischen den Parteien
erfassen, also möglichst umfassend sein. Daher sind von dem Kläger erhöhte Anstrengungen zu erwarten, die Zulässigkeit der Klage vor dem staatlichen Gericht
und die Unzulässigkeit der Klage vor dem Schiedsgericht vor Klageerhebung
nachzuprüfen. Die Vermutung des Verschuldens ist damit nur widerlegbar, wenn
der Kläger nachweist, die Frage der Bindung an die Schiedsvereinbarung aufgeworfen und gewissenhaft und sorgfältig[299] geprüft zu haben, bevor er Klage vor
dem staatlichen Gericht erhoben hat, und wenn sein Rechtsstandpunkt nach den
hieraus gewonnen Erkenntnissen vertretbar erscheint.[300] Das Verschulden des
Klägers ist also nicht automatisch dadurch widerlegt, dass das staatliche Gericht
die Schiedseinrede zurückweist und sich für zuständig hält. Denn insbesondere
dann ist von dem Kläger zu fordern, dass er geprüft hat, ob eben diese Klage
nicht auch vor dem Schiedsgericht hätte eingereicht werden können.

ee) Durch die Pflichtverletzung verursachter Schaden

Abschließend ist zu klären, worin ein Schaden des Beklagten liegen kann.[301]
Beispielhaft sollen hier drei – jedenfalls zunächst – in Betracht kommende Scha-
denspositionen beleuchtet werden.

(1) Staatliches Urteil ist kein Schaden

Hält sich das staatliche Gericht trotz Schiedseinrede für zuständig und entscheidet es zugunsten des Klägers, so stellt das staatliche Urteil dennoch keinen
Schaden des Beklagten dar. Zwar ist nicht auszuschließen, dass ein Urteil, welches unter Verletzung einer Schiedsvereinbarung zustande kam, im Ergebnis anders ausfällt als der Schiedsspruch, der ergangen wäre, wenn entsprechend der
Schiedsvereinbarung vor dem Schiedsgericht geklagt worden wäre. Einem Schadenersatzanspruch steht aber die Rechtskraft des staatlichen Urteils entgegen.[302]
Denn gemäß der herrschenden prozessualen Rechtskrafttheorie[303] verändert das

---

[298] Ebenso *Deckenbrock,* NJW 2009, 1247, 1248; *Thole,* AcP 2009, 498, 511 ff.

[299] Zu dem hier geltenden objektiven Sorgfaltsmaßstab vgl. *Lorenz,* in: BeckOK/
BGB, 42. Edition, Stand: 01.02.2017, § 276 Rn. 20 ff.; *Grundmann,* in: MüKo/BGB,
Band 2, § 276 Rn. 54 ff.; *Schulze,* in: Hk-BGB, § 276 Rn. 13 ff.

[300] Ähnlich *Stacher,* S. 126.

[301] Aufgrund der Schwierigkeit, den entstandenen Schaden zu beziffern und zu be-
weisen, wird in den USA ein symbolischer Betrag zugesprochen, sog. *nominal damages,* vgl. *Stacher,* S. 88.

[302] *Schlosser,* Parteihandeln, S. 59; *ders.,* in: Stein/Jonas, Band 10, § 1029 Rn. 59.

[303] Hierzu *Gottwald,* in: MüKo/ZPO, Band 1, § 322 Rn. 9; *Musielak,* in: Musielak/
Voit, § 322 Rn. 4 f.

Urteil nicht die materielle Rechtslage bzw. gestaltet es diese nicht neu[304], sondern die materielle, also tatsächlich richtige Rechtslage wird für die Parteien schlicht unbeachtlich. Unabhängig davon, ob das Urteil der tatsächlichen Rechtslage entspricht oder nicht, also „richtig" oder „falsch" ist, ist dieses für die Parteien aufgrund des *ne bis in idem*-Gebots[305] verbindlich. Auch ein „falsches" Urteil kann daher keinen Schaden darstellen und einen Schadenersatzanspruch begründen.[306]

(2) Prozesskosten als Schaden

Im Gegensatz zum staatlichen Urteil könnten jedoch die durch das staatliche Verfahren entstandenen Prozesskosten einen Schaden des Beklagten darstellen.[307]

(a) Klageabweisung aufgrund Schiedseinrede

Wird die Klage aufgrund der Schiedseinrede des Beklagten abgewiesen, so stellt die Klage eine Pflichtverletzung dar.[308] Zumindest im nationalen Kontext ist dann jedoch kaum denkbar, dass die Prozesskosten einen Schaden des Beklagten darstellen.[309] Denn gemäß § 91 ZPO hätte der Kläger als unterliegende Partei die Kosten des Rechtsstreits zu tragen, was auch die dem Beklagten entstandenen Kosten umfasst. Anderes kann sich jedoch im internationalen Kontext ergeben, wenn die *lex fori* des ausländischen staatlichen Gerichts keine Parteientschädigung vorsieht. So ist beispielsweise in den USA nach der sog. *American rule* jede Partei verpflichtet, unabhängig vom Prozessausgang die ihr entstandenen Kosten selbst zu tragen.[310] Hinzu tritt der Umstand, dass gerade durch die Prozessführung im Ausland enorme Kosten entstehen können.[311] Jedenfalls in solchen Fällen besteht ein Schaden des Beklagten und dementsprechend ein Bedürfnis nach einem Schadenersatzanspruch.[312]

---

[304] So aber noch die Vertreter der materiellen Rechtskrafttheorie, vgl. hierzu *Gottwald,* in: MüKo/ZPO, Band 1, § 322 Rn. 7 m.w.N.; *Musielak,* in: Musielak/Voit, § 322 Rn. 4.

[305] st. Rspr., vgl. nur BGH, NJW 2004, 1805, 1806; BGH, NJW 2004, 1252, 1253; BGH, NJW 1993, 2942, 2943; BGH, NJW 1985, 1711, 1712.

[306] Ebenso *Stacher,* S. 65; *Schlosser,* in: Stein/Jonas, Band 10, § 1029 Rn. 59; *Konzen,* S. 187; *Teubner/Künzel,* MdR 1988, 720, 723 f.; *Zeiss,* NJW 1967, 703, 706; diesem nur teilweise folgend *Hellwig,* NJW 1968, 1072, 1075.

[307] *Schlosser,* Parteihandeln, S. 59.

[308] Siehe Kap. 3 C. III. 4. d) cc).

[309] Ebenso für die Gerichtsstandsvereinbarung *Gebauer,* FS Kaissis, S. 267, 272.

[310] *Hay,* Rn. 154; *Sandrock,* RIW 2004, 809, 811; ausführlich auch *Pfeiffer,* FS Lindacher, S. 77, 78 m. Fn. 4; *Pohlmann,* Rn. 866; *Gebauer,* FS Kaissis, S. 267, 273 f.

[311] *Gebauer,* FS Kaissis, S. 267, 273 f.

[312] *Stacher,* S. 65 f.

Es sind jedoch verschiedene Abzugsposten zu berücksichtigen, die einen Schaden des Beklagten entfallen lassen. Denn zum einen besteht jedenfalls kein Schaden, insoweit dem zu Unrecht Beklagten seine Prozesskosten bereits durch die Entscheidung des staatlichen Gerichts ersetzt wurden. Insoweit also der vertragstreuen Partei bereits eine Parteientschädigung zugesprochen wurde, entfällt ein Schaden in Form der Prozesskosten.[313] Zum anderen ist es nicht fernliegend, dass der Beklagte einen Großteil der Ergebnisse seines Kostenaufwands in dem auf das abgewiesene staatliche Verfahren folgende Schiedsverfahren erneut verwenden kann. Denn regelmäßig wird der Kläger in der Folge ein Verfahren mit demselben Begehren vor dem Schiedsgericht anstreben, sodass der Beklagte hier die bereits zur Verteidigung im staatlichen Verfahren geleistete Vorarbeit verwenden kann.[314] Dieser Abzugsposten darf nicht deshalb unterschätzt werden, weil sich der Beklagte vornehmlich per Schiedseinrede gegen die Klage vor dem staatlichen Gericht wehren wird. Denn in der Regel wird er zur Sicherheit hilfsweise auch zur Sache Stellung nehmen. Unterlässt der Kläger jedoch sein Betreiben und beschränkt sich das folgende Schiedsverfahren auf die Schadenersatzklage des Beklagten, wird der Wiederverwendungswert der Vorarbeit regelmäßig gering ausfallen.

Nicht überzeugend ist es, die Kosten der Anwälte des Beklagten nicht als Schaden anzusehen, da der Beklagte diese selbst beauftragt habe und es sich folglich nicht um eine unfreiwillige Vermögenseinbuße handele.[315] Zwar ergeht die Beauftragung tatsächlich aufgrund eigenen Entschlusses des Beklagten, jedoch handelt es sich um einen Herausforderungsfall. Zum einen durfte sich der Beklagte schon deshalb herausgefordert fühlen, da einer Partei regelmäßig die nötige Fachkenntnis fehlt, um ihre Interessen bestmöglich zu vertreten.[316] Das gilt umso mehr in internationalen Konstellationen und insbesondere für die Frage der Zuständigkeit, hier also vor allem um die Frage der Bindung an die Schiedsvereinbarung. Zum anderen herrscht beispielsweise vor deutschen Gerichten oberhalb des Amtsgerichts Anwaltszwang, vgl. § 78 Abs. 1 ZPO. Der Beklagte ist somit möglicherweise bereits nach der *lex fori* des angerufenen Gerichts dazu gezwungen, einen Rechtsbeistand zu beauftragen. Daher handelt es sich auch bei den Kosten für die Anwälte des Beklagten um eine unfreiwillige Vermögenseinbuße, mithin um einen Schaden.[317]

Sind dem zu Unrecht Beklagten durch den staatlichen Prozess demnach Kosten, insbesondere Rechtsanwaltskosten entstanden, für die ihm nicht (oder nur

---

[313] *Stacher,* S. 116 f.

[314] Ebenso *Stacher,* S. 123.

[315] Ebenso *Stacher,* S. 124.

[316] *Stacher,* S. 124.

[317] Den Beklagten trifft aber wie jeden Geschädigten eine Schadensminderungspflicht. Zu der Frage, in welchem Umfang die durch den Beklagten betriebene Verteidigung dementsprechend einen Schaden darstellt, vgl. *Stacher,* S. 124 f. m.w.N.

zum Teil) nach den Regelungen der *lex fori* zur Parteientschädigung von dem staatlichen Gericht Ersatz zugesprochen wurde und die zudem fruchtlos blieben, da er die durch den Kostenaufwand gewonnen Erkenntnisse nicht mehr verwerten konnte, so besteht (insoweit) ein Schaden. Dieser ist auch adäquat kausal, da ein Prozess üblicherweise Kosten, insbesondere Rechtsanwaltskosten verursacht.[318]

(b) Prozess trotz Schiedseinrede

Schwieriger zu beantworten ist die Frage, ob die Prozesskosten auch dann einen Schaden darstellen, wenn sich das staatliche Gericht trotz der Schiedseinrede des Beklagten für zuständig hält und entscheidet. Die Frage nach einem Schaden stellt sich jedenfalls dann bereits nicht, wenn eben diese Klage – hypothetisch – nicht vor dem Schiedsgericht hätte erhoben werden können. Denn dann fehlt es bereits an einer Pflichtverletzung.[319] Insofern ist nur die Konstellation zu betrachten, in der sich das staatliche Gericht trotz Schiedseinrede für zuständig hält und entscheidet, obwohl eben diese Klage – hypothetisch – auch vor dem Schiedsgericht hätte erhoben werden können. Hier ist zu unterscheiden, zu wessen Gunsten die Entscheidung des staatlichen Gerichts ergeht.

Einmal kann das staatliche Gericht zugunsten des Beklagten entscheiden. Für diesen Fall kann auf die obigen Ausführungen verwiesen werden.[320] Denn insoweit dem obsiegenden Beklagten aufgrund der Regelungen der *lex fori* zur Parteientschädigung eine Kompensation für die ihm entstandenen Kosten zugesprochen wird, ist ihm kein Schaden entstanden. Andernfalls besteht ein Schaden in Höhe der adäquat kausal entstandenen Kosten.

Das staatliche Gericht kann jedoch auch zugunsten des Klägers entscheiden. Zwar stellt das Urteil in diesem Fall keinen Schaden dar[321], fraglich ist aber, ob das auch für die Prozesskosten gilt. Entscheidet das Gericht zugunsten des Klägers, wird der Beklagte jedenfalls regelmäßig die (gesamten) Prozesskosten[322], stets aber seine eigenen Kosten zu tragen haben.[323] Entscheidend ist m. E., dass sich die Parteientschädigung zwar regelmäßig an der Entscheidung in der Hauptsache orientiert, letztlich aber unabhängig von dieser steht. Denn die Kostenentscheidung hat eben nur die Verteilung der Prozesskosten zum Gegenstand und gerade nicht das sonstige Rechtsverhältnis zwischen den Parteien. Die entstandenen Kosten stellen deshalb einen Schaden des Beklagten dar, der adäquat kausal durch die Pflichtverletzung des Klägers verursacht wurde, mithin durch die vertragswidrige Klage vor dem staatlichen Gericht. Hiergegen kann jedenfalls nicht

---

[318] *Stacher,* S. 125.
[319] Siehe Kap. 3 C. III. 4. d) cc).
[320] Siehe Kap. 3 C. III. 4. d) ee) (2).
[321] Siehe Kap. 3 C. III. 4. d) ee) (1).
[322] § 91 ZPO.
[323] So nach der *American Rule,* vgl. Kap. 3 C. III. 4. d) ee) (2) (a).

vorgebracht werden, das Schiedsgericht würde durch die Gewährung eines Schadenersatzanspruchs in Höhe der von dem Beklagten aufgrund des staatlichen Gerichtsverfahrens zu tragenden Prozesskosten in die Entscheidungskompetenz des staatlichen Gerichts eingreifen.[324] Denn unabhängig davon, ob man in einem nachträglich zugesprochenen Schadenersatzanspruch einen Eingriff in die Entscheidungskompetenz des staatlichen Gerichts sieht und ob das Schiedsgericht an einem solchen gehindert wäre, betrifft der Schadenersatzanspruch hier gerade nicht das von dem staatlichen Gericht in der Hauptsache gefällte Urteil.

(3) „Öffentlichkeit" als Schaden

Mit der Schiedsvereinbarung bezwecken die Parteien grundsätzlich ein nichtöffentliches, vertrauliches Verfahren vor einem Schiedsgericht.[325] Es ist deshalb prinzipiell möglich, dass die Öffentlichkeit i. S. einer Bekanntheit von Informationen über das Streitverhältnis der Parteien einen Schaden darstellt. Bezüglich des Nachweises eines Schadens bestehen jedoch erhebliche Schwierigkeiten, die im Rahmen eines Schadenersatzanspruchs aufgrund Verletzung der Vertraulichkeitspflicht näher ausgeführt werden sollen.[326]

ff) Fazit

Die Verletzung der Unterlassungspflicht begründet einen Schadenersatzanspruch gemäß § 280 Abs. 1 BGB.[327] Hierbei handelt es sich um einen Schadenersatz neben der Leistung, welcher der Regelverjährung gem. § 195 BGB unterliegt. Der Schadenersatzanspruch stellt einen eigenen Streitgegenstand dar, der nicht der Rechtsschutz betrifft, deshalb – in eine Gesetzesnorm umgedacht – eine Norm des Privatrechts darstellen würde und daher privatrechtlich zu qualifizieren ist. Es handelt sich jedoch um eine privatrechtliche Nebenfolge, welche die Qualifikation der Schiedsvereinbarung unberührt lässt.[328]

5. Weitere privatrechtliche Folgen

Neben dem Schadenersatzanspruch kommen noch weitere privatrechtliche Nebenfolgen in Betracht, welche bei der Qualifikation der Schiedsvereinbarung unbeachtlich bleiben. So ist noch zu klären, ob sich die vertragstreue Partei im Falle einer Verletzung der Unterlassungspflicht von der Schiedsvereinbarung lösen

---

[324] A. A. wohl *Stacher,* S. 123.

[325] Dazu unter Kap. 3 C. VI.

[326] Siehe Kap. 3 C. VI. 4. b).

[327] I. E. ebenso *Blomeyer,* FS Rosenberg, S. 56; ebenso für das schweizerische Recht *Stacher,* S. 117.

[328] Siehe Kap. 2 E. III.

kann. Die Frage, wie sich die Klageerhebung vor den staatlichen Gerichten auf eine bestehende Schiedsvereinbarung auswirkt, hat in Deutschland bislang eher ein Schattendasein geführt.[329] In Betracht kommen ein Aufhebungsvertrag sowie ein Rücktritts- bzw. Kündigungsrecht.

a) Aufhebungsvertrag

Zwar existiert zu der Frage kaum Rechtsprechung[330], in der Literatur herrscht jedoch Einigkeit darüber, dass eine Schiedsvereinbarung konkludent aufgehoben werden kann.[331] Dabei kommt von vornherein nur eine vollständige Aufhebung in Betracht.[332] Denn bei einer teilweisen Aufhebung handelt es sich letztlich um eine formbedürftige Änderung der Schiedsvereinbarung.[333] Der (vollständige) Aufhebungsvertrag als *actus contrarius* bedarf demgegenüber nicht der Form gemäß § 1031 ZPO.[334]

Erhebt die Partei einer Schiedsvereinbarung Klage vor einem staatlichen Gericht und ruft sie dieses nicht nur hilfsweise (§ 1033 ZPO) an, so ist ihr Verhalten in der Regel als Angebot zur Aufhebung der Schiedsvereinbarung zu verstehen.[335] Zwar ist aufgrund der Bedeutung einer Schiedsvereinbarung für die Parteien ein strenger Maßstab bei der Auslegung anzulegen, die Klage vor einem staatlichen Gericht ist aber mit einer Schiedsvereinbarung gänzlich unvereinbar, da sie diese als solche in Frage stellt.[336] Die Parteien bezwecken mit einer Schiedsvereinbarung eine ausschließliche außergerichtliche Streitbeilegung, was mit einem staatlichen Gerichtsverfahren unvereinbar ist. Die Erhebung einer Klage vor einem staatlichen Gericht, welches nicht nur hilfsweise angerufen wird, stellt somit ein Angebot zur vollständigen Aufhebung der Schiedsvereinbarung dar.[337] Dies gilt unabhängig davon, ob das staatliche Gericht vor oder wäh-

---

[329] *Kersting,* SchiedsVZ 2013, 297, 298.

[330] Vgl. lediglich BayObLG, BB 1999, Beil. 4, 18, 18 f.; sowie OLG Frankfurt a. M., SchiedsVZ 2013, 49, 57 ff., jedoch nur *obiter.*

[331] *Schlosser,* in: Stein/Jonas, Band 10, § 1029 Rn. 95; *ders.,* Rn. 431; *Lachmann,* Rn. 609 ff.; *Zöller/Geimer,* § 1029 Rn. 102 f. u. § 1032 Rn. 5; *Voit,* in: Musielak/Voit, § 1029 Rn. 12 u. § 1032 Rn. 7.

[332] A. A. *Zöller/Geimer,* § 1032 Rn. 5; ebenso für das schweizerische Recht *Stacher,* S. 45.

[333] *Kersting,* SchiedsVZ 2013, 297, 299.

[334] *Schwab/Walter,* Kap. 8 Rn. 7; *Zöller/Geimer,* § 1029 Rn. 103; *Münch,* in: MüKo/ZPO, Band 3, § 1029 Rn. 120; *Schlosser,* in: Stein/Jonas, Band 10, § 1029 Rn. 95; *ders.,* Rn. 431; *Lachmann,* Rn. 610 m.w.N.; *Schäfer,* S. 171.

[335] *Kersting,* SchiedsVZ 2013, 297, 298 f.; *Schwab/Walter,* Kap. 8 Rn. 5; wohl auch *Zöller/Geimer,* § 1032 Rn. 5.

[336] *Kersting,* SchiedsVZ 2013, 297, 299.

[337] Etwas anderes ergibt sich jedoch im Hinblick auf Rahmenschiedsvereinbarungen, vgl. *Kersting,* SchiedsVZ 2013, 297, 300; uneindeutig, aber wohl auch *Zöller/Geimer,* § 1032 Rn. 5.

rend eines Schiedsverfahrens angerufen wird.[338] Der Beklagte kann sich folglich von der Schiedsvereinbarung lösen, indem er das Aufhebungsangebot ausdrücklich oder konkludent[339] annimmt.

b) Kündigungsrecht

In Betracht kommt weiterhin ein Recht zur Kündigung aus wichtigem Grund. Denn die Schiedsvereinbarung begründet ein Dauerschuldverhältnis und kann als solches aus wichtigem Grund gekündigt werden.[340] Ein Rückgriff auf gesellschaftsrechtliche oder werkvertragliche Regelungen[341] oder Treu und Glauben[342] ist seit der Einführung von § 314 BGB durch das Schuldrechtsmodernisierungsgesetz[343] nicht mehr nötig.[344]

Das Kündigungsrecht erfordert zunächst einen wichtigen Grund, welcher gem. § 314 Abs. 1 S. 2 BGB vorliegt, „wenn dem kündigenden Teil unter Berücksichtigung aller Umstände des Einzelfalls und unter Abwägung der beiderseitigen Interessen die Fortsetzung des Vertragsverhältnisses [...] nicht zugemutet werden kann." Hierzu führt der BGH aus: „Als wichtiger Grund wird übereinstimmend jeder Umstand angesehen, der es der kündigenden Partei unzumutbar macht, das Verfahren fortzusetzen [...]. Bei der Anerkennung von Kündigungsgründen ist allerdings darauf zu achten, dass der böswilligen Partei nicht die Möglichkeit verschafft wird, durch Geltendmachung angeblichen Fehlverhaltens der anderen Partei das Verfahren zu sabotieren [...]. Daher genügen selbst heftige Auseinandersetzungen der Parteien mit dem Vorwurf, die andere Partei habe gegen die

---

[338] *Kersting,* SchiedsVZ 2013, 297, 299 f.

[339] Hieran sind dann wieder erhöhte Anforderungen zu stellen, vgl. *Münch,* in: MüKo/ZPO, Band 3, § 1029 Rn. 120.

[340] BGH, NJW 1957, 589, 590; BGH, NJW 1964, 1129, 1130; BGH, NJW 1969, 277, 277; BGH, NJW 1971, 888, 890; BGH, NJW 1980, 2136, 2136; BGH, NJW 1986, 2765, 2766; BGH, NJW 1988, 1215; BGH, NJW-RR 1994, 1214, 1215; *Habscheid,* KTS 1980, 285, 285 ff.; OLG München, SchiedsVZ 2012, 96, 99. *Lachmann,* Rn. 617; *Kersting,* SchiedsVZ 2013, 297, 301; *Schlosser,* in: Stein/Jonas, Band 10, § 1029 Rn. 98 ff.; *ders.,* Rn. 438; *Münch,* in: MüKo/ZPO, Band 3, § 1029 Rn. 128; *Stacher,* S. 158. Ein Rücktrittsrecht kommt wegen der verdrängenden Wirkung des Kündigungsrechts nicht in Betracht, vgl. hierzu BT-Drucks. 14/6040, 177; *Schulze,* in: Hk-BGB, § 314, Rn. 2; *Looschelders,* Rn. 803. Anderes kann ausnahmsweise gelten, wenn eine Partei das berechtigte Interesse hat, bereits erbrachte Leistungen rückgängig zu machen oder eine vollständige Rückabwicklung unschwer möglich und nach der Interessenlage sachgerecht ist, vgl. *Grüneberg,* in: Palandt, § 314 Rn. 12.

[341] *Goldmann,* ZZP 51 (1926), 442 ff.; *Prager,* S. 18; *Habscheid,* KTS 1955, 33, 38 m.w.N.; *ders.,* KTS 1980, 285, 286 f. m.w.N.

[342] So noch BGH, NJW 1964, 1129, 1130; BGH, NJW 1969, 277, 277; BGH; NJW 1980, 2136, 2136.

[343] BGBl. I S. 3138.

[344] *Lachmann,* Rn. 617; *Münch,* in: MüKo/ZPO, Band 3, § 1029 Rn. 128; *Leisinger,* S. 279. A. A. *Kersting,* SchiedsVZ 2013, 297, 302 ff.

Wahrheitspflicht verstoßen, nicht als Kündigungsgrund [...]. Da jedes Schiedsgerichtsverfahren darauf ausgerichtet ist, durch einen Schiedsspruch unter den Parteien Rechtsfrieden zu verschaffen, muss aber eine Lösung vom Schiedsvertrag durch Kündigung dann statthaft sein, wenn Umstände eingetreten sind, auf Grund derer nicht mehr mit einem effektiven Rechtsschutz im Schiedsgerichtsverfahren gerechnet werden kann, der Schiedsvertrag also undurchführbar geworden ist."[345] Dem ist nur teilweise zuzustimmen, denn die Undurchführbarkeit des Schiedsverfahrens führt – auch gemäß der Rechtsprechung des BGH – nicht mehr zu einem Kündigungsrecht. Denn durch die Schiedsrechtsreform 1998 wurde die Undurchführbarkeit der Schiedsvereinbarung ihrer Unwirksamkeit gleichgestellt (§ 1032 Abs. 1 ZPO). Daher bedarf es in den Fällen der Undurchführbarkeit keiner Kündigung mehr.[346] Diese Rechtslage wird allerdings bis heute noch gelegentlich übersehen.[347] Im Ergebnis ist ein Kündigungsrecht nur „in denjenigen Fällen zu gewähren [...], in denen das Verhalten einer Partei die Durchführbarkeit des schiedsrichterlichen Verfahrens erheblich gefährdet"[348], also nicht mehr mit einem effektiven Rechtsschutz gerechnet werden kann.[349] Einer Partei unter diesen Umständen ein Kündigungsrecht zu versagen, „würde darauf hinauslaufen, ihr den Rechtsschutz zu verwehren."[350]

Im Folgenden müssen vier Konstellationen unterschieden werden.

aa) Kündigung aufgrund bloßer Klageerhebung

Zunächst führt die bloße Klageerhebung vor einem staatlichen Gericht nicht zur Undurchführbarkeit der Schiedsvereinbarung. Dies ergibt sich bereits aus § 1032 Abs. 1 ZPO. Denn der Beklagte kann durch Erhebung der Schiedseinrede die Abweisung der Klage herbeiführen und den Kläger somit indirekt auf das Schiedsverfahren verweisen. Folglich kommt in dieser Konstellation grundsätzlich eine Kündigung aus wichtigem Grund in Betracht. Die hierfür erforderliche erhebliche Gefährdung der Durchführbarkeit des Schiedsverfahrens und des hier-

---

[345] BGH, NJW 1986, 2765, 2766 m.w.N. Ähnlich bereits BGH, NJW 1964, 1129, 1139.

[346] BGH, NJW 2000, 3720, 3721; *Lachmann,* Rn. 590 f., 620; *Lionnet/Lionnet,* S. 212 ff. A.A. *Schütze,* Rn. 332; *Ebbing,* S. 215 m. Fn. 318. Nur teilweise kritisch *Schlosser,* JZ 2001, 260.

[347] So bspw. *Kersting,* SchiedsVZ 2013, 297, 301; *Kreindler/Schäfer/Wolff,* Rn. 228. Ebenso in der Rspr., vgl. nur OLG Frankfurt a.M., SchiedsVZ 2013, 49, 58; OLG München, SchiedsVZ 2012, 96, 99 f.; OLG Frankfurt a.M., Beschl. v. 30.6.2006 – 26 Sch 12/05, DIS-Datenbank, online abrufbar unter: www.dis-arb.de/de/47/datenbanken/rspr/olg-frankfurt-am-az-26-sch-12-05-datum-2006-03-30-id538 (zuletzt besucht am 17.05.2017).

[348] *Lachmann,* Rn. 620. Ähnlich *Stacher,* S. 158 f.

[349] *Schlosser,* in: Stein/Jonas, Band 10, § 1029 Rn. 100; *Leisinger,* S. 280.

[350] *Stacher,* S. 159.

durch sicherzustellenden Rechtsschutzes kann sich aus einer Gesamtheit von Pflichtverstößen ergeben.[351] Fraglich ist hier aber, ob ein Verstoß gegen die Pflicht zur Unterlassung der Klageerhebung vor staatlichen Gerichten allein einen wichtigen Grund darstellt. Eine solche Klage stellt nur dann einen Pflichtverstoß dar, wenn diese Klage unzulässig ist oder dieselbe Klage – hypothetisch – auch vor dem Schiedsgericht hätte erhoben werden können.[352] Für den Beklagten ist die Durchführung eines Schiedsverfahrens aber nicht bereits allein dadurch unzumutbar geworden, dass die andere Partei Klage vor einem staatlichen Gericht erhoben hat. Demgegenüber ist es ihm zuzumuten, der Klage durch Erhebung der Schiedseinrede zu begegnen.

bb) Kündigung aufgrund Klage bei Entsprechung oder Zurückweisung der Schiedseinrede

Erhebt der Beklagte die Schiedseinrede, so sind wiederum zwei Konstellationen möglich. Einmal kann das staatliche Gericht der Schiedseinrede entsprechen und die Klage als unzulässig abweisen. Dann stellt zwar die Klageerhebung eine Pflichtverletzung dar, aber auch wenn diese möglicherweise zu einem Kündigungsrecht führen würde, wäre dem Beklagten ein solches gemäß § 242 BGB verwehrt, denn er würde sich widersprüchlich verhalten, wenn er zunächst die Schiedseinrede erfolgreich erhebt, sodann aber die Schiedsvereinbarung kündigen wollen würde.

Das staatliche Gericht kann die Schiedseinrede aber auch zurückweisen und die Klage als zulässig erachten. Diese Klage stellt nur dann eine Pflichtverletzung dar, wenn eben diese Klage – hypothetisch – auch vor dem Schiedsgericht hätte erhoben werden können.[353] Für ein Kündigungsrecht spricht dann, dass es „zum Wesen des schiedsgerichtlichen Verfahrens gehört, dass dieses unter Ausschluss der staatlichen Gerichtsbarkeit erfolgt", sodass die Einschaltung eines staatlichen Gerichts dazu führt, „dass ein trotzdem eingeleitetes oder fortgeführtes Schiedsverfahren diesen Namen nicht (mehr) verdient."[354] Die Parteien einer Schiedsvereinbarung bezwecken grundsätzlich eine ausschließlich schiedsgerichtliche Streitbeilegung.[355] Eine solche ist aber wegen des staatlichen Gerichtsverfahrens jedenfalls ab dem Zeitpunkt nicht mehr möglich, zu dem keine Partei mehr das staatliche Verfahren zugunsten eines Schiedsverfahrens einseitig beenden kann. Nach deutschem Recht ist dies nach Beginn der mündlichen Verhandlung der Fall, da die Erhebung der Schiedseinrede dann ausgeschlossen ist.

---

[351] So bspw. in BGH, NJW 1986, 2765, 2766.
[352] Siehe Kap. 3 C. III. 4. d) cc).
[353] Siehe Kap. 3 C. III. 4. d) cc).
[354] *Kersting*, SchiedsVZ 2013, 297, 301 f.
[355] *Kersting*, SchiedsVZ 2013, 297, 302.

Ein Festhalten an der Schiedsvereinbarung ist dem Beklagten dann grundsätzlich nicht mehr zumutbar. Ihm steht daher ein Kündigungsrecht aus wichtigem Grund zu.[356]

Dagegen kann nicht eingewendet werden, die Umstände, auf welche eine Kündigung gestützt wird, müssten grundsätzlich dem Risikobereich des Kündigungsgegners entstammen[357] und die Umstände seien hier auf die Zurückweisung der Schiedseinrede durch das staatliche Gericht zurückzuführen. Denn tatsächlich hat der Kläger die Umstände durch die Klageerhebung herbeigeführt. Zudem gilt eine Ausnahme von diesem Grundsatz, wenn ein besonderes Vertrauensverhältnis zwischen den Parteien besteht, das über übliche Austauschverträge hinausgeht.[358] Gerade dies ist aber bei der Schiedsvereinbarung der Fall.[359]

cc) Kündigung aufgrund Klage trotz Einlassung

Der Beklagte kann aber auch auf die Erhebung der Schiedseinrede verzichten und sich auf die Klage einlassen. Das staatliche Gericht, welches nicht nur hilfsweise angerufen wird, tritt damit endgültig an die Stelle des Schiedsgerichts und eine ausschließliche außergerichtliche Streitbeilegung ist nicht mehr möglich. Ob dem Beklagten in diesem Fall ein Kündigungsrecht zusteht, hängt davon ab, wie seine Einlassung zu verstehen ist und ob diese zur vollständigen[360] Aufhebung der Schiedsvereinbarung geführt hat. Denn dann würde die Schiedsvereinbarung nicht mehr bestehen und ein Kündigungsrecht käme nicht in Betracht. Während aber die Erhebung einer Klage vor einem staatlichen Gericht regelmäßig ein (konkludentes) Angebot zur vollständigen Aufhebung der Schiedsvereinbarung darstellt[361], kann in der Nichterhebung der Schiedseinrede nicht stets eine konkludente Annahme dieses Angebots gesehen werden. Denn im Gegensatz zu der Klageerhebung vor einem staatlichen Gericht[362] ist die Nichterhebung der Schiedseinrede nicht gänzlich unvereinbar mit einer Schiedsvereinbarung. Vielmehr räumt § 1032 Abs. 1 ZPO dem Beklagten das Recht ein, sich auf die Schiedsvereinbarung zu berufen und damit die Unzulässigkeit einer Klage vor einem staatlichen Gericht herbeizuführen. Er ist aber weder gezwungen, dieses

---

[356] I. E. ebenso *Kersting,* SchiedsVZ 2013, 297, 302, der darauf hinweist, dass es andernfalls zu einem „unzumutbaren hybriden Gesamtverfahren" käme.

[357] Zu diesem Grundsatz *Gaier,* in: MüKo/BGB, Band 2, § 314 Rn. 10.

[358] *Gaier,* in: MüKo/BGB, Band 2, § 314 Rn. 10.

[359] Vgl. insbesondere Kap. 3 C. VI. Vgl. auch *Schlosser,* in: Stein/Jonas, Band 10, § 1029 Rn. 54, „Loyalitätsvereinbarung".

[360] Es kommt nur eine vollständige konkludente Aufhebung in Betracht, vgl. Kap. 3 C. III. 5. a).

[361] Siehe Kap. 3 C. III. 5. a).

[362] Siehe Kap. 3 C. III. 5. a).

Recht auszuüben, noch handelt es sich um eine Obliegenheit, die bestimmte Nachteile für den Beklagten mit sich bringen kann. Und so kann aus der Nicht-erhebung der Schiedseinrede nicht grundsätzlich darauf geschlossen werden, dass sich der Beklagte seiner Vorteile und Rechte aus der Schiedsvereinbarung über das konkrete staatliche Gerichtsverfahren hinaus – also gänzlich – begeben will. Vielmehr muss eine Auslegung im konkreten Einzelfall die Gesamtumstände berücksichtigen, insbesondere das zwischen den Parteien bestehende Vertrags-verhältnis. Handelt es sich hierbei beispielsweise um eine dauerhafte Vertragsbe-ziehung, sodass auch zukünftige Streitigkeiten zwischen den Parteien nicht aus-zuschließen sind, so wird im Zweifel davon auszugehen sein, dass der Beklagte, der sich auf eine Klage über eine Teilleistung einlässt, nicht auf die Möglichkeit verzichten möchte, die Schiedseinrede eventuell bei einer späteren Klage zu er-heben.

Somit müssen zwei Fälle unterschieden werden. Ist die Einlassung aufgrund der Gesamtumstände als konkludente Zustimmung zur Aufhebung der Schieds-vereinbarung zu verstehen, so besteht diese nicht mehr, mit der Folge, dass dem Beklagten kein Kündigungsrecht zusteht. Ist die Einlassung demgegenüber nicht als eine solche Zustimmung zu verstehen, ist die Schiedsvereinbarung weiterhin existent, sodass ein Kündigungsrecht in Betracht kommt. Gleichwohl besteht die-ses im Ergebnis nicht. Denn vergleichbar dem bereits behandelten Fall, dass die Partei einer Schiedsvereinbarung Klage vor einem staatlichen Gericht erhebt, ist die Durchführung eines (weiteren) Schiedsverfahrens, also das Festhalten an der Schiedsvereinbarung, für den Beklagten erst recht nicht unzumutbar geworden, wenn seine Einlassung nicht als Zustimmung zur Aufhebung verstanden werden kann, er also trotz Einlassung erkennbar an der Schiedsvereinbarung festhalten wollte. Selbst wenn man dem Beklagten ein Kündigungsrecht zugestehen würde, wäre ihm die Ausübung gemäß § 242 BGB verwehrt, denn er würde sich wider-sprüchlich verhalten, wenn er einerseits zu erkennen gibt, trotz Einlassung an der Schiedsvereinbarung festhalten zu wollen, andererseits aber von seinem Kündi-gungsrecht Gebrauch machen möchte.

6. Fazit

Eine Schiedsvereinbarung begründet die Pflicht der Parteien, eine Klage-erhebung zur endgültigen Entscheidung in der Hauptsache vor den staatlichen Gerichten zu unterlassen. Die Unterlassungspflicht untersagt also nicht die An-rufung der staatlichen Gerichte für Hilfstätigkeiten. Es handelt sich um eine ver-tragliche Pflicht prozessualer Natur, die nicht klagbar ist, jedoch im Falle ihrer Verletzung einen Schadenersatzanspruch auslöst. Regelmäßig ist in der Anrufung der staatlichen Gerichte ein konkludentes Angebot zur vollständigen Aufhebung der Schiedsvereinbarung zu sehen. Zudem hat der Beklagte in bestimmten Kon-stellationen ein Kündigungsrecht.

IV. Pflichten während des Schiedsverfahrens –
„Mitwirkungs- und Förderpflichten"

Sowohl in der Literatur[363] als auch insbesondere in der Rechtsprechung[364] wird häufig angeführt, die Schiedsvereinbarung begründe zwischen den Parteien die Pflicht, an dem Schiedsverfahren mitzuwirken und dieses zu fördern, sowie alles zu unterlassen, was die Entscheidung bzw. Beilegung der Streitigkeit gefährden könnte. Die Titulierung als „Mitwirkungs- und Förderpflichten" erscheint jedoch reichlich konturlos und mutet als bloßer Oberbegriff an.[365] Zudem werden diese Mitwirkungs- und Förderpflichten uneinheitlich qualifiziert und teilweise schlicht einheitlich einer Teilrechtsordnung zugeordnet.[366] Ziel dieses Kapitels ist es daher, die sich aus der Schiedsvereinbarung ergebenden Pflichten, die während eines Schiedsverfahrens zwischen den Parteien bestehen, aufzufächern und einzeln zu untersuchen. Es bedarf kaum der Erwähnung, dass die untersuchten Pflichten beide Parteien gleichermaßen treffen. Naturgemäß wird

---

[363] Vgl. nur *Schack*, Rn. 1319; *Schütze*, Rn. 385; *ders.*, in: Wieczorek/Schütze, § 1029 Rn. 77; Zöller/*Geimer*, § 1029 Rn. 17; *Voit*, in: Musielak/Voit, § 1029 Rn. 26; *Lachmann*, Rn. 441; *Rosenberg/Schwab/Gottwald*, § 175 Rn. 38; B/L/A/H, § 1029 Rn. 19; *Schäfer*, S. 118 u. 150; *Diedrich*, JuS 1998, 158, 161; bereits *Blomeyer*, Zivilprozessrecht, § 125 II. Vgl. auch *Lionnet/Lionnet*, S. 175 f., die allerdings nicht von Pflichten, sondern prozessualen Lasten ausgehen.

[364] Vgl. nur RGZ 74, 321, 322; BGHZ 23, 198, 200 f.; BGH, NJW 1957, 589, 590; OLG Oldenburg, NJW 1971, 1461, 1462; BGH, NJW 1980, 2136; BGH, NJW 1985, 1903, 1904; BGH, NJW 1988, 1215, 1215; BGH, NJW 2012, 1811, 1811; OLG München, SchiedsVZ 2012, 96, 99.

[365] In diesem Sinne wohl OLG Oldenburg, NJW 1971, 1461, 1462; BGH, NJW 1980, 2136; BGH, NJW 1985, 1903, 1904; BGH, NJW 1986, 2765, 2766, wo eine ganze Reihe von Pflichten als Ausfluss einer allgemeinen „Verfahrensförderungspflicht" aufgeführt werden; ebenso BGH, NJW 1988, 1215, 1215; BGH, NJW 2012, 1811, 1811, wo die Pflicht zur anteiligen Zahlung des Kostenvorschusses als Ausfluss einer allgemeinen Förderpflicht gesehen wird; ebenso *Hoffet*, S. 77. Auch *Schütze*, Rn. 385, leitet zahlreiche einzelne Pflichten aus der allgemeinen Verfahrensförderungspflicht her. Ähnlich untersucht *Kahlert*, S. 257 ff., ob die allgemeine Förderungspflicht für die Herleitung einer Geheimhaltungspflicht brauchbar gemacht werden kann, was er i. E. aber verneint. Ebenfalls nicht hilfreich ist der von *Schlosser*, in: Stein/Jonas, Band 10, § 1029 Rn. 54, vorgeschlagene Oberbegriff der „Loyalitätsvereinbarung" bzw. der „Loyalitätsverpflichtungen". A. A. *Lachmann*, Rn. 441 Fn. 5; *Voit*, in: Musielak/Voit, § 1029 Rn. 27, der die Wahrheitspflicht aus der Loyalitätspflicht herleitet, freilich ohne eine solche Loyalitätspflicht vorab herzuleiten; *Leisinger*, S. 150, der meint, „die generelle Verfahrensförderungspflicht und Loyalitätspflicht" könne „für den Bestand einer Verpflichtung zur Geheimhaltung angeführt werden", jedoch ebenfalls ohne das Bestehen dieser Förderungs- und Loyalitätspflicht darzulegen. Unverständlich und ebenso wenig hilfreich erscheint die von *Schütze*, in: Wieczorek/Schütze, § 1029 Rn. 78, vorgeschlagene Bezeichnung „Prozesskostenförderungspflicht" als Oberbegriff für verschiedene Pflichten.

[366] Privatrechtlich qualifizieren: *Habscheid*, KTS 1955, 33, 35; *Schäfer*, S. 118 u. 138; *Blomeyer*, Zivilprozessrecht, S. 713, der alle Verpflichtungswirkungen dem materiellen Recht zuordnet. Prozessual qualifizieren: *Rosenberg/Schwab/Gottwald*, § 175 II 1; *Hausmann*, FS Lorenz, S. 359, 361.

jedoch in der Regel der Beklagte versucht sein, seine Mitwirkung am Schiedsverfahren zu verweigern.[367]

1. Pflicht zur Mitwirkung an der Bildung des Schiedsgerichts – insbesondere „Designationspflicht"

Auch eine Pflicht der Parteien, an der Bildung des Schiedsgerichts mitzuwirken, wäre eine Pflicht „während" des Schiedsverfahrens. Denn anders als beim staatlichen Gerichtsverfahren beginnt das Schiedsverfahren bereits mit dem sog. Schiedsverfahrensantrag (§ 1044 ZPO), also noch bevor das Schiedsgericht gebildet ist.[368] Und da jeder Partei gemäß § 1034 Abs. 2 ZPO der gleiche Einfluss auf die Bildung und Zusammensetzung des Schiedsgerichts zusteht, bietet sich hier für den Beklagten die Möglichkeit, das Schiedsverfahren zu verzögern. So kann er sich entweder nicht an der gemeinsamen Bestellung des Einzelschiedsrichter beteiligen oder er bestellt nicht den- bzw. diejenigen Schiedsrichter, den bzw. die er ohne Zutun des Klägers bestellen kann.[369] Fraglich ist also, ob sich die Parteien durch die Schiedsvereinbarung gegenseitig zur Mitwirkung an der Bildung des Schiedsgerichts verpflichten.[370]

a) Keine gesetzliche Pflicht zur Mitwirkung an der Bildung des Schiedsgerichts

Das Gesetz[371] trägt Vorsorge für den Fall der Mitwirkungsverweigerung des Schiedsbeklagten und unterscheidet zwischen zwei Fällen. Haben die Parteien das Verfahren zur Bestellung des Schiedsgerichts nicht vereinbart (§ 1035 Abs. 1 ZPO), so sieht § 1035 Abs. 3 ZPO vor, dass die Bestellung auf Antrag durch das Gericht vorgenommen werden kann, wenn sich eine Partei nicht an der Bestellung beteiligt. Haben sich die Parteien dagegen auf ein Verfahren zur Bestellung des Schiedsgerichts geeinigt und beteiligt sich eine Partei hieran nicht, so kann gemäß § 1035 Abs. 4 ZPO „jede Partei bei Gericht die Anordnung der erforderlichen Maßnahmen beantragen, sofern das vereinbarte Bestellungsverfahren zur Sicherung der Bestellung nichts anderes vorsieht."

---

[367] Zur Mitwirkungsverweigerung des Schiedsbeklagten und möglichen Maßnahmen vgl. auch *Martinek*, FS Ishikawa, S. 269 ff.

[368] Hierzu *Lionnet/Lionnet*, S. 317 f.

[369] *Stacher*, S. 130.

[370] Eine etwaige Mitwirkungspflicht besteht selbstredend für beide Parteien. Da aber regelmäßig allenfalls der Beklagte das Verfahren zu verzögern sucht, ist im Folgenden ausschließlich von ihm die Rede.

[371] Ebenso die meisten Schiedsgerichtsordnungen, vgl. bspw. §§ 12, 14 DIS-Schiedsgerichtsordnung 98, hierzu *Wagner/Klich,* in: ICC-SchO/DIS-SchO, S. 697 ff. u. 725 ff.; Art. 12 ICC-Schiedsgerichtsordnung von 2012, hierzu *Webster/Bühler*, S. 192 ff. und *Wagner/Herzberg*, in: ICC-SchO/DIS-SchO, S. 222 ff.; Art. 6 ff. UNCITRAL Arbitration Rules (as revised in 2010), hierzu *Caron/Caplan*, S. 147 ff.

Allerdings begründet § 1035 ZPO keine Pflicht zur Mitwirkung an der Bestellung des Schiedsgerichts, sondern lediglich eine prozessuale Last.[372] Denn die Norm steht dem Verhalten der Partei gleichgültig gegenüber. Sie missbilligt nicht eine Enthaltung bei der Bestellung des Schiedsgerichts, sondern stellt die Entscheidung über die Mitwirkung in das freie Belieben der jeweiligen Partei. Als Nachteil wird dieser aber angedroht, dass sie ihre Mitwirkungsmöglichkeit verliert, wenn sie sich nicht an der Bestellung beteiligt. Aus dem Gesetz ergibt sich somit keine Pflicht der Parteien zur Mitwirkung bei der Bestellung des Schiedsgerichts.[373]

b) Vertragliche Pflicht zur Mitwirkung an der Bildung des Schiedsgerichts

Zu klären ist daher, ob die Parteien durch die Schiedsvereinbarung eine vertragliche Pflicht zur Mitwirkung an der Bildung des Schiedsgerichts vereinbaren. Wie bereits festgestellt, wollen sich die Parteien zu allem verpflichten, was im Streitfall für die Durchführung eines Schiedsverfahrens erforderlich ist.[374] Zweck der Schiedsvereinbarung ist es gerade, Streitigkeiten zwischen den Parteien von einem Schiedsgericht, also von einem von den Parteien selbst gewählten Spruchkörper, entscheiden zu lassen. Die Bildung des Schiedsgerichts und die Mitwirkung der Parteien hieran sind folglich aufgrund dieses Vertragszwecks offensichtlich erforderlich.[375] Die Zustimmung zu einer Schiedsvereinbarung darf somit so verstanden werden, dass sich die zustimmende Partei zu der Mitwirkung an der Bildung des Schiedsgerichts verpflichtet. Somit begründet die Schiedsvereinbarung eine entsprechende vertragliche Pflicht zwischen den Parteien.[376] Hierbei handelt es sich auch um eine echte Pflicht und nicht nur um

---

[372] Ebenso *Lionnet/Lionnet*, S. 175 f. Zu den Kriterien für das Vorliegen einer Last s. Kap. 3 C. III. 1. a) aa).

[373] Ebenso für das schweizerische Recht *Stacher*, S. 131 f. Dasselbe gilt, wenn die Parteien eine Schiedsgerichtsordnung gewählt haben, die Bestimmungen über die Schiedsrichterbestellung im Streitfalle enthält und diese Regelungen nicht eindeutig eine Mitwirkungspflicht der Parteien begründen. Dies ist regelmäßig nicht der Fall, vgl. bspw. *Wagner/Klich*, in: ICC-SchO/DIS-SchO, S. 698 u. 725 f., die feststellen, dass §§ 12, 14 DIS-Schiedsgerichtsordnung 98 lediglich die Benennungsverfahren regeln. Ebenso *Wagner/Herzberg*, in: ICC-SchO/DIS-SchO, S. 226 f., in Bezug auf Art. 12 ICC-Schiedsgerichtsordnung von 2012.

[374] Siehe Kap. 3 C. II. 2.

[375] Ebenso *Stacher*, S. 134.

[376] RGZ 33, 265, 268; *Habscheid*, NJW 1962, 5, 9; OLG Oldenburg, NJW 1971, 1461, 1462; BGH, NJW 1986, 2765, 2766; BGH NJW 1988, 1215; *Rosenberg/Schwab/Gottwald*, § 175 Rn. 38; *Holder*, S. 28; *Schütze*, Rn. 385; *ders.*, in: Wieczorek/Schütze, § 1029 Rn. 78; *Voit*, in: Musielak/Voit, § 1029 Rn. 26; *Schlosser*, in: Stein/Jonas, Band 10, § 1029 Rn. 54; *Münch*, in: MüKo/ZPO, Band 3, § 1029 Rn. 117; *Haas*, FS Kaissis, S. 315, 318; *Hoffet*, S. 77 u. 121 f.; *Stacher*, S. 134.

eine bloße Last, da die Mitwirkung von den Parteien verlangt wird und nicht in deren freies Belieben gestellt ist.[377]

Daran ändert auch nichts der Umstand, dass sich die Parteien eventuell über die Möglichkeit der Hilfe durch die staatlichen Gerichte[378] bei der Bestellung des Schiedsgerichts bewusst sind. Gerade die rechtskundige Partei wird daran interessiert sein, eine Pflicht der Gegenpartei zu begründen, um sich bestmöglich abzusichern.[379] Inhalt der Mitwirkungspflicht ist insbesondere die Pflicht, an der Ernennung der Schiedsrichter und dem Abschluss der Schiedsrichterverträge mitzuwirken (Designationspflicht) sowie die Pflicht, sonstige, für die Konstituierung des Schiedsgerichts erforderliche Akte nicht zu unterlassen bzw. alles für die Konstituierung Erforderliche zu unternehmen.[380]

c) Zuständigkeit und Klagbarkeit

Zuständig ist das staatliche Gericht, denn das Schiedsgericht wäre noch gar nicht gebildet.[381] In der Rechtssache *Marc Rich*[382] hat der EuGH zwar klargestellt, dass sich die internationale Zuständigkeit für das schiedsgerichtsbarkeitsbezogene Unterstützungsverfahren der Benennung eines Schiedsrichters, bei welchem die Bestellung des Schiedsrichters durch ein staatliches Gericht erfolgt,

---

[377] Siehe Kap. 3 C. III. 1. a) aa). Ebenso *Schütze*, Rn. 385; *Münch*, in: MüKo/ZPO, Band 3, § 1029 Rn. 118; *Voit*, in: Musielak/Voit, § 1029 Rn. 26; *Henn*, Rn. 105 Fn. 341; bereits *Baumgärtel*, S. 235. A. A. *Schiedermair*, S. 109 f., der eine prozessuale Last annimmt; wohl auch *Schwab/Walter*, Kap. 7 Rn. 20. Unklar *Lachmann*, Rn. 441 ff., der einerseits von Pflichten spricht, andererseits meint, bei der Pflicht zur Mitwirkung an der Bildung des Schiedsgerichts handele es „sich wohl nur um eine Obliegenheit." Offen gelassen *Schlosser*, in: Stein/Jonas, Band 10, § 1029 Rn. 54.

[378] Wenn sich die Parteien auf eine Schiedsgerichtsordnung geeinigt haben, tritt an die Stelle der staatlichen Gerichte häufig die jeweilige Schiedsinstitution. Vgl. nur §§ 12, 14 DIS-Schiedsgerichtsordnung 98; Art. 12 ICC-Schiedsgerichtsordnung von 2012. Vgl. auch *Martinek*, FS Ishikawa, S. 269, 275 f.

[379] Ebenso *Stacher*, S. 134 Fn. 702.

[380] Zum letzten Aspekt vgl. insbesondere BGH, NJW 1986, 2765, 2766. Zur Designationspflicht vgl. nur die Nachweise in Fn. 887. Eine Mitwirkungspflicht besteht auch dann, wenn die Parteien eine Schiedsgerichtsordnung gewählt haben, die Regelungen für die hilfsweise Bestellung des Schiedsgerichts enthält (so bspw. §§ 12, 14 DIS-Schiedsgerichtsordnung 98; Art. 12 ICC-Schiedsgerichtsordnung von 2012). Dann liegt zwar eine Normdisposition in Bezug auf § 1035 Abs. 3 u. 4 ZPO vor. Diese ändert aber nichts daran, dass sich die Parteien grundsätzlich zur Mitwirkung bei der Bestellung des Schiedsgerichts verpflichten wollen, ebenso *Stacher*, S. 183 Fn. 987.

[381] BGH, NJW 1971, 1461, 1462, wo davon ausgegangen wird, dass die ordentlichen Gerichte stets zuständig sind, darüber zu befinden, ob eine Partei ihrer Mitwirkungspflicht aus der Schiedsvereinbarung nachgekommen ist. Die ordentlichen Gerichte sind aber gerade nicht immer zuständig, vgl. die Zuständigkeiten bei der Klage auf die unter Kap. 3 C. IV.–VI. untersuchten Pflichten.

[382] EuGH Rs. C-190/89 – *Marc Rich*, NJW 1993, 189. Hierzu *Illmer*, SchiedsVZ 2011, 248, 249 f.

nicht nach der EuGVVO a. F., sondern nach den nationalen Schiedsverfahrens-
rechten der EU-Mitgliedstaaten richtet. Bei der Klage auf Erfüllung der Designationspflicht handelt es sich aber nicht um ein solches Unterstützungsverfahren,
sondern um eine „normale" Klage auf Erfüllung einer vertraglichen Pflicht, nämlich der Bestellung eines Schiedsrichters durch eine Partei. Grundsätzlich wäre
damit der Anwendungsbereich der EuGVVO eröffnet. Da es sich hierbei aber um
einen schiedsrechtlichen, also einen auf das Schiedsverfahren an sich bezogenen
Anspruch handelt[383], ist dieser ebenfalls vom Ausschluss der Schiedsgerichtsbarkeit von der EuGVVO umfasst.[384] Die internationale Zuständigkeit richtet sich
somit nach den Zuständigkeitsvorschriften der ZPO.[385]

Einer Erfüllungsklage steht aber das Fehlen eines allgemeinen Rechtsschutzbedürfnisses entgegen.[386] Denn mit § 1035 Abs. 3, 4 ZPO stehen den Parteien einfachere Wege offen, ihr Rechtsschutzziel – die Konstituierung des Schiedsgerichts – zu erreichen.[387] Dies gilt gemäß § 1025 Abs. 1 ZPO selbstredend, wenn
der Schiedsort in Deutschland liegt, gemäß § 1025 Abs. 3 ZPO aber auch, solange der Ort des schiedsgerichtlichen Verfahrens noch nicht bestimmt ist und
der Beklagte oder der Kläger seinen Sitz oder seinen gewöhnlichen Aufenthalt in
Deutschland hat. Im Umkehrschluss aus § 1025 Abs. 2 ZPO ergibt sich jedoch,
dass § 1035 ZPO nicht anwendbar ist, wenn der Ort des schiedsrichterlichen Verfahrens im Ausland liegt. Das einfachere Verfahren nach § 1035 Abs. 3, 4 ZPO
stünde einer Klage dann nicht entgegen. Auch in diesem Fall entfällt aber das
Rechtsschutzbedürfnis, wenn sich die Parteien auf eine Schiedsgerichtsordnung
geeinigt haben, die – wie dies regelmäßig der Fall ist[388] – ein Bestellungsverfah-

---

[383] Siehe Kap. 3 C. IV. 1. d).

[384] Vgl. zu diesem Kriterium EuGH Rs. C-391/95 – *Van Uden,* EuZW 1999, 413.

[385] Zu der Doppelfunktionalität der Vorschriften über die örtliche Zuständigkeit
s. Kap. 3 C. III. 2. b) bb).

[386] Offen gelassen durch *Münch,* in: MüKo/ZPO, Band 3, § 1029 Rn. 119, der aber
darauf hinweist, dass für jede Pflicht individuell bestimmt werden muss, ob das für eine
Klage notwendige Rechtsschutzbedürfnis vorliegt.

[387] *Lachmann,* Rn. 445; *Henn,* Rn. 105. Anders zum Teil für das schweizerische
Recht *Stacher,* S. 135 f., der dies zwar für den Fall des gemeinsam zu benennenden
Schiedsrichters bejaht, für den Fall einzeln zu benennender Schiedsrichter jedoch verneint. In letzterem Fall sei eine Klage aber dennoch ausgeschlossen, da die Last aus
Art. 179 IPRG (= § 1035 ZPO) die vertragliche Pflicht verdränge, denn die Parteien
hätten nicht über den Regelungsbereich der Norm disponieren wollen. Dies überzeugt
jedoch in mehrfacher Hinsicht nicht. Zum einen bedeutet der Ansatz von *Stacher* letztlich, dass die Parteien überhaupt keine Pflicht zur Mitwirkung bei der Bildung des
Schiedsgerichts vereinbart haben, was *Stacher* aber zuvor bejaht, vgl. S. 134. Zum anderen erklärt *Stacher* nicht, warum die gesetzliche Last die vertragliche Pflicht überhaupt
verdrängen soll, mithin, warum diese nicht nebeneinander bestehen können sollen, vgl.
S. 134 f. Warum sollten die Parteien nicht zu dem vom Gesetz verlangten „Weniger"
ein vertraglich verlangtes „Mehr" vereinbaren können?

[388] *Lachmann,* Rn. 444. Vgl. nur §§ 12, 14 DIS-Schiedsgerichtsordnung 98; Art. 12
ICC-Schiedsgerichtsordnung von 2012.

ren regelt, wenn das EuÜ Anwendung findet, dessen Art. IV eine Regelung hierzu enthält oder wenn die ausländische *lex loci arbitri* ein solches vorsieht.[389] Denn auch dann steht dem Kläger ein einfacherer Weg offen, um sein Rechtsschutzziel zu erreichen.

Dagegen kann nicht eingewendet werden, die abzulehnenden *forum non conveniens*-Gesichtspunkte[390] dürften nicht unter dem „Mantel" des Rechtsschutzbedürfnisses doch zu einer Prozessabweisung führen.[391] Denn die obigen Erwägungen betreffen nicht die Zuständigkeit, sondern den Weg zur Erreichung des Rechtsschutzziels. Die Klage wird hier nicht von dem eigentlich zuständigen Gericht als unzulässig abgewiesen, weil anderswo eine „geeignetere" Zuständigkeit gegeben ist, sondern weil dem Kläger ein einfacherer Weg zur Erreichung seines Rechtsschutzziels offen steht. Entscheidend für die Abweisung ist also nicht eine andere Zuständigkeit, sondern weil der Kläger sein Ziel auf einfachere Weise erreichen kann.

Die Pflicht zur Mitwirkung bei der Bestellung des Schiedsgerichts ist somit nur klagbar, wenn sich der Ort des Schiedsverfahrens im Ausland befindet, weder eine etwaige gewählte Schiedsgerichtsordnung noch die *lex loci arbitri* ein Bestellungsverfahren vorsieht, und das EuÜ keine Anwendung findet.[392]

d) Rechtsnatur der Pflicht zur Mitwirkung an der Bildung des Schiedsgerichts

Die Pflicht zur Mitwirkung bei der Bestellung des Schiedsgerichts betrifft eindeutig den Rechtsschutz und nicht den Streitgegenstand. Sie hat ein Verhalten zum Inhalt, das für das Verfahren relevant ist, in welchem über den Streitgegenstand entschieden wird. Eine gedachte Norm mit entsprechendem Inhalt wäre daher eine Norm des Prozessrechts. Dass diese Mitwirkungspflicht in Ausnahmefällen in einem Zweitverfahren selbst Gegenstand eines Streits werden kann, ist irrelevant, denn es liegt kein abgrenzungsrelevanter Streitgegenstand vor, insoweit dieser in dem Prozessvertrag selbst oder einer aus diesem resultierenden Pflicht besteht.[393] Somit ist die Pflicht zur Mitwirkung bei der Bildung des Schiedsgerichts prozessual zu qualifizieren.[394]

---

[389] Das UNÜ enthält keine Bestimmung zur Ernennung von Schiedsrichtern.

[390] Allgemein zu der Lehre vom *forum non conveniens* vgl. *Geimer,* Rn. 1073 ff.

[391] *Geimer,* Rn. 1988; *Schack,* Rn. 584.

[392] Anders für das schweizerische Recht *Stacher,* S. 138 ff.

[393] Siehe Kap. 2 D. VIII. 2. c).

[394] So bereits *Hellwig,* S. 57. Ebenso *Kurth,* S. 74; *Stacher,* S. 136; *Hausmann,* FS Lorenz, S. 359, 361; *Rosenberg/Schwab/Gottwald,* § 175 II 1, freilich ohne Begründung. Demgegenüber für eine materiellrechtliche Qualifikation *Schütze,* Rn. 324 u. 385; *Habscheid,* KTS 1955, 33, 35; *Schäfer,* S. 118 u. 138.

e) Privatrechtliche Folgen

Klärungsbedürftig ist noch, welche privatrechtlichen Folgen eine Pflichtverletzung nach sich zieht. Ein Schadenersatzanspruch kann von vornherein außer Betracht bleiben, da ein Schaden regelmäßig kaum denkbar ist. In Betracht kommen aber ein Aufhebungsvertrag sowie ein Kündigungsrecht.

aa) Aufhebungsvertrag

Wie bereits im Rahmen der Unterlassungspflicht festgestellt, kann der Verstoß gegen eine schiedsvertragliche Pflicht ein (konkludentes) Angebot zur vollständigen Aufhebung der Schiedsvereinbarung darstellen.[395] Hier ist zwischen dem Kläger und dem Beklagten zu differenzieren.

Regelmäßig wird sich nämlich eher der Beklagte einer Mitwirkung an der Bestellung des Schiedsgerichts verweigern. Verhält sich der Beklagte schlicht passiv, indem er auf die Aufforderung zur Schiedsrichterbenennung schweigt, kann diesem Verhalten in der Regel kein Erklärungswert entnommen werden. Vielmehr drückt dies schlichtes Desinteresse beziehungsweise Unmut aus. Verweigert der Beklagte dagegen die Mitwirkung ausdrücklich oder durch sonstiges Verhalten, kann darin möglicherweise ein (konkludentes) Angebot zur Vertragsaufhebung gesehen werden.[396] Hierfür spricht, „dass zu dem Zeitpunkt, zu welchem die Schiedsrichter bestellt werden, typischerweise keine anderen Indizien als das Nichtmitwirken bei der Schiedsrichterbestellung existieren, aus welchen auf den konkludenten Willen der Beklagten geschlossen werden kann".[397] Allerdings erscheint die Differenzierung zwischen schlichtem Schweigen und ausdrücklicher bzw. konkludenter Verweigerung der Mitwirkung bei der Schiedsrichterbestellung nicht gerechtfertigt. Denn in beiden Fällen drückt der Beklagte letztlich aus, dass er kein Interesse an der Durchführung des Schiedsverfahrens hat. Dies aber wohl regelmäßig aufgrund seiner Parteirolle als Beklagter und nicht aufgrund des Willens, sich von der Schiedsvereinbarung lösen zu wollen. Würde man demgegenüber hierin ein (konkludentes) Angebot zur Aufhebung der Schiedsvereinbarung sehen, würde dem Kläger zudem nahezu im Regelfall eine einfache Möglichkeit eröffnet, sich von der Schiedsvereinbarung zu lösen. Dies erscheint insbesondere deshalb nicht gerechtfertigt, da § 1035 ZPO dem Kläger gerade auch bei Passivität des Beklagten die Durchführung des Schiedsverfahrens ermöglicht. Überdies würde sich der Kläger auch widersprüchlich verhalten, wenn er einerseits ein Schiedsverfahren einleitet, sich andererseits aber aufgrund einer schlichten Verweigerungshaltung des Beklagten – die ihn wegen § 1035 ZPO

---

[395] Siehe Kap. 3 C. III. 5. a).
[396] So *Stacher*, S. 132 f. Fn. 694.
[397] *Stacher*, S. 132 f. Fn. 694.

nicht an der Durchführung des Schiedsverfahrens hindert – von der Schiedsvereinbarung lösen möchte.

Verweigert hingegen der Kläger eine Mitwirkung an der Bestellung des Schiedsgerichts, so kann diesem Verhalten – gleich ob der Kläger schlicht schweigt oder die Verweigerung ausdrücklich bzw. konkludent geschieht – kein Angebot zur Aufhebung der Schiedsvereinbarung entnommen werden. Denn hier existiert neben der Passivität bei der Schiedsrichterbestellung noch ein weiteres Indiz, das zur Auslegung heranzuziehen ist. Der Kläger hat nämlich das Schiedsverfahren überhaupt erst angestrengt und damit zu erkennen gegeben, dass er dieses durchführen möchte.[398]

Weder einem Verstoß des Beklagten noch einem Verstoß des Klägers gegen die Pflicht zur Mitwirkung an der Bildung des Schiedsgerichts kann daher ein (konkludentes) Angebot auf Aufhebung der Schiedsvereinbarung entnommen werden.

bb) Kündigungsrecht

Ein Recht zur Kündigung aus wichtigem Grund kommt in Betracht, wenn die Durchführbarkeit des Schiedsverfahrens erheblich gefährdet ist, also nicht mit einem effektiven Rechtsschutz gerechnet werden kann.[399] Dies kann sich aus einer Gesamtheit von Pflichtverstößen ergeben.[400] Fraglich ist hier aber, ob allein ein Verstoß gegen die Pflicht zur Mitwirkung bei der Bestellung des Schiedsgerichts einen wichtigen Grund darstellt. Das ist zu verneinen.[401] Denn wie bereits dargestellt, stehen der pflichttreuen Partei gemäß § 1035 ZPO effektive Möglichkeiten zur Verfügung, um die Konstituierung des Schiedsgerichts herbeizuführen.[402] Eine Mitwirkung der Gegenpartei ist hierzu im Ergebnis nicht erforderlich. Deshalb stellt eine Mitwirkungsverweigerung keine erhebliche Gefährdung des Schiedsverfahrens dar, mithin keinen wichtigen Grund zur Kündigung der Schiedsvereinbarung.

f) Fazit

Die Schiedsvereinbarung begründet die Pflicht der Parteien, an der Bildung des Schiedsgerichts mitzuwirken, insbesondere also den bzw. die Schiedsrichter

---

[398] Anderes kann möglicherweise gelten, wenn der Kläger deutlich gemacht hat, dass er das Schiedsverfahren nur aufgrund der Bindung an die Schiedsvereinbarung eingeleitet hat, er aber ohne diese eigentlich ein staatliches Gerichtsverfahren bevorzugen würde.

[399] Siehe Kap. 3 C. III. 5. b).

[400] So bspw. in BGH, NJW 1986, 2765, 2766.

[401] Auch in BGH, NJW 1986, 2765, 2766, konnte ein Verstoß gegen diese Mitwirkungspflicht nur in der Gesamtschau mit anderen Pflichtverstößen einen wichtigen Grund begründen.

[402] Siehe Kap. 3 C. IV. 1. c).

zu bestellen. Hierbei handelt es sich um eine vertragliche Pflicht prozessualer Natur, die nur in Ausnahmefällen klagbar ist. In der Verweigerung der Mitwirkung bei der Bestellung des Schiedsgerichts kann grundsätzlich kein (konkludentes) Angebot zur vollständigen Aufhebung der Schiedsvereinbarung gesehen werden. Die vertragstreue Partei hat auch kein Kündigungsrecht.

2. Pflicht zur hälftigen Zahlung des Kostenvorschusses

Das Schiedsgericht wird im Zweifel entgeltlich tätig[403] und ist naturgemäß in besonderem Maße an der Sicherstellung der Kostendeckung des Schiedsverfahrens interessiert.[404] Zwar kann es nicht verbindlich über seine Vergütung entscheiden[405], es kann aber von den Parteien einen in der Höhe von ihm selbst festzusetzenden Vorschuss verlangen, der regelmäßig nicht nur den Ersatz der Aufwendungen[406], sondern insbesondere auch die Zahlung des Schiedsrichterhonorars[407] sicherstellen soll.[408] Der Anspruch auf Auslagenvorschuss ergibt sich unbestreitbar aus § 669 BGB[409], der Anspruch auf Honorarvorschuss – soweit der Schiedsrichtervertrag hierzu schweigt – jedenfalls gewohnheitsrechtlich aus selbigem.[410] Im Ergebnis besteht somit jedenfalls ein Anspruch der Schiedsrichter auf einen Kostenvorschuss.[411] Beide Parteien der Schiedsvereinbarung sind stets Parteien des bzw. jedes einzelnen Schiedsrichtervertrages[412] und im Zweifel Gesamtschuldner des Kostenvorschusses.[413] In der Regel werden auch beide Par-

---

[403] *Henn*, Rn. 150.

[404] Zur Bedeutung des Kostenvorschusses vgl. *Lachmann*, Rn. 1269 ff.; *Berger*, S. 272 f.

[405] *Lachmann*, Rn. 1269; *Berger*, S. 274 f.; BGH, NJW 1985, 1903, 1904.

[406] Beispiele für Aufwendungen bei *Schwab/Walter*, Kap. 12 Rn. 21.

[407] Hierzu *Henn*, Rn. 151 u. 180 ff.

[408] *Lachmann*, Rn. 4246.

[409] *Schwab/Walter*, Kap. 12 Rn. 16; *Schlosser*, in: Stein/Jonas, Band 10, vor § 1025 Rn. 27; *Schütze*, Rn. 167.

[410] Bereits RGZ 94, 210, 212 f.; vgl. nur LG Arnsberg, Urt. v. 7.8.2006 – 2 O 83/06, DIS-Datenbank; OLG Oldenburg, NJW 1971, 1461, 1462; wohl auch BGH, NJW 1957, 589, 590 und BGH, NJW 1964, 1129, wo allerdings nur von „Kostenvorschuss" die Rede ist; BGHZ 55, 344, 347 = NJW 1971, 888, 889; BGH, NJW 2012, 1811 Tz. 7. Ebenso die h. M. in der Literatur, vgl. nur *Lachmann*, Rn. 4246; *Schwab/Walter*, Kap. 12 Rn. 16; *Schlosser*, in: Stein/Jonas, Band 10, vor § 1025 Rn. 27; *Schütze*, in: Wieczorek/ Schütze, § 1035 Rn. 94; *ders.*, Rn. 167; B/L/A/H, Anh § 1035 Rn. 12. A. A. *Münch*, in: MüKo/ZPO, Band 3, Vor §§ 1034 ff. Rn. 42, für den sich der Anspruch nur aus vertraglicher Regelung, in der Regel durch ergänzende Vertragsauslegung, ergeben kann.

[411] In den meisten Schiedsordnungen existiert eine ausdrückliche Regelung: Art. 36 ICC-Schiedsgerichtordnung von 2012; Art. 41 Internationale Schweizerische Schiedsordnung (Swiss Rules) von 2012; Art. 43 UNCITRAL Arbitration Rules (as revised in 2010).

[412] *Schwab/Walter*, Kap. 11 Rn. 1; *Lachmann*, Rn. 4250.

[413] *Schwab/Walter*, Kap. 12 Rn. 17; *Lachmann*, Rn. 4250; *Schütze*, Rn. 160 u. 168; BGH, NJW 1971, 888, 889; bereits RGZ 94, 210, 212.

teien zur hälftigen Leistung aufgefordert.[414] Zwar kann das Schiedsgericht den Vorschussanspruch nicht klageweise geltend machen[415], bis der Vorschuss geleistet ist, kann es jedoch seine (weitere) Tätigkeit einstellen bzw. aussetzen.[416] Leistet eine der Parteien nicht, kann zwar die jeweils andere Partei die vollständige Zahlung vornehmen, um den (Fort-)Gang des Verfahrens zu sichern.[417] Aber auch wenn die Kosten immer noch als Vorteil der Schiedsgerichtsbarkeit angepriesen werden[418], können Schiedsverfahren aufgrund eines hohen Streitwerts und insbesondere bei komplexen internationalen Streitigkeiten erhebliche Kosten verursachen.[419] Eine Partei ist daher möglicherweise nicht in der Lage, für den Anteil der anderen Partei in Vorleistung zu gehen. Somit bietet sich hier für den Beklagten die Möglichkeit, das Schiedsverfahren zu verzögern.[420] Es stellt sich deshalb die Frage, ob die Schiedsvereinbarung auch eine Pflicht zur Beteiligung an der Leistung des Kostenvorschusses enthält, mithin ein entsprechender Anspruch gegen die zahlungssäumige Partei existiert.[421]

a) Vertragliche Pflicht zur hälftigen Zahlung des Kostenvorschusses

Unproblematisch besteht eine Beteiligungspflicht, wenn sich die Parteien auf eine bestimmte Schiedsgerichtsordnung geeinigt haben, die einen Kostenvor-

---

[414] *Berger,* S. 273. Vgl. nur § 25 DIS-Schiedsgerichtsordnung 98; Art. 36 Abs. 2 ICC-Schiedsgerichtsordnung von 2012; Art. 41 Abs. 1 Internationale Schweizerische Schiedsordnung (Swiss Rules) von 2012; Art. 43 Nr. 1 UNCITRAL Arbitration Rules (as revised in 2010). Die Frage, ob das Schiedsgericht gemäß § 1042 Abs. 4 ZPO dazu befugt ist, von einer Partei den gesamten Vorschuss zu verlangen, hat BGH, NJW 1971, 888, 889 offengelassen. Wegen § 421 BGB sollte diese Möglichkeit aber bestehen, vgl. *Lachmann,* Rn. 4251; ebenso *Berger,* S. 274.

[415] *Lachmann,* Rn. 1269; *Schlosser,* in: Stein/Jonas, Band 10, vor § 1025 Rn. 27; BGH, NJW 1985, 1903, 1904. A. A. *Schütze,* in: Wieczorek/Schütze, § 1029 Rn. 78.

[416] BGH, NJW 1971, 888, 889; BGH, NJW 1980, 2136; BGH, NJW 1985, 1903, 1904; BGH, NJW 2012, 1811. *Lachmann,* Rn. 1269 u. 4253; *Schwab/Walter,* Kap. 12 Rn. 19. *Stacher,* S. 136 m.w.N. Vgl. auch § 25 DIS-Schiedsgerichtsordnung 98; Art. 36 Abs. 6 ICC-Schiedsgerichtsordnung von 2012; Art. 41 Abs. 4 Internationale Schweizerische Schiedsordnung (Swiss Rules) von 2012; Art. 43 Nr. 4 UNCITRAL Arbitration Rules (as revised in 2010). Demgegenüber ist es dem Schiedsgericht verwehrt, eine für erheblich gehaltene Beweisaufnahme zu verweigern, weil sich eine Partei weigert, den Vergütungsvorschuss zu zahlen, vgl. BGH, NJW 1985, 1903. A. A. *Schütze,* in: Wieczorek/Schütze, § 1029 Rn. 78 unter unrichtiger Berufung auf BGH, NJW 1985, 1903.

[417] BGH, NJW 1988, 1215.

[418] Zurückhaltend aber *Schütze,* Rn. 43: „überschätzt"; *Diedrich,* JuS 1998, 158, 159; ebenso und differenzierend *Lachmann,* Rn. 163.

[419] *Asmussen,* S. 23; *Stacher,* S. 143.

[420] *Berger,* S. 274.

[421] Grundlage eines solchen Anspruchs kann nur die Schiedsvereinbarung sein, vgl. insbesondere BGH, NJW 1971, 1461, 1452.

schuss vorsieht.[422] Fehlt es an einer solchen Einigung, muss durch Auslegung[423] ermittelt werden, ob die Schiedsvereinbarung eine solche Beteiligungspflicht enthält. Mit dem Abschluss einer Schiedsvereinbarung bekunden die Parteien, dass sie sich zu allen Maßnahmen verpflichten, die für die Durchführung eines Schiedsverfahrens erforderlich sind.[424] Und die Beteiligung an dem Kostenvorschuss ist ebenso offensichtlich erforderlich wie die Mitwirkung der Parteien an der Bildung des Schiedsgerichts.

Zum einen wissen die Parteien, dass es sich bei dem zu bildenden Schiedsgericht um ein privates Gericht handelt, welches im Streitfalle speziell von den und für die Parteien mit der Streitentscheidung beauftragt wird und folglich in besonderem Maße an der Kostentragung durch die Parteien interessiert ist. Aufgrund dieses gesteigerten Interesses ist es für die Parteien offensichtlich, dass das Schiedsgericht Sicherheit in Form eines Vorschusses hierfür verlangen können möchte und ohne Erbringung einer solchen Sicherheit nicht tätig werden muss.[425] Dafür spricht auch, dass der Kostenvorschuss in der Praxis üblich ist[426] und ein Anspruch des Schiedsgerichts hierauf gewohnheitsrechtlich anerkannt ist.[427]

Zum anderen verpflichten sich die Parteien durch die Schiedsvereinbarung dazu, an der Bildung des Schiedsgerichts mitzuwirken, wozu auch der Abschluss der Schiedsrichterverträge gehört. Letztere enthalten aber gerade den Anspruch auf einen Kostenvorschuss[428], sodass sich die Parteien durch die Schiedsvereinbarung auch dazu verpflichten wollen, einem solchen Kostenvorschuss zuzustimmen. Auch aus diesem Grund ist die Erforderlichkeit des Kostenvorschusses für die Parteien offensichtlich. Somit verpflichten sich die Parteien einer Schiedsvereinbarung zur Zahlung des Kostenvorschusses.[429]

Es stellt sich aber noch die Frage nach der Höhe der Beteiligungspflicht.[430] Als Gesamtschuldner sind die Parteien im Verhältnis zueinander im Zweifel zu

---

[422] *Schlosser*, in: Stein/Jonas, Band 10, § 1029 Rn. 54; *Stacher*, S. 144. In der Regel enthalten Schiedsgerichtsordnungen eine solche Regelung, vgl. nur § 25 DIS-Schiedsgerichtsordnung 98, hierzu *Manner*, in: ICC-SchO/DIS-SchO, S. 813 ff.; Art. 36 ICC-Schiedsgerichtsordnung von 2012, hierzu *Webster/Bühler*, S. 549 ff. und *Herzberg/Nedden*, in: ICC-SchO/DIS-SchO, S. 550 ff.; Art. 41 Internationale Schweizerische Schiedsordnung (Swiss Rules) von 2012; Art. 43 UNCITRAL Arbitration Rules (as revised in 2010), hierzu *Caron/Caplan*, S. 896 ff.

[423] Siehe Kap. 3 C. II.

[424] Siehe Kap. 3 C. II. 2.

[425] Ähnlich *Stacher*, S. 145.

[426] *Münch*, in: MüKo/ZPO, Band 3, Vor §§ 1034 ff. Rn. 42.

[427] Siehe Fn. 922.

[428] Siehe Kap. 3 C. IV. 2.

[429] Ebenso *Schütze*, Rn. 384.

[430] Die Höhe des Anspruchs ergibt sich entweder unmittelbar aus der Schiedsvereinbarung, mittelbar aus der gewählten Schiedsgerichtsordnung oder aus den Schiedsrich-

gleichen Teilen verpflichtet, vgl. § 426 Abs. 1 BGB.[431] Die Parteierklärungen können regelmäßig nicht so verstanden werden, dass eine Partei zur alleinigen Leistung des Kostenvorschusses verpflichtet werden soll. Das ist insbesondere auch deshalb der Fall, weil den Parteien bei Abschluss einer Schiedsvereinbarung noch gar nicht klar ist, in welcher Rolle sie an einem zukünftigen Schiedsverfahren teilnehmen werden.[432] Für einen Willen, sich nur für den Fall der Klägerrolle zur (alleinigen) Leistung des Kostenvorschusses zu verpflichten, bestehen in der Regel keine Anhaltspunkte.[433] Grundsätzlich wollen sich die Parteien zur gemeinsamen Förderung verpflichten, und es ist kein Grund ersichtlich, warum sich hier eine Partei zu mehr verpflichten sollte als die andere. Es entspricht überdies der – im Rahmen der Auslegung gemäß §§ 133, 157 BGB beachtlichen – Verkehrssitte, dass sich die Parteien regelmäßig dazu verpflichten, das Schiedsverfahren gleichermaßen zu fördern, mithin den Vorschuss in gleicher Höhe anteilig zu erbringen.[434] Die Parteien verpflichten sich somit durch eine Schiedsvereinbarung grundsätzlich zu einer hälftigen Zahlung des Kostenvorschusses.[435] Sind die Parteien im Innenverhältnis zueinander aber lediglich zur hälftigen Leistung verpflichtet, so kann eine Partei von der anderen nicht verlangen, dass sie mehr als die Hälfte des Kostenvorschusses an das Schiedsgericht zahlt. „Jeder Mehrforderung würde der Einwand entgegenstehen, daß niemand von einem anderen eine Leistung fordern darf, die er im Innenverhältnis selbst zu erbringen verpflichtet ist (§ 242 BGB)."[436] Die Zahlungspflicht besteht zudem

---

terverträgen. In Ad-hoc-Verfahren kann die Bestimmung der Höhe des Vorschusses demgegenüber Probleme bereiten, vgl. *Lachmann*, Rn. 451 ff.

[431] BGHZ 55, 344, 348 = NJW 1971, 888, 889. Sind an dem Schiedsverfahren mehrere Kläger und/oder mehrere Beklagte beteiligt, ist u. U. etwas anderes bestimmt i. S. v. § 426 Abs. 1 S. 1 BGB, vgl. BGHZ 55, 344, 349 = NJW 1971, 888, 889 f. Die Armut eines Gesamtschuldners führt aber nicht dazu, dass etwas anderes bestimmt ist, vgl. BGHZ 55, 344, 349 = NJW 1971, 888, 890.

[432] *Stacher*, S. 145.

[433] Anders aber beispielsweise nach Art. 38 Abs. 3 English Arbitration Act von 1996, wonach nur vom Kläger Kostenvorschuss verlangt werden kann.

[434] *Schlosser*, in: Stein/Jonas, Band 10, vor § 1025 Rn. 27; *Schwab/Walter*, Kap. 12 Rn. 17; LG Arnsberg, Urt. v. 7.8.2006 – 2 O 83/06, DIS-Datenbank; AG Bielefeld, Urt. v. 21.10.2003 – 17 O 130/03, DIS-Datenbank.

[435] Ebenso bereits *Blomeyer*, Zivilprozessrecht, S. 711; *Baumgärtel*, S. 236. Ebenso *Schlosser*, in: Stein/Jonas, Band 10, vor § 1025 Rn. 27 u. § 1029 Rn. 54; *ders.*, Rn. 778; *Lachmann*, Rn. 447; *Haas*, FS Kaissis, S. 315, 318; *Rosenberg/Schwab/Gottwald*, § 175 Rn. 38; *Hoffet*, S. 77; *Stacher*, S. 146. Ausdrücklich auch BGH NJW 1988, 1215. I. E. ebenso *Habscheid*, KTS 1955, 33, 35, der die Zahlungspflicht jedoch als gesellschaftsvertragliche Pflicht begreift. Diese Einordnung geht freilich fehl, denn die Zahlung des Kostenvorschusses kommt nicht wie beim Gesellschaftsvertrag als „Beitrag" der Gesellschaft zu, sondern den Schiedsrichtern persönlich. Zudem leisten die Parteien nicht auf eine Verpflichtung der „Schiedsverfahrensgesellschaft", sondern um ihre Pflicht gegenüber den Schiedsrichtern zu erfüllen, vgl. *Real*, S. 67 f.

[436] BGHZ 55, 344, 348 = NJW 1971, 888, 889.

unabhängig vom Schiedsrichtervertrag[437], und da der Kostenvorschuss zwar zugunsten des Schiedsrichters vereinbart wird, dieser aber kein eigenes Forderungsrecht erwirbt, handelt es sich um einen unechten Vertrag zugunsten Dritter.[438]

b) Zuständigkeit und Klagbarkeit

Einer Klagbarkeit der Kostenvorschussbeteiligungspflicht steht grundsätzlich nichts im Wege und sie ist weithin anerkannt.[439] Denn andernfalls könnte sich jede Partei einseitig der Schiedsvereinbarung entziehen, indem sie die Zahlung des Kostenvorschusses verweigert. Die nicht säumige Partei kann also die säumige Partei auf Zahlung des hälftigen Kostenvorschusses an das Schiedsgericht verklagen.[440] Streitig ist aber, wo die Pflicht eingeklagt werden muss. Denn teilweise wird davon ausgegangen, sie könne nur vor einem staatlichen Gericht eingeklagt werden.[441] Hierfür werden maßgeblich zwei Argumente ins Feld geführt.[442] Zum einen soll eine Schiedsvereinbarung den Streit über eine Pflicht zur Beteiligung an dem Kostenvorschuss regelmäßig nicht umfassen, sodass hierfür der ordentliche Rechtsweg eröffnet sei.[443] Dass sich die Streitigkeit aus der Schiedsvereinbarung selbst ergibt, spricht jedoch vielmehr für die Zuständigkeit des Schiedsgerichts.[444] Denn die Zuständigkeit des Schiedsgerichts ist im Zweifel umfassend und erfasst alle mit der Streitigkeit und dem Verfahren zusammenhängenden Aspekte.[445] Dies entspricht in der Regel auch dem Interesse der Par-

---

[437] BGH, NJW 1971, 1461, 1462; LG Arnsberg, Urt. v. 7.8.2006 – 2 O 83/06, DIS-Datenbank; *Stacher*, S. 146.

[438] Ebenso *Stacher*, S. 146.

[439] *Lachmann*, Rn. 448; *Münch*, in: MüKo/ZPO, Band 3, § 1029 Rn. 119; BGH, NJW 1971, 1461, 1462; *Breetzke*, NJW 1971, 2080; *Stacher*, S. 147.

[440] *Schwab/Walter*, Kap. 12 Rn. 19. Demgegenüber kann das Schiedsgericht seinen Anspruch auf Vorschussleistung nicht gerichtlich geltend machen, vgl. BGH, NJW 1985, 1903, 1904; *Schlosser*, in: Stein/Jonas, Band 10, vor § 1025 Rn. 27; *Schwab/Walter*, Kap. 12 Rn. 19; *B/L/A/H*, Anh § 1035 Rn. 13; *Seiler*, in: Thomas/Putzo, Vorbem § 1029 Rn. 10. Offengelassen BGH, NJW 1971, 888, 889.

[441] *Lachmann*, Rn. 448; *Schwab/Walter*, Kap. 7 Rn. 21; *Breetzke*, NJW 1971, 2080, 2080 f.; *Seiler*, in: Thomas/Putzo, Vorbem § 1029 Rn. 10; *B/L/A/H*, Anh § 1035 Rn. 13; *Habscheid*, KTS 1972, 209, 213; *Habscheid/Calavros*, KTS 1979, 1, 7. Offen gelassen *Münch*, in: MüKo/ZPO, Band 3, § 1029 Rn. 119. A.A. *Schlosser*, in: Stein/Jonas, Band 10, § 1029 Rn. 55.

[442] Unverständlich ist hingegen die Argumentation in BGH, NJW 1971, 1461, 1462, wonach die Entscheidung nicht dem Schiedsgericht obliegen könne, da sich das Schiedsverfahren andernfalls „im Kreise" drehe. Ein staatliches Urteil über die Beteiligungspflicht trägt nicht mehr zu einer Entscheidung in der Sache selbst bei, als ein Schiedsspruch hierüber.

[443] *Breetzke*, NJW 1971, 2080.

[444] Ebenso *Stacher*, S. 148 m.w.N.

[445] Siehe Kap. 3 C. III. 4. b). *Schwab/Walter*, Kap. 3 Rn. 19; *Voit*, in: Musielak/Voit, § 1029 Rn. 23; *Trittmann/Hanefeld*, in: Arbitration in Germany, § 1029 Rn. 31 (S. 106); *Oberhammer*, FS Beys, S. 1139, 1160.

teien und dem von diesen durch die Schiedsvereinbarung regelmäßig verfolgten Ziel, Streitigkeiten, die in engem Sachzusammenhang stehen, von dem Schiedsgericht klären zu lassen, auf diesem Wege ein wirtschaftliches und zweckmäßiges Verfahren durchzuführen und sich widersprechende Entscheidungen zu vermeiden.[446] Zum anderen soll gegen eine Zuständigkeit des Schiedsgerichts sprechen, dass die Schiedsrichter nicht als Richter in eigener Sache tätig werden dürften.[447] Diese Ansicht verkennt jedoch, dass es bei der Durchsetzung der Pflicht zur Beteiligung an dem Kostenvorschuss gerade nicht um den Anspruch des Schiedsrichters aus dem Schiedsrichtervertrag geht, sondern um die Durchsetzung eines Anspruchs der einen Schiedspartei gegen die andere.[448] Sie „verquickt den Gesichtspunkt, dass die Schiedsrichter nicht in eigener Sache entscheiden können, mit dem Umstand, dass die Parteien auch untereinander eine Pflicht betrifft, den Vorschuss an die Schiedsrichter zu bezahlen."[449] Zuständig für die Klage ist somit das Schiedsgericht der Hauptsache.[450] Nur im einstweiligen Rechtsschutz besteht dagegen eine kumulative Konkurrenz[451] zwischen dem Schiedsgericht und den staatlichen Gerichten, vgl. §§ 1033, 1041 ZPO.[452] Hat das Schiedsgericht das Verfahren zur Hauptsache entweder zunächst ausgesetzt, um über die Beteiligungspflicht zu entscheiden, oder auch fortgeführt, da der Vorschussanteil der nicht säumigen Partei für die Fortsetzung zunächst ausgereicht hat, so verurteilt es die säumige Partei zur Leistung des hälftigen Kostenvorschusses unmittelbar an das Schiedsgericht. Hat die nicht säumige Partei demgegenüber auch den Kostenvorschussanteil der säumigen Partei übernommen und an das Schiedsgericht geleistet, um die Fortsetzung des Verfahrens zu ermöglichen, so verurteilt das Schiedsgericht die säumige Partei zur Leistung des Kostenvorschussanteils an die andere Partei.[453]

---

[446] Ebenso BGH, NJW 1971, 1461, 1463; *Trittmann/Hanefeld*, in: Arbitration in Germany, § 1029 Rn. 31 (S. 106). A. A. *Breetzke*, NJW 1971, 2080.

[447] *Breetzke*, NJW 1971, 2080; *Lachmann*, Rn. 448 unter falscher Berufung auf BGH, NJW 1985, 1903, 1904, wo der Senat nur entschieden hat, dass die Schiedsrichter ihren Vorschussanspruch nicht selbst klageweise geltend machen oder sich selbst zusprechen dürfen. Die Entscheidung enthält aber keine Aussage darüber, ob die Schiedsrichter über den Anspruch einer Partei gegenüber der anderen Partei entscheiden dürfen.

[448] *Schlosser*, in: Stein/Jonas, Band 10, § 1029 Rn. 55; BGH, NJW 1971, 1461, 1462. Arg konstruiert wirkt demgegenüber die Argumentation von *Breetzke*, NJW 1971, 2080, der meint, dass der positive Schiedsspruch über eine Beteiligungspflicht dem Schiedsgericht jedenfalls mittelbar etwas zuwende und sich das Schiedsgericht daher diesen wirtschaftlichen Vorteil nicht als Richter selbst zusprechen dürfe.

[449] *Schlosser*, in: Stein/Jonas, Band 10, § 1029 Rn. 55.

[450] *Schlosser*, in: Stein/Jonas, Band 10, § 1029 Rn. 55; *ders.*, Rn. 778 *Karrer*, SchiedsVZ 2006, 113, 116, der einen Schiedsspruch der ICC zitiert; *Stacher*, S. 148 m.w.N.

[451] *Münch*, in: MüKo/ZPO, Band 3, § 1033 Rn. 2.

[452] *Schlosser*, in: Stein/Jonas, Band 10, § 1029 Rn. 55 m.w.N.

[453] *Schlosser*, Rn. 778; *ders.*, in: Stein/Jonas, Band 10, § 1057 Rn. 11; *Stacher*, S. 150 m.w.N. und auf S. 151 ff. zu Problemfällen.

c) Rechtsnatur der Pflicht zur hälftigen Zahlung
des Kostenvorschusses

Auch die Pflicht zur hälftigen Zahlung des Kostenvorschusses wird überwiegend materiellrechtlich qualifiziert.[454] Entscheidend ist jedoch, dass die Pflicht zur hälftigen Zahlung des Kostenvorschusses ein Verhalten zum Inhalt hat, das für das Verfahren relevant ist, in welchem über den vorprozessualen Streitgegenstand entschieden wird und nicht für den Entscheid über den Streitgegenstand.[455] Eine gedachte Norm mit entsprechendem Inhalt wäre daher eine Norm des Prozessrechts. Dass diese Kostenvorschussbeteiligungspflicht in einem Zweitverfahren selbst Gegenstand eines Streits werden kann, ist irrelevant, denn es liegt kein abgrenzungsrelevanter Streitgegenstand vor, insoweit dieser in dem Prozessvertrag selbst oder einer aus diesem resultierenden Pflicht besteht.[456] Die Pflicht ist daher prozessual zu qualifizieren.[457]

d) Privatrechtliche Folgen

Möglicherweise ist eine Partei (in der Regel die Klägerin) nicht auf die Geltendmachung des Kostenvorschussbeteiligungsanspruchs beschränkt, sondern kann sich, wenn sie dies wünscht, vollständig von dem Schiedsverfahren trennen und ihre Klage bei einem staatlichen Gericht einreichen. In Betracht kommen ein Aufhebungsvertrag sowie ein Kündigungsrecht.

aa) Aufhebungsvertrag

Ähnlich wie die Weigerung einer Partei, sich an der Bildung des Schiedsgerichts zu beteiligen[458], kann auch die Weigerung zur Zahlung des Kostenvorschusses als Indiz für ein konkludentes Angebot zur vollständigen Aufhebung der Schiedsvereinbarung gewertet werden. Bei der Auslegung sind aber stets die Gesamtumstände zu berücksichtigen. Und im Gegensatz zu der Situation, in der sich eine Partei weigert, an der Bestellung des Schiedsgerichts mitzuwirken, sind zum Zeitpunkt, in welchem der Kostenvorschuss verlangt wird, regelmäßig noch weitere Indizien vorhanden, die auf den mutmaßlichen Parteiwillen schließen las-

---

[454] *Schütze*, Rn. 324 u. 385; *Baumgärtel*, S. 236; *Schlosser*, Rn. 778.

[455] Siehe Kap. 2 E. III. und Kap. 3 C. III. 2. c).

[456] Siehe Kap. 2 D. VIII. 2. c).

[457] So bereits *Hellwig*, S. 57. Ebenso *Kurth*, S. 74; *Stacher*, S. 147; *Hausmann*, FS Lorenz, S. 359, *Hausmann*, FS Lorenz, S. 359, 361. Dennoch ist es sachgerecht, die allgemeinen Regelungen über Abtretung und Verjährung auch auf die Beteiligungspflicht anzuwenden, vgl. *Stacher*, S. 147 Fn. 779. Der Anspruch entsteht i. S. v. § 199 Abs. 1 Nr. 1 BGB in dem Zeitpunkt, in welchem das Schiedsgericht die Parteien zur Leistung des Kostenvorschusses auffordert.

[458] Hierzu unter Kap. 3 C. IV. 1. e) aa).

sen. Beispielsweise verweigert eine Partei zwar die Beteiligung am Kostenvorschuss, bei der Bildung des Schiedsgerichts hat sie sich aber kooperativ gezeigt
und ist ihrer Designationspflicht nachgekommen.[459] Aufgrund der Widersprüch-
lichkeit des Verhaltens lässt sich dann kein eindeutiger Wille erkennen. Allein die
Verweigerung der Zahlung des Kostenvorschussanteils rechtfertigt also noch
nicht die Annahme eines konkludenten Angebots zur Aufhebung der Schiedsvereinbarung.[460] Anders ist dies aber, wenn das gesamte Parteiverhalten auf eine
Vertragsaufhebung hindeutet. Dann kann ein konkludentes Angebot zur Aufhebung der Schiedsvereinbarung angenommen werden. Hieran sind jedoch hohe
Anforderungen zu stellen, da nur eine vollständige (aber formfreie) konkludente
Aufhebung der Schiedsvereinbarung möglich ist.[461]

bb) Kündigungsrecht

Als Dauerschuldverhältnis kann die Schiedsvereinbarung aus wichtigem
Grund gekündigt werden.[462] Früher vertrat der BGH die Ansicht, dass eine Partei
eine Schiedsvereinbarung aus wichtigem Grund kündigen kann, „wenn sie wegen
einer nach Vertragsschluß eingetretenen Verschlechterung ihrer wirtschaftlichen
Verhältnisse die erforderlichen Kostenvorschüsse für das Schiedsgerichtsverfahren nicht mehr aufbringen kann"[463], da die Verarmung die Durchführung der
Schiedsvereinbarung unmöglich mache.[464] Wie aber bereits dargestellt[465], wurde
durch die Schiedsrechtsreform die Undurchführbarkeit der Schiedsvereinbarung
ihrer Unwirksamkeit gleichgestellt, sodass es im Falle der Armut keiner Kündigung mehr bedarf.[466] Ist die mittellose Partei also nicht in der Lage, die anteilige
Vorschusszahlung zu leisten, und weigert sich die Gegenpartei, den vollen Vorschuss zu leisten, liegt ein Fall der Undurchführbarkeit und somit der Unwirk-

---

[459] Ähnlich *Stacher,* S. 156 f.

[460] A. A. *Schlosser,* in: Stein/Jonas, Band 10, § 1029 Rn. 55, der davon ausgeht, dass
eine Zahlungsweigerung stets ein Angebot zur Aufhebung der Schiedsvereinbarung darstellt.

[461] Zur Aufhebung, die nur vollständig, aber formfrei möglich ist vgl. Kap. 3 C. III.
5. a).

[462] Hierzu unter Kap. 3 C. III. 5. b).

[463] BGH, NJW 1988, 1215. Ebenso BGH, NJW 1969, 277, 277 f.; BGH NJW 1964,
1129, 1130 f.; BGH, NJW 1971, 888, 890; BGH, NJW 1980, 2136, 2136 f. Das gilt
selbst dann, wenn dieser Umstand selbst verschuldet ist, vgl. BGH NJW 1964, 1129,
1130.

[464] In Verkennung der neuen Rechtslage so immer noch *Schlosser,* in: Stein/Jonas,
Band 10, § 1029 Rn. 98; *Ebbing,* S. 215 m. Fn. 318.

[465] Siehe Kap. 3 C. III. 5. b).

[466] *Lachmann,* Rn. 590 ff.; BGH, NJW 2000, 3720; KG, SchiedsVZ 2003, 239; OLG
Düsseldorf, ZIP 2004, 1956. Kritisch hierzu *Schütze,* in: Wieczorek/Schütze, § 1029
Rn. 89; *Ebbing,* S. 215 m. Fn. 318 m.w.N.; *Zöller/Greger,* § 1029 Rn. 98, der zu Recht
darauf hinweist, dass diese Rechtsprechung zu erheblicher Rechtsunsicherheit führt.

samkeit der Schiedsvereinbarung vor.[467] Auch wenn eine Kündigung dann unnötig ist, bleibt diese gleichwohl möglich.[468]

Weiterhin ist von Interesse, ob sich die vertragstreue Partei auch dann durch Kündigung von der Schiedsvereinbarung lösen kann, wenn die andere, nicht verarmte Partei schlichtweg ihren Anteil am Kostenvorschuss nicht an das Schiedsgericht leistet. Das wäre der Fall, wenn die Weigerung, sich an dem Kostenvorschuss zu beteiligen, einen gewichtigen Pflichtverstoß – mithin einen wichtigen Grund i.S.v. § 314 BGB – darstellt. Ein wichtiger Grund liegt vor, wenn die Durchführung des Schiedsverfahrens und damit die Erlangung effektiven Rechtsschutzes durch den Pflichtverstoß erheblich gefährdet würde.[469]

Teilweise wird die Weigerung zur hälftigen Zahlung des Kostenvorschusses als eben solche, die Durchführbarkeit des schiedsrichterlichen Verfahrens erheblich gefährdende Pflichtverletzung gewertet.[470] Das überzeugt jedoch nicht in allen Fällen.[471] Denn die Durchführbarkeit des Schiedsverfahrens ist grundsätzlich noch nicht allein dadurch gefährdet, dass eine Partei die Zahlung des Kostenvorschusses verweigert. Die an der Durchführung des Schiedsverfahrens interessierte Partei hat es in der Hand, die Durchführung durch Zahlung des Kostenvorschussanteils der anderen Partei zu sichern. Die Zahlung durch die sich weigernde Partei ist für die Durchführung des Verfahrens also grundsätzlich nicht erforderlich.[472] Will die vertragstreue Partei für die säumige Partei nicht in Vorleistung treten, so steht ihr die Möglichkeit offen, die Zahlung durch die säumige Partei vor dem Schiedsgericht einzuklagen.[473] Die Weigerung zur hälftigen Zahlung des Kostenvorschusses kann demnach nur dann einen zur Kündigung berechtigenden wichtigen Grund darstellen, wenn die Klage auf Zahlung durch die säumige Partei ohne Erfolg bleibt bzw. die säumige Partei trotz Verurteilung nicht leistet (oder bereits von vornherein offensichtlich ist, dass diese eine Zahlung – unabhängig vom Ausgang der Klage – in jedem Fall verweigern wird) und

---

[467] *Lachmann,* Rn. 593.

[468] *Kersting,* SchiedsVZ 2013, 297, 305 f.

[469] Siehe Kap. 3 C. IV. 1. e) bb).

[470] *Berger,* S. 275. Ebenso *Schlosser,* in: Stein/Jonas, Band 10, § 1029 Rn. 100, der sich auf BGH, NJW 1985, 1903 beruft. Ebenso *Raeschke-Kessler,* NJW 1988, 3041, 3044. Die Entscheidung BGH, NJW 1985, 1903 beruft sich aber wiederum auf BGH NJW 1964, 1129, wo es jedoch gar nicht um ein Kündigungsrecht wegen hartnäckiger Weigerung der anderen Partei ging, sondern um ein Kündigungsrecht wegen eigener Mittellosigkeit. Auch *Lachmann,* Rn. 620, meint, der BGH sehe die Nichtzahlung eines notwendigen Kostenvorschusses als Verstoß gegen eine wichtige Pflicht, jedoch ohne Nachweise zu nennen.

[471] Vgl. auch OLG Oldenburg, Beschl. v. 12.4.2004 – 14 U 106/03, DIS-Datenbank, für den Fall, dass die Schiedsgerichtsordnung die Problematik der Nichtzahlung des anteiligen Kostenvorschusses ausdrücklich regelt.

[472] *Stacher,* S. 156.

[473] Siehe Kap. 3 C. IV. 2. b).

die vertragstreue Partei nicht in der Lage ist, beide Anteile des Kostenvorschusses zu leisten.[474]

e) Prozessuales: Gegeneinrede der Arglist

Der Schiedseinrede kann die Gegeneinrede der Arglist entgegengesetzt werden, wenn der Beklagte gleichzeitig mit der Erhebung der Schiedseinrede „zu erkennen gibt, daß er selbst nicht in der Lage ist, seiner Pflicht zur fördernden Mitwirkung im Schiedsverfahren – zu der auch die Leistung der erforderlichen Vorschüsse gehört – nachzukommen. [...] Diese Unfähigkeit, seine eigenen Verpflichtungen aus dem Schiedsvertrag zu erfüllen, gibt der Bekl. aber zu erkennen, wenn er [...] im gerichtlichen Verfahren Prozeßkostenhilfe beantragt und darlegt, daß er nicht einmal zur Bestreitung der Kosten seiner Rechtsverteidigung vor dem ordentlichen Gericht in der Lage ist."[475]

f) Fazit

Durch die Schiedsvereinbarung verpflichten sich die Parteien gegenseitig zur hälftigen Zahlung des Kostenvorschusses an das Schiedsgericht. Hierbei handelt es sich um eine vertragliche Pflicht prozessualer Natur, die vor dem Schiedsgericht (der Hauptsache) eingeklagt werden kann. Die Verweigerung der Leistung des hälftigen Kostenvorschusses alleine stellt kein konkludentes Angebot zur vollständigen Aufhebung der Schiedsvereinbarung dar. Ein solches liegt nur vor, wenn das gesamte Parteiverhalten auf eine Vertragsaufhebung hindeutet. Ein Kündigungsrecht hat die vertragstreue Partei nur in Ausnahmefällen.

3. Pflicht zu wahrem Sachvortrag – „Wahrheitspflicht"

§ 138 Abs. 1 ZPO verpflichtet die Parteien eines staatlichen Gerichtsverfahrens zu wahrem Sachvortrag. Die Frage, ob eine Schiedsvereinbarung die Parteien zu wahrem Sachvortrag verpflichtet, hat der BGH[476] offengelassen.[477] Das Parteiinteresse zielt in erster Linie auf eine ordnungsgemäße und gerechte Streitentscheidung durch das Schiedsgericht.[478] Und durch die Schiedsvereinbarung wollen sich die Parteien grundsätzlich zu allem verpflichten, was für die Durchführung eines solchen Schiedsverfahrens erforderlich ist.[479] Zudem kann nicht davon ausgegangen werden, dass die Parteien an die Wahrheit im Schiedsverfah-

---

[474] Ebenso *Stacher,* S. 159.
[475] BGH, NJW 1988, 1215.
[476] BGH, NJW 1957, 589, 590.
[477] Demgegenüber bejaht eine Wahrheitspflicht OLG München, SchiedsVZ 2012, 96, 99 f.
[478] *Leisinger,* S. 151.
[479] Siehe Kap. 3 C. II. 2.

ren geringere Anforderungen und Erwartungen stellen als in einem staatlichen Gerichtsverfahren. Somit begründet die Schiedsvereinbarung eine Wahrheitspflicht, die grundsätzlich dem in § 138 Abs. 1 ZPO normierten Maßstab entspricht.[480] Hierbei handelt es sich auch um eine echte Pflicht und nicht nur um eine bloße Last, da wahrer Sachvortrag von den Parteien verlangt wird und nicht in deren freies Belieben gestellt ist.[481]

a) Zuständigkeit und Klagbarkeit

Bei der Wahrheitspflicht handelt es sich um eine unklagbare Schutzpflicht i. S. v. § 241 Abs. 2 BGB. Denn wie bereits festgestellt, sind Schutzpflichten nur dann klagbar, wenn ein besonderes Präventionsinteresse vorliegt, insbesondere also die Pflicht inhaltlich hinreichend bestimmt ist, existenzgefährdende Schäden oder die Verletzung von Rechtsgütern i. S. v. § 823 Abs. 1 BGB drohen und ein effektiver Schutz der Gläubigerinteressen auf anderem Weg nicht erreicht werden kann.[482] Die Wahrheitspflicht erscheint aber schon den Anforderungen des Prozessrechts nicht gewachsen, da es an der Konkretisierung des verlangten Verhaltens fehlt. Jedenfalls spricht aber eine Abwägung der Gläubiger- und Schuldnerinteressen gegen eine Klagbarkeit. Denn die Schutzpflichten fördern das vertrauensvolle Miteinander der Vertragsparteien. Gerade dieses würde aber durch die Möglichkeit der Klage behindert.[483] Ein besonderes Präventionsinteresse, welches eine Klagemöglichkeit rechtfertigen würde, ist demgegenüber nicht

---

[480] Ebenso *Münch*, in: MüKo/ZPO, Band 3, § 1029 Rn. 117; *Voit*, in: Musielak/Voit, § 1029 Rn. 27; *Schlosser*, in: Stein/Jonas, Band 10, § 1029 Rn. 57; *Schütze*, Rn. 385; *ders.*, in: Wieczorek/Schütze, § 1029 Rn. 78; *Lachmann*, Rn. 455; wohl auch *Schwab/Walter*, Kap. 16 Rn. 25, die jedoch nicht die Grundlage der Wahrheitspflicht benennen. A. A. *Baumgärtel*, S. 237 f., der zwar von einer Wahrheitspflicht ausgeht, diese aber nicht im Vertrag, also der Schiedsvereinbarung, sondern in § 138 ZPO verortet, dessen Gebot „grundsätzlicher Art" sei und daher auch im Schiedsverfahren gelte. Aus einem Verstoß gegen die Wahrheitspflicht könne dennoch ein vertraglicher Schadenersatzanspruch bestehen, da das Schiedsverfahren die Schiedsvereinbarung zur Grundlage habe und die Wahrheitspflicht somit mittelbar auf die Schiedsvereinbarung zurückzuführen sei. Die Argumentation von Baumgärtel ist darauf zurückzuführen, dass er nur materiell-rechtliche vertragliche Pflichten, aber keine prozessualen vertraglichen Pflichten anerkennt. Sie überzeugt daher schon im Ausgangspunkt nicht. Jedenfalls ist sie auch inkonsequent: Entweder es besteht eine vertragliche Pflicht, deren Verletzung einen vertraglichen Schadenersatzanspruch auslösen kann, oder es besteht eine gesetzliche Pflicht, bei deren Verletzung dann aber auch nur ein gesetzlicher Schadenersatzanspruch in Betracht kommen kann. Eine Vermischung zugunsten eines Schadenersatzanspruches ist nicht angebracht.

[481] Siehe Kap. 3 C. III. 1. a) aa). Ebenso *Münch*, in: MüKo/ZPO, Band 3, § 1029 Rn. 118; *Schütze*, Rn. 385; *Voit*, in: Musielak/Voit, § 1029 Rn. 27. A. A. wohl *Schwab/Walter*, Kap. 7 Rn. 20. Offen gelassen *Schlosser*, in: Stein/Jonas, Band 10, § 1029 Rn. 54; *Lachmann*, Rn. 442 u. 455 ff.

[482] Siehe Kap. 3 C. III. 2. b) cc) (2) sowie den Unterpunkt (b).

[483] Zu diesem Kriterium *Olzen*, in: Staudinger, § 241 Rn. 556.

ersichtlich. Insbesondere drohen keine existenzgefährdenden Schäden oder die Verletzung von Rechtsgütern i. S. v. § 823 Abs. 1 BGB. Ein effektiverer Schutz würde durch die Klagbarkeit der Wahrheitspflicht zudem nicht herbeigeführt. Denn regelmäßig würde eine Partei dann im Wege des einstweiligen Rechtsschutzes vorgehen. Hier besteht eine nicht abdingbare[484] kumulative Konkurrenz[485] zwischen dem Schiedsgericht und den staatlichen Gerichten.[486] Da die Wahrheitspflicht der Schiedsvereinbarung entspringt, fiele eine Entscheidung hierüber auch in die grundsätzlich weit zu fassende Kompetenz des Schiedsgerichts. Das Schiedsgericht müsste aber im Rahmen der Entscheidung über die Hauptsache sowieso darüber befinden, ob es den Sachvortrag einer Partei für wahr oder unwahr hält. Und aufgrund der Gleichwertigkeit der staatlichen Gerichtsbarkeit und der Schiedsgerichtsbarkeit ist nicht davon auszugehen, dass die Anrufung der staatlichen Gerichte einen effektiveren Rechtsschutz darstellt.

b) Rechtsnatur der Wahrheitspflicht

Die Wahrheitspflicht betrifft eindeutig den Rechtsschutz und nicht den Streitgegenstand. Sie hat ein Verhalten zum Inhalt, das für das Verfahren relevant ist, in welchem über den Streitgegenstand entschieden wird. Eine gedachte Norm mit entsprechendem Inhalt wäre daher vergleichbar § 138 Abs. 1 ZPO eine Norm des Prozessrechts. Somit ist die Wahrheitspflicht prozessual zu qualifizieren.[487]

c) Schadenersatzanspruch

Ein Schadenersatzanspruch steht in Konflikt mit der Rechtskraft des Schiedsspruchs.[488] Ein Schadenersatzanspruch sollte daher nicht schon durch jedweden wahrheitswidrigen oder unvollständigen Sachvortrag ausgelöst, sondern nur zuerkannt werden, insoweit die Rechtskraft dem nicht entgegensteht[489] oder ein vorsätzliches Handeln vorliegt.[490] In letzterem Fall haftet die gegen die Wahrheitspflicht verstoßende Partei auch aufgrund eines Prozessbetrugs, sodass hier die deliktische Haftung um die vertragliche ergänzt würde.

---

[484] *Landbrecht,* SchiedsVZ 2013, 241, 242.

[485] *Münch,* in: MüKo/ZPO, Band 3, § 1033 Rn. 2.

[486] Vgl. §§ 1033, 1041 ZPO.

[487] So wohl bereits *Hellwig,* S. 57, der allerdings die Wahrheitspflicht nicht explizit benennt, jedoch alle „Förderungspflichten" prozessual qualifiziert. Ebenso *Hausmann,* FS Lorenz, S. 359, *Hausmann,* FS Lorenz, S. 359, 361; *Kurth,* S. 74; *Stacher,* S. 136. Demgegenüber für eine materiell-rechtliche Qualifikation *Schütze,* Rn. 324 u. 385; *Schäfer,* S. 118 u. 138; *Habscheid,* KTS 1955, 33, 35.

[488] Ebenso *Wagner,* S. 259, für einen Schadenersatzanspruch aufgrund Verletzung der Wahrheitspflicht aus § 138 Abs. 1 ZPO.

[489] *Schlosser,* in: Stein/Jonas, Band 10, § 1029 Rn. 54.

[490] *Wagner,* S. 259.

d) Kündigungsrecht

Ein Kündigungsrecht steht demgegenüber in Konflikt mit der Durchführbarkeit des Schiedsverfahrens und damit letztlich mit der Funktionsfähigkeit der Schiedsgerichtsbarkeit insgesamt. Denn den Parteien wäre damit ein Instrument in die Hände gelegt, das Schiedsverfahren jederzeit durch die Behauptung zu lähmen, die andere Partei habe unwahr vorgetragen, was zur Kündigung der Schiedsvereinbarung berechtigt habe, sodass diese nun nicht mehr gültig sei.[491] Ein Kündigungsrecht kommt daher grundsätzlich nicht in Betracht. Teilweise wird aber im Falle gröbster Verletzungen ein Kündigungsrecht bejaht.[492] Insoweit ein Kündigungsrecht aber ausschließlich auf einen Verstoß gegen die Wahrheitspflicht gestützt werden soll, kommt dies auch in Fällen gröbster Verletzung nicht in Betracht. Treffend führt der BGH[493] aus: „Eine Ausnahme von diesem Grundsatz kann endlich auch nicht [...] bei besonders groben Verstößen gegen die Wahrheitspflicht zugelassen werden. Der Maßstab dafür, ob ein Verstoß als besonders grob anzusehen sei, ist ein durchaus subjektiver, und die Parteien des Schiedsgerichtsverfahrens werden, zumal wenn es sich um einen mit Erbitterung geführten Streit handelt, von vornherein geneigt sein, jede inhaltliche Abweichung des gegnerischen Sachvortrags von dem ihren als schwerwiegend empfinden; wollte man ihnen aber in diesem Falle das Recht zugestehen, nun zunächst durch die staatlichen Gerichte klären zu lassen, ob eine besonders grobe Wahrheitspflichtverletzung vorliege, so würde auch das die Tätigkeit des Schiedsgerichts auf lange Zeit hinaus lahmlegen. Im Übrigen besteht für eine derartige Ausnahme aus dem Grunde kein Bedürfnis, weil die betr. Partei, falls der unwahre Sachvortrag des Gegners wirklich zu einer Täuschung des Schiedsgerichts und zu einer der wahren Rechtslage nicht entsprechenden Entsch. führen sollte, ohnehin die Möglichkeit hat, mit einer Aufhebungsklage auf Grund vom § 1041 Abs. 1 Ziff. 6 oder Ziff. 2 ZPO gegen den für sie ungünstigen Schiedsspruch vorzugehen." Dem ist zuzustimmen, sodass im Ergebnis auch bei gröbsten Verstößen gegen die Wahrheitspflicht kein Kündigungsrecht besteht.[494]

e) Fazit

Die Parteien verpflichten sich durch eine Schiedsvereinbarung zu wahrem Sachvortrag. Hierbei handelt es sich um eine vertragliche Pflicht prozessualer

---

[491] BGH, NJW 1957, 589, 590; zustimmend *Lachmann,* Rn. 624. Ebenso OLG München, SchiedsVZ 2012, 96, 99 f.

[492] *Voit,* in: Musielak/Voit, § 1029 Rn. 27; einschränkend aber *Schlosser,* in: Stein/ Jonas, Band 10, § 1029 Rn. 57, der ein Kündigungsrecht nur in gröbsten Fällen bejaht „und auch nur dann, wenn versucht wird, im Verein mit anderen Illoyalitäten die Anfälligkeiten des Schiedsverfahrens auszunutzen und wenn ein Verfahren vor staatlichen Gerichten (evtl. im Ausland) solche Anfälligkeiten nicht aufweist".

[493] BGH, NJW 1957, 589, 590.

[494] Ebenso *Lachmann,* Rn. 624.

Natur. Sie ist jedoch weder klagbar, noch begründet ihre Verletzung ein Kündigungsrecht. Ein Schadenersatzanspruch kommt nur bei vorsätzlichem Handeln in Betracht.

4. Pflichten zur Ermöglichung und Durchführung des Schiedsverfahrens – „Allgemeine Mitwirkungspflicht"

Es wurde bereits darauf hingewiesen, dass sowohl die Rechtsprechung als auch die Literatur teilweise den (Ober-)Begriff der Förderungs- oder Loyalitätspflicht nutzt, um hieraus besondere einzelne Pflichten herzuleiten.[495] Bei der Herleitung einer solchen Pflicht ist aber immer zu bedenken, dass sich die Parteien grundsätzlich nur zu dem verpflichten wollen, was für die Durchführung eines Schiedsverfahrens erforderlich ist.[496] Zudem ist anhand der herausgearbeiteten Kriterien[497] zu bestimmen, ob es sich um eine echte Pflicht oder um eine bloße Last handelt.[498]

So wird beispielsweise vertreten, dass sich die Parteien zu einer schnellen, also effizienten Durchführung des Schiedsverfahrens verpflichten.[499] Dem kann jedoch nicht gefolgt werden. Zwar wird die Effizienz, insbesondere die Dauer von Schiedsverfahren standardmäßig als Vorteil der Schiedsgerichtsbarkeit angeführt und ist regelmäßig ein entscheidendes Motiv für den Abschluss einer Schiedsvereinbarung.[500] Erforderlich ist sie aber nicht, denn ein Schiedsverfahren kann selbstverständlich auch ineffizient durchgeführt werden. Eine Pflicht zur effizienten Durchführung des Schiedsverfahrens besteht somit grundsätzlich nicht.[501] Demgegenüber ist die Möglichkeit des Erlasses eines Schiedsspruchs für die Durchführung eines Schiedsverfahrens erforderlich. Es besteht daher eine echte

---

[495] Siehe Kap. 3 C. IV.

[496] Siehe Kap. 3 C. II. 2.

[497] Siehe Kap. 3 C. III. 1. a) aa).

[498] So besteht bspw. keine Pflicht zur Klagebeantwortung, sondern eine entsprechende bloße Last, vgl. *Rosenberg/Schwab/Gottwald*, § 175 Rn. 39. Unklar ist, ob OLG Dresden, SchiedsVZ 2006, 166, von einer echten Pflicht ausgeht, wenn es eine schiedsvertragliche Pflicht der Parteien annimmt, sich über Änderungen ihrer Anschriften zu informieren. Jedenfalls ist diesbezüglich von einer bloßen Last auszugehen. Denn das Gesetz steht dem Verhalten der Partei gleichgültig gegenüber und stellt dieses in ihr freies Belieben. Der Partei droht aber der Nachteil, dass sie unter der alten Anschrift wirksam geladen wird (§ 1028 Abs. 1 ZPO), sie daher nichts von dem Verhandlungstermin erfährt und das Schiedsgericht das Verfahren ohne sie fortsetzt und einen Schiedsspruch nach den vorliegenden Erkenntnissen erlässt (§ 1048 Abs. 3 ZPO).

[499] *Geiben*, S. 47; wohl auch *Lachmann*, Rn. 441.

[500] *Schmidt-Diemitz*, DB 1999, 369, 370; *Papmehl*, S. 5 m.z.N. Zurückhaltend in Bezug auf den Zeitfaktor aber *Lachmann*, Rn. 155 ff.; *Asmussen*, S. 22 f. Die Bedeutung der Effizienz belegt auch, dass die Schiedsinstitutionen Instrumente zur Verfahrensbeschleunigung bereitstellen. So bietet bspw. die DIS seit April 2008 „Ergänzende Regeln für beschleunigte Verfahren" an, hierzu *Berger*, SchiedsVZ 2008, 105.

[501] Ebenso wohl *Schlosser*, in: Stein/Jonas, Band 10, § 1029 Rn. 56.

Pflicht, den Schiedsrichtern die Erledigung ihrer Aufgaben zu ermöglichen, also alles zu unterlassen, was eine Entscheidung bzw. Beilegung der Streitigkeit gefährden könnte.[502] Dazu gehört insbesondere, Drohungen gegenüber den Schiedsrichtern zu unterlassen, die den Erlass eines für den Drohenden nachteiligen Schiedsspruchs verhindern sollen.[503]

Teilweise wird auch eine Pflicht zur Beachtung der Verfahrensordnung angenommen.[504] Dem kann nicht gefolgt werden. Denn ein Schiedsverfahren kann auch durchgeführt werden, wenn sich eine Partei nicht entsprechend der Verfahrensordnung verhält. Die Beachtung ist zudem in ihr freies Belieben gestellt. Bei Nichtbeachtung drohen ihr aber verfahrensrechtliche Nachteile. Insoweit handelt es sich um eine bloße Last, sich entsprechend der jeweiligen Verfahrensordnung zu verhalten.

Insoweit solche allgemeinen Mitwirkungspflichten bestehen, betreffen diese das Verfahren und nicht den Streitgegenstand und sind folglich prozessual zu qualifizieren.[505] Eine Klagbarkeit scheitert regelmäßig am erforderlichen Präventionsinteresse, ein Schadensersatzanspruch am nachweisbaren Schaden. Ein Kündigungsrecht kommt grundsätzlich in Betracht, ist in der Regel aber nur bei einer Gesamtheit von Pflichtverstößen anzunehmen.[506]

V. Pflicht nach dem Schiedsverfahren – „Umsetzungspflicht"

Das zehnte Buch der ZPO begründet keine Pflicht der Parteien, insbesondere nicht der unterlegenen Partei, den Schiedsspruch umzusetzen.[507] Es bestimmt lediglich, dass ein Schiedsspruch unter den Parteien die Wirkungen eines rechtskräftigen gerichtlichen Urteils hat (§ 1055 ZPO) und dieser vom staatlichen Gericht für vollstreckbar erklärt werden kann (§ 1060 f. ZPO). Da die Parteien jedoch durch den Abschluss einer Schiedsvereinbarung erklären, alles für eine verbindliche Streitentscheidung durch ein Schiedsverfahren Erforderliche unternehmen zu wollen[508], ist davon auszugehen, dass die Schiedsparteien grundsätz-

---

[502] *Schütze*, in: Wieczorek/Schütze, § 1029 Rn. 77; *Münch*, in: MüKo/ZPO, Band 3, § 1029 Rn. 117; *Hoffet*, S. 77; RGZ 74, 321, 322.

[503] BGH, NJW 1986, 2765, 2766.

[504] *Schütze*, Rn. 385; *ders.*, in: Wieczorek/Schütze, § 1029 Rn. 78; dem folgend *Lachmann*, Rn. 458.

[505] So wohl bereits *Hellwig*, S. 57, der allerdings die Wahrheitspflicht nicht explizit benennt, jedoch alle „Förderungspflichten" prozessual qualifiziert. Ebenso *Hausmann*, FS Lorenz, S. 359, 361. A. A. *Schütze*, Rn. 324 u. 385.

[506] So bspw. in BGH, NJW 1986, 2765, 2766.

[507] *Stacher*, S. 162 für das schweizerische Recht.

[508] Siehe Kap. 3 C. II.

lich eine Umsetzungspflicht vereinbaren.[509] Diese ist jedoch nicht klagbar, da aufgrund der im Gesetz vorgesehenen, zweckmäßigeren Vollstreckungsmöglichkeit einer entsprechenden Klage jedenfalls das Rechtsschutzbedürfnis fehlen würde.[510] Die Bestimmung der Rechtsnatur der Umsetzungspflicht bereitet insoweit Schwierigkeiten, als dass die Pflicht zwar grundsätzlich bereits mit Abschluss einer Schiedsvereinbarung entsteht, sie ihre tatsächliche Wirkung aber erst nach Beendigung des Schiedsverfahrens durch Schiedsspruch entfaltet.[511] Dennoch betrifft die Umsetzungspflicht nicht den Streitgegenstand, sondern den Rechtsschutz, mithin das Verfahren. Dies zwar nicht in Form des Schiedsverfahrens selbst, wohl aber das sich daran anschließende Vollstreckungsverfahren. Bei der vertraglichen Regelung würde es sich also – in eine Gesetzesnorm umgedacht – um eine Norm des Prozessrechts handeln. Die Umsetzungspflicht ist daher prozessual zu qualifizieren. Privatrechtliche Folgen einer Verletzung der Umsetzungspflicht sind kaum denkbar. Ein Kündigungsrecht kommt nicht in Betracht, da das Schiedsverfahren bereits abgeschlossen ist und eine Verweigerung der Umsetzung des Schiedsspruchs den Rechtsschutz in einem weiteren, späteren Schiedsverfahren nicht erheblich gefährdet. Es fehlt mithin bereits an einem wichtigen Grund zur Kündigung. Ein Schadenersatzanspruch ist zwar prinzipiell möglich, insbesondere ein Schaden – welcher regelmäßig allenfalls als entgangener Gewinn in Betracht kommen wird – wird jedoch nur schwer nachzuweisen sein.[512] Da die Zuständigkeit des Schiedsgerichts grundsätzlich umfassend ist, also alle mit der Streitigkeit und dem Verfahren zusammenhängende Aspekte erfasst[513] und die Umsetzungspflicht – ebenso wie ein Streit über einen aus einer Verletzung der Umsetzungspflicht resultierenden Schadenersatz selbst – in der Schiedsvereinbarung begründet ist, wäre ein Schadenersatzanspruch vor dem Schiedsgericht klagbar.

VI. Im Besonderen: Pflicht zur Wahrung der Vertraulichkeit – „Vertraulichkeitspflicht"

Die Vertraulichkeitspflicht nimmt unter den untersuchten Pflichten insoweit eine Sonderstellung ein, als sie sich nicht vollständig in die vorgenommene Unterteilung einfügt. Denn wie noch zu zeigen ist, wirkt diese Pflicht nicht nur

---

[509] Ebenso *Stacher,* S. 162 f.; *Hoffet,* S. 77; *Münch,* in: MüKo/ZPO, Band 3, § 1029 Rn. 118, der zwar eine Umsetzungspflicht annimmt, ihr aber zu Recht die Relevanz abspricht; RGZ 117, 386, 387. A. A. *Schiedermair,* S. 104 u. 107.

[510] *Münch,* in: MüKo/ZPO, Band 3, § 1029 Rn. 118; RG 117, 386, 387 f. Ebenso für das schweizerische Recht *Stacher,* S. 163.

[511] Eine vergleichbare Schwierigkeit besteht bei der Bestimmung der Rechtsnatur der Vertraulichkeitspflicht, s. Kap. 3 C. VI. 3.

[512] Zum entgangenen Gewinn und der Schadenersatzbewertung in internationalen Schiedsverfahren vgl. *Laas,* SchiedsVZ 2014, 166.

[513] Siehe Kap. 3 B. III. 2.

während des Schiedsverfahrens, sondern insbesondere auch darüber hinaus. Sie besteht also auch nach Abschluss des Verfahrens fort und ist oftmals gerade in diesem Stadium von gesteigerter Bedeutung.

Die Vertraulichkeit des schiedsgerichtlichen Verfahrens ist eines der national und international[514] am meisten diskutierten und umstrittenen[515] Themenfelder der Schiedsgerichtsbarkeit, auf dem gesicherte Erkenntnisse bis heute zu fehlen scheinen.[516] Dennoch wird die Vertraulichkeit stets als einer der zentralen Vorteile der Schiedsgerichtsbarkeit aufgeführt.[517] Insbesondere für gesellschaftsrechtliche Streitigkeiten wird dieser Aspekt stets hervorgehoben.[518] Die Schiedsgerichtsbarkeit erscheint geeigneter, um dem Schutz von Geschäfts- und Betriebsgeheimnissen Rechnung zu tragen.[519] Diese Ambivalenz – Vorteil der Vertraulichkeit trotz diesbezüglicher Rechtsunsicherheit – brachten bereits die UNCITRAL Notes on Organizing Arbitral Proceedings von 1996 in Ziff. 31 zum Ausdruck: *„It is widely viewed that confidentiality is one of the advantageous and helpful features of arbitration. Nevertheless, there is no uniform answer in national laws as to the extent to which the participants in an arbitration are under the duty to observe the confidentiality of information relating to the case.“*

---

[514] *Redfern/Hunter,* Rn. 2.165 ff. Rechtsvergleichend zum englischen und US-amerikanischen Recht *Geiben,* S. 93 ff.; zum englischen, australischen, schwedischen und neuseeländischen Recht *Holder,* S. 64 ff.

[515] Vor allem in der öffentlich-rechtlichen, insbesondere der Investitionsschiedsgerichtsbarkeit ist die Vertraulichkeit derzeit ein zentraler (rechtspolitischer) Diskussionspunkt, vgl. nur *Buntenbroich/Kaul,* SchiedsVZ 2014, 1 ff.; *Wolff,* NvwZ 2012, 205 ff.; *Leisinger,* S. 166 ff.

[516] Vgl. nur *Leisinger,* S. 26 ff.; *Schütze,* Rn. 538; *Geiben,* S. 32 f.; *Schlosser,* in: Stein/Jonas, Band 10, § 1029 Rn. 58 m. z. N.; *Haas,* FS Kaissis, S. 315, 316 f.

[517] Vgl. nur *Schütze,* Rn. 47; *Leisinger,* S. 37 ff. m. z. N.; *Geiben,* S. 1, 17 ff.; *Schwab/Walter,* Kap. 1 Rn. 8; *Lionnet/Lionnet,* S. 77. Zurückhaltend *Redfern/Hunter,* Rn. 1.105 u. 2.161. Ebenfalls zurückhaltend *Lachmann,* Rn. 143 ff., der die Vertraulichkeit zwar unter den Vorteilen der Schiedsgerichtsbarkeit behandelt, diese aber in Anführungszeichen setzt, da er eine Vertraulichkeitspflicht unter den Parteien grundsätzlich ablehnt, vgl. Rn. 146. Einschränkend auch *Holder,* S. 2: „Die Vertraulichkeit als Vorteil der Schiedsgerichtsbarkeit kann [...] nicht unterstellt werden, sondern bedarf einer besonderen Untersuchung." Demgegenüber weisen zahlreiche Stimmen darauf hin, dass die Erkenntnisse aus Schiedsverfahren aufgrund der Vertraulichkeit die Rechtswissenschaft nicht befruchten könnten, vgl. nur *Kropholler,* S. 148; *Graf von Westphalen,* ZIP 1986, 1159; *Hirsch,* SchiedsVZ 2003, 49, 52; *Lionnet/Lionnet,* S. 82. Für Beispiele aus dem Bereich M&A und dem AGB-Recht siehe *Berger,* SchiedsVZ 2009, 289, 296 f. Für eine Veröffentlichung von Schiedssprüchen in anonymisierter Form: *Duve/Keller,* SchiedsVZ 2005, 169, 178.

[518] *Leuering,* NJW 2014, 657, 658 m.w.N.; *Schütze,* Rn. 47 m.w.N.; *Papmehl,* S. 6 m. z. N.; *Lachmann,* Rn. 144 m.w.N.; *Schwab/Walter,* Kap. 16 Rn. 43. Aber auch in anderen Bereichen ist die Vertraulichkeit von großer Bedeutung, bspw. im Bereich des geistigen Eigentums, hierzu *Schäfer,* in: Arbitration in Germany, Arbitration of IP Law Disputes in Germany, Rn. 55 ff. (S. 971 ff.).

[519] *Sawang,* S. 1. Zum unternehmensbezogenen Geheimnisbegriff vgl. *Sawang,* S. 7 ff.

Der Aspekt der Vertraulichkeit betrifft zwei Bereiche: zum einen die Nicht-öffentlichkeit bzw. Parteiöffentlichkeit des Verfahrens, die international als *privacy* bezeichnet wird, zum anderen die Geheimhaltung der Existenz, des Verlaufs und des Ausgangs des Verfahrens, sozusagen einer Vertraulichkeit im engeren Sinne, die international als *confidentiality*[520] bezeichnet wird.[521] Im Gegensatz zu staatlichen Gerichtsverfahren, die grundsätzlich öffentlich[522] sind, sind Schiedsverfahren grundsätzlich nicht öffentlich, sondern nur parteiöffentlich.[523] Und während staatliche Urteile häufig veröffentlicht werden[524], ist eine Veröffentlichung des Schiedsspruchs ohne Zustimmung der Parteien nicht möglich.[525] Diese Vertraulichkeit wird unstreitig insbesondere[526] durch das Beratungsgeheimnis[527] und die Verschwiegenheitspflicht der Schiedsrichter flankiert.[528] Für Zeugen, Sachverständige und sonstige Dritte gilt dies grundsätzlich jedoch nicht, sodass hier in vielen Fällen bereits ein mögliches Informationsleck besteht.[529] Unabhängig davon bliebe von der Vertraulichkeit aber bereits von vornherein nicht viel, wenn nicht auch die Parteien zur Verschwiegenheit verpflichtet wären.[530] Denn gerade diese geben häufig aus den verschiedensten Gründen Informationen aus dem oder über das Schiedsverfahren preis.[531] Ob eine Schiedsvereinbarung die Parteien jedoch gegenseitig zur Vertraulichkeit verpflichtet, ist

---

[520] Umfassend *Born*, Volume II, S. 2779 ff.

[521] *Lionnet/Lionnet*, S. 453; *Leisinger*, S. 26; *Geiben*, S. 1, der die Nicht-Öffentlichkeit bzw. Parteiöffentlichkeit als Privatsphäre bezeichnet.

[522] § 169 GVG.

[523] *Leisinger*, S. 41 ff.; *Lachmann*, Rn. 144; *Leuering*, NJW 2014, 657, 658; *Schütze*, Rn. 47 u. 538; *Schwab/Walter*, Kap. 16 Rn. 43; *Lionnet/Lionnet*, S. 454 f.; *Geiben*, S. 20 ff.; *Holder*, S. 17 ff.

[524] Obwohl dies in anonymisierter Form geschieht, sind die Parteien des Rechtsstreits oft bekannt, vgl. *Leuering*, NJW 2014, 657, 658.

[525] *Leuering*, NJW 2014, 657, 658; *Schütze*, Rn. 47.

[526] Zu weiteren Schutzmechanismen vgl. *Leisinger*, S. 70 ff.

[527] Zur *dissenting opinion* im Schiedsverfahren vgl. *Bartels*, SchiedsVZ 2014, 133; *Westermann*, SchiedsVZ 2009, 102.

[528] *Leisinger*, S. 80 ff.; *Geiben*, S. 65 ff.; *Lachmann*, Rn. 145 u. 4293 ff.; *Lionnet/Lionnet*, S. 456 f.; *Stürner*, SchiedsVZ 2003, 322, 323 ff.; *Wilske*, in: Arbitration in Germany, Ad hoc Arbitration in Germany, Rn. 30 (S. 824); *Stacher*, S. 169.

[529] *Leisinger*, S. 92 ff.; *Lachmann*, Rn. 146; *Lionnet/Lionnet*, S. 457. Umfassend zu Sachverständigen in Schiedsverfahren *Lotz*, SchiedsVZ 2011, 203 ff. Auch Hilfspersonen, derer sich das Schiedsgericht bedient, müssen einer Verschwiegenheitspflicht unterliegen, vgl. *Stürner*, SchiedsVZ 2013, 322, 324 ff.

[530] *Schütze*, Rn. 538; *Wittinghofer*, SchiedsVZ 2009, 156. A. A. *Oldenstam/von Pachelbel*, SchiedsVZ 2006, 31, 36, die die Parteiöffentlichkeit in den meisten Fällen für ausreichend befinden.

[531] *Lachmann*, Rn. 146. So beispielhaft die Veröffentlichung des Schiedsspruchs in einer Zeitschrift in der Entscheidung des Stockholm *Tingsrätt* in seiner Entscheidung vom 10.9.1998. Aufgehoben durch den *Svea Hovrätt* mit Urteil vom 30.3.1999, bestätigt durch den *Högsta Domstolen* mit Beschluss vom 6.9.1999, kritisch hierzu *Nacimiento*, BB 2001 Beil. 6, 7 ff.

national wie international umstritten.[532] In Deutschland existiert zu dieser Frage bislang keine Rechtsprechung[533], und in der Literatur wird sie wohl mehrheitlich verneint.[534]

1. Vertragliche Pflicht zur Wahrung der Vertraulichkeit

Selbstverständlich können die Schiedsparteien allgemeinen gesetzlichen Geheimhaltungspflichten unterliegen.[535] Eine Pflicht zur Vertraulichkeit allein aufgrund der Tatsache, dass es sich um die Partei einer Schiedsvereinbarung handelt, lässt sich jedoch weder aus dem Gesetz[536] noch aus Gewohnheitsrecht[537], wohl aber möglicherweise aus einer in der gewählten Schiedsgerichtsordnung[538]

---

[532] *Leisinger*, S. 28 f.; *Lachmann*, Rn. 461 Fn. 1 mit Verweis auf eine rechtsvergleichende Untersuchung der ICC; *Redfern/Hunter*, Rn. 2.165 ff.

[533] *Leisinger*, S. 129.

[534] *Schlosser*, in: Stein/Jonas, Band 10, § 1029 Rn. 58; *Lachmann*, Rn. 146 f. u. 461; *Lionnet/Lionnet*, S. 458. A. A. aber *Schütze*, Rn. 538; *Leisinger*, S. 130. Kritisch gegenüber der h. M. auch *Wilske*, in: Arbitration in Germany, Ad hoc Arbitration in Germany, Rn. 30 (S. 824).

[535] *Kahlert*, S. 244 ff.

[536] Sowohl die internationalen Konventionen im Bereich der Schiedsgerichtsbarkeit, wie auch das deutsche Schiedsrecht und die meisten ausländischen Schiedsrechte enthalten keine Regelung über eine Vertraulichkeitspflicht, vgl. *Leisinger*, S. 100 ff.; *Geiben*, S. 33 f.; *Holder*, S. 15 f.; *Haas*, FS Kaissis, S. 315 f.; *Born*, Volume II, S. 2785 f. Dass viele nationale Prozessordnungen hierzu schweigen erklärt sich wohl daraus, dass bereits das UNCITRAL-Modellgesetz keine entsprechende Regelung enthält, vgl. *Lionnet/Lionnet*, S. 453; *Leisinger*, S. 101; *Born*, Volume II, S. 2785. Eine Regelung über die Vertraulichkeit enthalten aber: Art. 1464 Abs. 4 *code de procédure* i. d. F. 2011, der allerdings nur für nationale, nicht aber für internationale Schiedsverfahren gilt; Art. 24 Nr. 2 des spanischen Schiedsverfahrensrechts *Ley de Arbitraje – Ley* 60/2003, *de 23 de diciembre*; Sec. 23 des philippinischen Schiedsverfahrensrechts *Republic Act No.* 9285; Sec. 14 ff. des Neuseeländischen Arbitration Act 1996, in denen auch ausführliche Ausnahmeregelungen enthalten sind. Demgegenüber bestimmt Sec. 5 des norwegischen Schiedsverfahrensrechts von 2004, dass keine Vertraulichkeitspflicht besteht, solange die Parteien nichts Gegenteiliges vereinbart haben.

[537] *Leisinger*, S. 103 f.; *Geiben*, S. 33 f.

[538] So bspw. §§ 42, 43 Abs. 1 DIS-Schiedsgerichtsordnung 98, hierzu *Bredow/Mulder*, in: Arbitration in Germany, Section 42, 43 DIS-Rules (S. 802 ff.), kritisch aufgrund des Umfangs der geregelten Pflicht *Lachmann*, Rn. 150; Art. 44 Abs. 1 Internationale Schweizerische Schiedsordnung (Swiss Rules) von 2012; Art. 30 LCIA Rules 2014; Art. 38 CIETAC Rules 2015; §§ 8, 34 Abs. 2, 47 SAKIG Rules 2015. Die international wichtigste institutionelle Schiedsordnung, die ICC-Schiedsgerichtsordnung von 2012, verpflichtet die Parteien nicht zur Vertraulichkeit. Ihr § 22 Abs. 3 bestimmt lediglich: „Auf Antrag einer Partei kann das Schiedsgericht Verfügungen zur Wahrung der Vertraulichkeit des Schiedsverfahrens oder von anderen in Verbindung mit dem Schiedsverfahren stehenden Angelegenheiten erlassen und kann Maßnahmen zum Schutz von Geschäftsgeheimnissen und vertraulichen Informationen ergreifen." Ganz ähnlich Art. 37 Abs. 2 IDRP und Art. 37 Abs. 2 CDRP 2015. Art. 12 der Schiedsgerichtsordnung der *Oslo Chamber of Commerce* von 2005 bestimmt sogar ausdrücklich: „*Unless otherwise agreed by the parties, both the arbitration proceedings and the Tribunal's decision will not be subject to confidentiality.*" Auch die international wichtigsten Regeln für ad-hoc-

oder der Schiedsvereinbarung selbst enthaltenen Geheimhaltungsklausel[539] herleiten. Da in dieser Arbeit aber nur rudimentäre Schiedsvereinbarungen[540] untersucht werden, die weder auf eine Schiedsordnung verweisen noch ausdrücklich
Verschwiegenheitspflichten statuieren, ist zu untersuchen, ob sich auch aus solchen eine Geheimhaltungspflicht durch (ergänzende) Vertragsauslegung herleiten
lässt.[541] Der Ansicht[542], dass eine Vertraulichkeitspflicht nur ausdrücklich vereinbart werden könne, kann jedenfalls nicht gefolgt werden. Denn Schutzpflichten,
zu denen auch eine etwaige Vertraulichkeitspflicht gehört, werden üblicherweise
nicht im Vertrag erwähnt, da eine Konkretisierung bei Vertragsschluss regelmäßig nicht möglich ist.[543] Die Unterlassung einer ausdrücklichen Vereinbarung
spricht also nicht für den Ausschluss einer Vertraulichkeitspflicht.[544]

Hilfreich erscheint die von *Stacher*[545] vorgeschlagene Unterteilung: In perso-
neller Hinsicht ist zu klären, ob die Vertraulichkeitspflicht nur die Informations-
weitergabe an Dritte, also am Schiedsverfahren Unbeteiligte, erfasst, oder eventuell sogar den Informationsfluss zwischen den Parteien. In sachlicher Hinsicht
sind Inhalt und Umfang der Verschwiegenheitspflicht festzustellen.

Schiedsverfahren, die UNCITRAL Arbitration Rules 2013, regeln keine Vertraulichkeitspflicht der Parteien. *Wittinghofer*, SchiedsVZ 2009, 156, meint daher zu Recht, die
Möglichkeit, die Vertraulichkeit durch Wahl einer Schiedsordnung sicherzustellen, sei
„ein schwacher Trost". Umfassend auch zum Schutz der Vertraulichkeit durch Schiedsgerichtsordnungen *Leisinger*, S. 116.

[539] Eine vertragliche Regelung der Vertraulichkeitspflicht wird aufgrund der
bestehenden Rechtsunsicherheit regelmäßig empfohlen, vgl. nur *Kahlert*, S. 246 ff.;
Schlosser, in: Stein/Jonas, Band 10, § 1029 Rn. 58 m. Fn. 196, der eine Regelung insbesondere in Fällen der Organhaftung empfiehlt; *Lachmann*, Rn. 148 f., der auch auf die
Regelungsprobleme hinweist; *Schütze*, Rn. 539; *Oldenstam/von Pachelbel*, SchiedsVZ
2006, 31 ff., dort auch zu den Regelungsschwierigkeiten. Eine individualvertragliche
Regelung geschieht in der Praxis aber nur selten, vgl. *Wittinghofer*, SchiedsVZ 2009,
156, 157.

[540] Siehe Kap. 3 A.

[541] Für eine gewohnheitsrechtliche Anerkennung einer Geheimhaltungspflicht, die
Lionnet/Lionnet, S. 453, in Betracht ziehen, besteht in Deutschland keine Grundlage,
vgl. *Schlosser*, in: Stein/Jonas, Band 10, § 1029 Rn. 58, der sogar zu wenig praktische
Übung sieht, um eine konkludente Vereinbarung über eine Vertraulichkeitspflicht herleiten zu können.

[542] So bspw. *Lachmann*, Rn. 147 f. u. 461 f.; *Voit*, in: Musielak/Voit, § 1029 Rn. 27;
Haas, FS Kaissis, S. 315, 319 ff.; *Lionnet/Lionnet*, S. 458. Wohl auch *Redfern/Hunter*,
Rn. 2.161 ff., 2.196, sowie *Schlosser*, in: Stein/Jonas, Band 10, § 1029 Rn. 58. *Münch*,
in: MüKo/ZPO, Band 3, § 1029 Rn. 117 beschränkt die Notwendigkeit einer ausdrück-
lichen Vereinbarung demgegenüber auf eine Vertraulichkeitspflicht *inter partes*. Zu
Letzterem sogleich unter Kap. 3 C. VI. 1. a).

[543] *Stürner*, JZ 1976, 384, 386; ihm folgend *Leisinger*, S. 154.

[544] Ebenso *Leisinger*, S. 154.

[545] *Stacher*, S. 169 ff.; *Leisinger*, S. 185 ff., unterteilt demgegenüber nur in sachlicher
Hinsicht und scheint insgesamt nur die Vertraulichkeit gegenüber Dritten zu themati-
sieren.

a) Vertraulichkeit inter partes

Insoweit es um den Schutz von vertraulichen Informationen aus dem Schiedsverfahren geht, insbesondere also beispielsweise von Geschäfts- und Betriebsgeheimnissen, kann auch eine Vertraulichkeitspflicht gegenüber Dritten[546] letztlich
nicht davor schützen, dass eine Partei die Informationen verwertet oder offenlegt.
Das Risiko wäre nur dann vollständig beseitigt, wenn diese Partei von vorneherein keine Kenntnis dieser Informationen erlangt.[547] Eine Partei sieht sich aber
möglicherweise dem Konflikt ausgesetzt, entweder eine vertrauliche Information
offenzulegen, um ihren Rechtsstandpunkt zu vertreten, oder zumindest das Risiko
zu erhöhen, den Rechtsstreit zu verlieren.[548] Zur Lösung dieses unbefriedigenden
Dilemmas[549] kommt jedoch von vornherein nicht in Betracht, die Informationen
nur dem Schiedsgericht offenzulegen.[550] Denn die Parteien haben einen Anspruch auf rechtliches Gehör, vgl. § 1042 Abs. 1 ZPO.[551] Dabei unterliegt das
Schiedsgericht insbesondere der sog. Informationspflicht, also der Pflicht „dafür
zu sorgen, dass den Parteien die Sachverhaltselemente, die der Entscheidung zugrunde gelegt werden, rechtzeitig bekannt sind".[552] Ein Schiedsspruch, der unter
Missachtung des rechtlichen Gehörs zustande kommt, ist grundsätzlich von der
Aufhebung und Nicht-Vollstreckbarkeit bedroht.[553]

Das Dilemma bestünde aber gar nicht, wenn sich die Parteien durch die
Schiedsvereinbarung wechselseitig dergestalt zur Vertraulichkeit verpflichten,
dass sie von der jeweils anderen Partei verlangen können, eine Kenntnisnahme
vertraulicher aber relevanter Informationen bzw. eine Einsicht in vertrauliche
aber relevante Dokumente zu unterlassen bzw. nicht einzufordern, sodass eine
nur einseitige Offenlegung gegenüber dem Schiedsgericht möglich ist.[554]

Hiergegen sprechen aber gleich mehrere Gesichtspunkte. Denn wie bereits
festgestellt, wollen sich die Parteien einer Schiedsvereinbarung zu allem ver-

---

[546] Dazu sogleich unter Kap. 3 C. VI. 1. b).

[547] *Sawang*, S. 300.

[548] *Lachmann*, Rn. 1310; *Stacher*, S. 169; *Sawang*, S. 2; *Holder*, S. 33.

[549] *Sawang*, S. 2.

[550] *Schäfer*, in: Arbitration in Germany, Arbitration of IP Law Disputes in Germany,
Rn. 56 (S. 971 f.); *Stacher*, S. 169.

[551] Der BGH bezeichnet das Prinzip des rechtlichen Gehörs als „Grundpfeiler" des
Schiedsverfahrens, vgl. BGH, NJW 1952, 27; BGH, NJW 1983, 867, dort auch zum
Umfang; BGH, NJW 1986, 1436, 1438, ebenfalls zum Umfang. Hierzu aber zu Recht
kritisch *Lachmann*, Rn. 1298 ff.

[552] *Lachmann*, Rn. 1299. Ausführlich zur Informationspflicht *ders.*, Rn. 1305 ff.

[553] Die Verletzung des rechtlichen Gehörs stellt jedoch keinen absoluten Aufhe-
bungsgrund dar, vgl. *Lachmann*, Rn. 1358.

[554] Ähnlich *Sawang*, S. 301, die einen Verzicht in Ausnahmefällen für möglich hält.
Allerdings geht sie wohl nicht davon aus, dass ein solcher stets in einer Schiedsvereinbarung enthalten ist.

pflichten, was im Streitfall für die Durchführung eines Schiedsverfahrens erforderlich ist, das heißt zu dem Verhalten, an welchem im Falle eines Verfahrens wechselseitig ein Interesse besteht.[555] Ein Vertraulichkeitsanspruch im oben konkretisierten Sinne ist aber gerade nicht für die Durchführung eines Schiedsverfahrens erforderlich[556], sondern – umgekehrt – sogar kontraproduktiv bzw. hinderlich und entspräche nicht dem Interesse der Parteien. Denn dieses zielt in erster Linie auf eine ordnungsgemäße und gerechte Streitentscheidung durch das Schiedsgericht.[557] Dafür sind aber nicht nur die Vorlage und der Vortrag aller für die Streitentscheidung relevanten Informationen erforderlich, sondern auch die Möglichkeit der Kenntnisnahme und Stellungnahme beider Parteien.[558] Eine Vertraulichkeit im obigen Sinne würde zudem einen vorherigen Verzicht auf rechtliches Gehör darstellen, welcher mehrheitlich für unzulässig gehalten wird.[559] Zuletzt spricht auch für das hier gefundene Ergebnis, dass sich die Parteien durch die Schiedsvereinbarung gegenseitig zu wahrem, also insbesondere auch vollständigem Sachvortrag verpflichten.[560] Dem würde es widersprechen, wenn die Parteien gleichzeitig vereinbaren würden, dass vertrauliche, aber relevante Informationen nicht der Gegenseite offengelegt werden müssen.

Die Vertraulichkeitspflicht bzw. der Verzicht ist auch deshalb nicht erforderlich, weil dem Schiedsgericht innerhalb der ihm zufallenden Verfahrensgestaltung (§ 1042 Abs. 4 ZPO) geeignete Mittel zur Verfügung stehen, um dem Interesse einer Partei an der Geheimhaltung bestimmter Informationen zu entsprechen.[561] Zudem findet sogar der Anspruch auf rechtliches Gehör seine Grenze dort, wo gewichtige Gründe vorliegen, Informationen zugunsten einer Partei zu verwerten, die der Gegenseite nicht offengelegt wurden.[562] Dem Parteiinteresse genügt diese Möglichkeit des Schiedsgerichts, im Falle eines möglichen Geheimhaltungsinteresses einer Partei ein ausgewogenes, an beiden Parteiinteressen – also der Vorlage und der Geheimhaltung – orientiertes Vorgehen zu bestimmen.[563]

---

[555] Siehe Kap. 3 C. II.

[556] *Haas,* FS Kaissis, S. 315, 319.

[557] *Leisinger,* S. 151.

[558] *Haas,* FS Kaissis, S. 315, 318.

[559] *Krapfl,* S. 155; *Sawang,* S. 301 m.w.N., die allerdings eine Ausnahme in dem Fall für möglich hält, dass sich der Beweis in der Sphäre der nicht beweisbelasteten Partei befindet, vgl. S. 302 f.

[560] Siehe Kap. 3 C. IV. 3.

[561] *Sawang,* S. 296 ff.; *Haas,* FS Kaissis, S. 315, 319; *Stacher,* S. 170; *Schäfer,* in: Arbitration in Germany, Arbitration of IP Law Disputes in Germany, Rn. 57 f. (S. 972 f.). Vgl. auch *Schlosser,* in: Stein/Jonas, Band 10, § 1042 Rn. 42 ff.

[562] *Lachmann,* Rn. 1313 f.; *Schlosser,* in: Stein/Jonas, Band 10, Anhang zu § 1061 Rn. 192.

[563] Ähnlich *Stacher,* S. 170.

Zusammengefasst haben die Parteien an der Kenntnis relevanter Informationen, mithin am rechtlichen Gehör sowie an der Vollstreckbarkeit des etwaigen Schiedsspruchs bei Abschluss einer Schiedsvereinbarung ein so starkes Interesse, dass kein Raum für eine Vertraulichkeitpflicht *inter partes* bleibt.[564] Zudem wäre ein vorheriger Verzicht auf rechtliches Gehör unwirksam. Insbesondere aber ist eine Vertraulichkeitpflicht bzw. ein Verzicht auf rechtliches Gehör nicht erforderlich, um dem Geheimhaltungsinteresse im Streitfalle Rechnung zu tragen.

b) Vertraulichkeit der Parteien gegenüber unbeteiligten Dritten

Eine andere Frage ist es, ob die Schiedsparteien das Verfahren gegenüber Dritten vertraulich behandeln müssen.[565] Das Bestehen einer derartigen schiedsvertraglichen Vertraulichkeitpflicht ist umstritten.[566] Beispielsweise meint *Lachmann*: „Der Umstand, dass eine Schiedsvereinbarung abgeschlossen worden ist, begründet für sich allein keine Vertraulichkeitpflicht."[567] Auch *Schlosser* stellt fest: „Für Deutschland fehlt eine entsprechende Praxis, aus der man die konkludente Vereinbarung einer entsprechenden Unterlassungspflicht herleiten könnte."[568] Noch weiter gehen *Lionnet/Lionnet*: „Es kann [...] nicht argumentiert werden, dass die Geheimhaltung, im Gegensatz zum Ausschluss der Öffentlichkeit, zum Wesen des Schiedsverfahrens gehört und deshalb als stillschweigender Bestandteil der Schiedsvereinbarung anzusehen ist."[569]

Dieser Befund verblüfft insbesondere deshalb, weil die Vertraulichkeit stets als einer der Vorteile der Schiedsgerichtsbarkeit aufgeführt wird.[570] So formulieren beispielsweise auch *Lionnet/Lionnet*: „Sie [= Schiedsverfahren] unterliegen dem Gebot der Vertraulichkeit, so dass sogar die Tatsache der Klageerhebung grundsätzlich der Geheimhaltung unterliegt. Der Schiedsstreit wird somit nicht publik, und die Parteien müssen sich nicht in der Öffentlichkeit gegen Vorwürfe des Vertragspartners wehren, die ihr Ansehen schädigen könnten."[571] Auch *Geiben*

---

[564] Im Ergebnis ebenso *Münch*, in: MüKO/ZPO, Band 3, § 1029 Rn. 117, der meint, für eine Vertraulichkeitpflicht im Binnenverhältnis sei eine spezielle Vertragsabrede nötig.

[565] Dies scheint *Haas*, FS Kaissis, S. 315, 318 f., zu übersehen, der wohl nur die Geheimhaltungspflicht *inter partes* im Blick hat.

[566] Dagegen bspw. *Voit*, in: Musielak/Voit, § 1029 Rn. 27, der aber darauf hinweist, eine solche könne zusätzlich vereinbart werden; *Haas*, FS Kaissis, S. 315, 318 f. Offen gelassen durch *Sawang*, S. 300, die eine vertragliche Vertraulichkeitpflicht aufgrund der damit verbundenen Beweisprobleme jedenfalls für nicht befriedigend hält. Vgl. auch die umfassenden Nachweise bei *Stacher*, S. 171 Fn. 906.

[567] *Lachmann*, Rn. 146, vgl. auch Rn. 461.

[568] *Schlosser*, in: Stein/Jonas, Band 10, § 1029 Rn. 58.

[569] *Lionnet/Lionnet*, S. 458.

[570] Siehe die Nachweise unter Kap. 3 C. VI.

[571] *Lionnet/Lionnet*, S. 77.

meint, die Parteien hätten „die Versicherung, daß vertrauliche Informationen, die in einem Schiedsverfahren auftauchen, nicht der Öffentlichkeit preisgegeben werden"[572] und kommt dennoch zu dem Ergebnis, dass die Parteien keiner Vertraulichkeitspflicht unterliegen.[573] Auch international wird die *confidentiality* stets als Vorteil der Schiedsgerichtsbarkeit genannt. Dennoch ist auch hier umstritten, ob die (bloße) Schiedsvereinbarung zur Vertraulichkeit verpflichtet. Die ausländische Rechtsprechung hat eine solche Pflicht überwiegend verneint.[574] Demgegenüber hat der englische *Court of Appeal* im Jahr 2009 international als erstes Obergericht eine Vertraulichkeitspflicht bejaht.[575] Schon 1990 hatte er als *obiter dictum* ausgesprochen, es sei offenkundig, dass die Parteien mit dem Abschluss einer Schiedsvereinbarung die Erwartung verbänden, etwaige Streitigkeiten nicht öffentlich austragen zu müssen und dass mit dieser Erwartung die Verpflichtung zur Vertraulichkeit zwingend einher gehe.[576] Auch in einer Entscheidung im Jahr 1997 ging er davon aus: *„The obligation of confidentiality [...] arises as an essential corollary of the privacy of arbitration proceedings."*[577] Der *Court of Appeal* nimmt an, dass die Vertraulichkeitspflicht aus der Schiedsvereinbarung selbst folge, da diese andernfalls schlicht keinen Sinn habe.[578]

aa) Auslegung: Mutmaßlicher Parteiwille

Fraglich ist daher, ob eine Vertraulichkeitspflicht durch Auslegung ermittelt werden kann. Dann bestünde ein tatsächlicher Wille der Parteien dahingehend, eine Vertraulichkeitspflicht zwischen ihnen zu begründen. Im Ausgangspunkt ist hierzu wieder zu fragen, ob diese Pflicht für die Durchführung eines Schiedsverfahrens erforderlich ist.[579] Dafür spricht auf den ersten Blick, dass die Vertraulichkeit des Verfahrens – wie bereits dargestellt – stets als Vorteil der Schiedsgerichtsbarkeit mit dieser verknüpft erscheint. Dies ist zwar richtig, und die Vertraulichkeit ist in der Regel einer der entscheidenden Gründe für den Abschluss einer Schiedsvereinbarung. Aber dennoch ist eine Verschwiegenheit der Parteien

---

[572] *Geiben*, S. 18.

[573] *Geiben*, S. 64.

[574] Verneint durch Australischen High Court in *Esso Australia Resources Ltd. v. Plowman* [1995] 128 ALR 391. Ebenso der schwedische *Högsta Domstolen* in seinem Beschluss vom 6.9.1999, hierzu kritisch *Nacimiento*, BB 2001 Beil. 6, S. 7 ff.; zu ihrer Ansicht wiederum kritisch *Lachmann*, Rn. 461 Fn. 1. s. a. *United States v. Panhandle Eastern General* 118. F.R.D. 346.

[575] *Emmott v. Michael Wilson & Partners Ltd.* [2008] EWCA Civ. 184 (CA). Dazu *Wittinghofer*, SchiedsVZ 2009, 156 ff.

[576] *Dolling-Baker v Merrett* [1990] 1 WLR 1205 (CA). Dazu *Wittinghofer*, SchiedsVZ 2009, 156, 157.

[577] *Ali Shipping Corporation v Shipyard Trogir* [1997] APP. L.R. 12/19 (CA). Dazu *Wittinghofer*, SchiedsVZ 2009, 156, 157.

[578] *Wittinghofer*, SchiedsVZ 2009, 156, 157.

[579] Siehe Kap. 3 C. II.

gegenüber unbeteiligten Dritten für die Durchführung eines Schiedsverfahrens grundsätzlich nicht erforderlich.[580] Denn ein Schiedsverfahren kann auch nicht-vertraulich durchgeführt werden, wenn die Parteien dies wollen, mag dies auch nur selten der Fall sein.[581] Und auch wenn die Vertraulichkeit gewünscht ist, kann ein Schiedsverfahren durchgeführt werden, obwohl eine Partei vertrauliche Informationen zurückhält oder vertrauliche Informationen an Dritte weitergegeben werden.[582] Die fehlende Erforderlichkeit verhindert somit Rückschlüsse auf ein entsprechendes Interesse und damit auf einen mutmaßlichen Willen der Parteien zur Vereinbarung einer Vertraulichkeitspflicht.

Etwas anderes kann sich aber dann ergeben, wenn der Hauptvertrag, für welchen die Schiedsvereinbarung getroffen wurde bzw. welcher von dieser erfasst ist, eine Vertraulichkeitspflicht enthält. Obwohl beide Verträge rechtlich – insbesondere in ihrer Wirksamkeit – voneinander unabhängig sind[583], besteht eine inhaltliche Verbindung, sodass zur Auslegung der Schiedsvereinbarung auf den Hauptvertrag zurückgegriffen werden kann.[584] Unterliegt der Gegenstand des Hauptvertrags der Vertraulichkeit, so ist die Schiedsvereinbarung so zu verstehen, dass diese Vertraulichkeit auch im Rahmen eines Schiedsverfahrens aufrechterhalten werden soll.[585] Der Wille der Schiedsparteien geht also dahin, die Vertraulichkeit im Verfahren soweit zu gewährleisten, wie die Vertraulichkeitsklausel im Hauptvertrag reicht. Die Vertraulichkeitspflicht in Bezug auf den Hauptvertrag kann sich entweder aus einer ausdrücklichen Regelung – mithin einer Vertraulichkeits- oder Geheimhaltungsklausel – ergeben[586] oder konkludent aus den Umständen des Vertragsschlusses.[587] Da hier aber nur Muster-Schiedsvereinbarungen untersucht werden, verbietet sich auch insoweit ein Rückgriff auf eine eventuelle Regelung im Hauptvertrag.

---

[580] Unklar hier *Leisinger,* S. 150 f., der eine Vertraulichkeit einmal für erforderlich, dann wieder nur für förderlich hält. I. E. geht er wohl ebenfalls davon aus, dass sie nicht erforderlich ist, da er später bloß auf den hypothetischen Parteiwillen abstellt, vgl. *Leisinger,* S. 156.

[581] *Stacher,* S. 172 m. Fn. 910.

[582] *Holder,* S. 29.

[583] § 1040 Abs. 1 S. 2 ZPO. Vgl. nur *Lachmann,* Rn. 532 ff.; *Schwab/Walter,* Kap. 4 Rn. 16; Hanseat. OLG Hamburg, SchiedsVZ 2013, 180, 181. International wird diese Trennung als *doctrine of separability* bezeichnet, vgl. nur *Born,* Volume I, S. 349 ff.; *Redfern/Hunter,* Rn. 2.101 ff.

[584] *Leisinger,* S. 158 f. m.w.N.; *Oldenstam/von Pachelbel,* SchiedsVZ 2006, 31, 33 m. Fn. 9; *Oberhammer,* FS Beys, S. 1139, 1156 f.; *Stacher,* S. 173.

[585] *Stacher,* S. 173 ff.; *Holder,* S. 25 f.

[586] *Kahlert,* S. 250 ff., der auch darauf hinweist, dass solche Klauseln nicht nur zur Auslegung der Schiedsvereinbarung herangezogen werden können, sondern auch unmittelbar einen Vertraulichkeitsschutz für Informationen aus dem Schiedsverfahren bieten können.

[587] *Kahlert,* S. 256; *Stacher,* S. 173, 175. Anders *Leisinger,* S. 157, der nur eine ausdrückliche Regelung berücksichtigt.

Ein mutmaßlicher, also tatsächlicher Wille der Parteien zur Begründung einer Vertraulichkeitspflicht lässt sich daher durch Auslegung nicht ermitteln. Daher muss an dieser Stelle auf eine ergänzende Vertragsauslegung[588] zurückgegriffen werden, um den hypothetischen Parteiwillen zu ermitteln.[589]

bb) Ergänzende Vertragsauslegung: Hypothetischer Parteiwille

Ein hypothetischer Parteiwille zur Begründung einer Vertraulichkeitspflicht kann angenommen werden, wenn von den Parteien – hätten sie diesen Aspekt bedacht – eine solche vereinbart worden wäre. Im Gegensatz zum mutmaßlichen Willen – wo tatsächlich ein Parteiwille bestünde – läge dann hier nur ein gedachter – hypothetischer – Parteiwille vor, den diese gehabt hätten, wenn sie die Regelung einer Vertraulichkeitspflicht bedacht hätten. Ein solcher kann durch ergänzende Vertragsauslegung ermittelt werden.

Die Parteien verbinden mit dem Abschluss einer Schiedsvereinbarung – insbesondere mit der Durchführung eines Schiedsverfahrens im Streitfalle – verschiedene Aspekte, welche die Annahme eines hypothetischen Parteiwillens zur Begründung einer Vertraulichkeitspflicht rechtfertigen. Zuvorderst sind es die Nichtöffentlichkeit und Vertraulichkeit des Verfahrens selbst, welche stets als Vorteile der Schiedsgerichtsbarkeit angepriesen werden und welche die Parteien folglich mit einem Schiedsverfahren verbinden.[590] Die Parteien erwarten daher, dass ein etwaiges Schiedsverfahren vertraulich durchgeführt wird.[591] Zudem bildet die Vertraulichkeit der Parteien gegenüber Dritten gleichsam den Ausgangspunkt der Vertraulichkeit des Schiedsverfahrens überhaupt. Denn – wie bereits festgestellt – bestünde tatsächlich im Ergebnis keine oder nur eine beschränkte Vertraulichkeit, wenn die Parteien nicht zur Verschwiegenheit verpflichtet wären.[592]

Dafür spricht auch, dass die Parteien in erster Linie eine ordnungsgemäße und gerechte Streitentscheidung durch das Schiedsgericht bezwecken, wofür insbesondere die Vorlage aller relevanten Informationen erforderlich ist.[593] Hierzu – also zu wahrheitsgemäßem, insbesondere vollständigem Sachvortrag – sind die

---

[588] Vgl. hierzu nur *Bork,* Rn. 532 ff.; *Medicus/Petersen,* Rn. 338 ff.

[589] Ebenso *Stacher,* S. 172. Unklar, aber i. E. wohl ebenso *Leisinger,* S. 150, 153 u. 156, der allerdings den hypothetischen Willen erst ermittelt, nachdem er eine Vertraulichkeitspflicht bejaht hat.

[590] Ähnlich *Bredow/Mulder,* in: Arbitration in Germany, Section 43 DIS-Rules Rn. 1 (S. 803): *„It is however a recognized principle that parties, arbitrators and arbitral institutions are under an obligation to maintain the confidentiality of arbitral proceedings.“*

[591] Ebenso *Leisinger,* S. 156 m.w.N.

[592] Siehe Kap. 3 C. VI.

[593] Siehe Kap. 3 C. VI. 1. a). Ähnlich *Leisinger,* S. 150 f.

Parteien auch verpflichtet.[594] Zwar ist die Vertraulichkeit nicht erforderlich für die Durchführung eines Schiedsverfahrens.[595] Sie fördert aber den Zweck einer Schiedsvereinbarung, was vermuten lässt, dass die Parteien eine entsprechende Pflicht vereinbart hätten, wenn sie dies bei Abschluss der Schiedsvereinbarung bedacht hätten.[596]

Zuletzt besteht auch ein Interesse der Parteien daran, diese Vertraulichkeit durch vertragliche Ansprüche zu sichern und nicht im Falle einer Verletzung auf den nur unzureichenden Schutz durch außervertragliche Ansprüche angewiesen zu sein.[597] Denn die Parteien begründen mit der Schiedsvereinbarung und insbesondere mit der Durchführung eines Schiedsverfahrens im Streitfalle ein Näheverhältnis, mit dem sie einen besonderen, weitergehenden Schutz verbinden.[598]

Dagegen kann nicht angeführt werden, eine Vertraulichkeitspflicht könne nicht vollumfänglich vereinbart werden bzw. eine solche Pflicht unterläge zahlreichen Einschränkungen.[599] Gegen die Vereinbarung einer Pflicht spricht nämlich nicht, dass diese – zumindest auf den ersten Blick – mit anderen Pflichten kollidiert.[600] Ausnahmen widerlegen nicht den Grundsatz.[601] Dass sich die Parteien im Ergebnis möglicherweise nur eingeschränkt schützen können, spricht gerade nicht dafür, dass sie auf jeglichen Schutz vollständig verzichten wollen. Im Gegenteil: Es ist aufgrund obiger Ausführungen davon auszugehen, dass sich die Parteien grundsätzlich so weit schützen wollen, wie dies möglich ist.

Ebenfalls kann gegen diesen hypothetischen Parteiwillen nicht der kontradiktorische Charakter des Schiedsverfahrens angeführt werden. Zwar ist richtig, dass die Parteien letztlich Streitparteien mit gegenläufigen Interessen sind und

---

[594] Siehe Kap. 3 C. IV. 3.

[595] Siehe Kap. 3 C. VI. 1. b) aa).

[596] *Leisinger,* S. 150 f. Dieser meint zudem, für eine Vertraulichkeitspflicht spreche auch die allgemeine Verfahrensförderungs- und Loyalitätspflicht. Das überzeugt nicht, denn hierbei scheint es sich lediglich um Oberbegriffe für die einzelnen, aus einer Schiedsvereinbarung hervorgehenden Pflichten zu handeln, vgl. Kap. 3 C. IV. Jedenfalls müsste eine solche allgemeine Pflicht erst belegt werden, was aber auch *Leisinger* nicht tut. Aus der bloßen Behauptung einer allgemeinen Pflicht lässt sich nichts für das Bestehen einer speziellen Pflicht gewinnen. Zudem erscheint jedenfalls der Begriff der Förderungspflicht ungeeignet, um eine Vertraulichkeitspflicht zu erfassen, was auch *Leisinger,* S. 150, erkennt. Denn eine etwaige Förderungspflicht bezieht sich offensichtlich nur auf das Schiedsverfahren. Eine Vertraulichkeitspflicht bestünde aber insbesondere auch nach Abschluss des Schiedsverfahrens, s. Kap. 3 C. VI.

[597] Zu dem unzureichenden außervertraglichen Schutz vgl. *Leisinger,* S. 70 ff.

[598] Ähnlich *Leisinger,* S. 151 f. A. A. *Geiben,* S. 155 f.

[599] Diese Beschränkungen werden aber oft gegen das Bestehen einer Vertraulichkeitspflicht eingewandt, vgl. nur *Lionnet/Lionnet,* S. 458. *Leisinger,* S. 152 Fn. 778 m.w.N.

[600] *Holder,* S. 25.

[601] Ähnlich *Leisinger,* S. 153.

im Falle eines Streits regelmäßig nur eine Partei ein Interesse an der Vertraulichkeit hat.[602] Entscheidend ist aber der hypothetische Wille im Zeitpunkt des Abschlusses der Schiedsvereinbarung, zu welchem die Parteien ihre zukünftige Parteirolle noch gar nicht kennen und daher ein gleichgerichtetes und gleich starkes Interesse an der Vertraulichkeit haben.[603]

Als Ergebnis bleibt somit festzuhalten, dass eine Schiedsvereinbarung die Parteien grundsätzlich – insbesondere also auch ohne ausdrückliche entsprechende Vereinbarung – zur Vertraulichkeit verpflichtet.[604] Und da das hiernach verlangte vertrauliche Verhalten nicht in das freie Belieben der Parteien gestellt ist, handelt es sich auch um eine echte Pflicht und nicht nur um eine bloße Last.[605]

cc) Inhalt und Umfang der Vertraulichkeitspflicht

Entsprechend dem hypothetischen Parteiwillen[606] erfasst die Pflicht zur Vertraulichkeit regelmäßig alle Informationen über das bzw. aus dem Schiedsverfahren, insbesondere den Gegenstand des Schiedsverfahrens, die Tatsache, dass ein Schiedsverfahren existiert und eine Partei in dieses involviert ist, die Dokumente der Beweisaufnahme sowie die Verfahrensakten und Schiedssprüche.[607] Dabei ist – in Abwesenheit weiterer Indizien, insbesondere aus dem Hauptvertrag oder aufgrund besonderer Umstände – davon auszugehen, dass die Parteien im Grundsatz einen vollumfänglichen Vertraulichkeitsschutz angestrebt hätten und eine (direkte oder indirekte) Weitergabe an Dritte nur ausnahmsweise gestattet worden wäre. Der hypothetische Parteiwille zielt aber nicht darauf, einer Partei die Weitergabe einer Information zu untersagen, wenn die veröffentlichende Partei hieran ein legitimes, also ein das Interesse der Gegenpartei an der Nichtweitergabe überwiegendes, Interesse hat.[608] Besteht ein solch legitimes Interesse, ist die Partei nicht zur Vertraulichkeit verpflichtet, oder anders ausgedrückt: Die Vertraulichkeitspflicht reicht nur so weit, wie das Interesse an der Nichtoffenlegung nicht durch ein legitimes Interesse an der Weitergabe verdrängt wird.

Das legitime Interesse an der Offenlegung kann von vornherein stets nur so weit reichen, wie die Offenlegung notwendig ist, um die jeweilige Offenlegungs-

---

[602] *Oberhammer,* FS Beys, S. 1139, 1158.

[603] *Leisinger,* S. 157.

[604] Ebenso *Leisinger,* S. 163; *Münch,* in: MüKo/ZPO, Band 3, § 1029 Rn. 117; *Schütze,* Rn. 538. A. A. *Lachmann,* Rn. 146 f. u. 461; *Geiben,* S. 39.

[605] Siehe Kap. 3 C. III. 1. a) aa). Ebenso *Münch,* in: MüKo/ZPO, Band 3, § 1029 Rn. 118; wohl auch *Schütze,* Rn. 324 u. 538. A. A. wohl *Schwab/Walter,* Kap. 7 Rn. 20.

[606] Unklar hier *Leisinger,* der eine Vertraulichkeitspflicht durch ergänzende Vertragsauslegung ermittelt, vgl. S. 142 ff., dann aber den Inhalt dieser Pflicht durch bloße Auslegung bestimmt, vgl. S. 186.

[607] *Stacher,* S. 173 ff.; *Leisinger,* S. 186 ff.

[608] *Stacher,* S. 174 ff.

pflicht zu erfüllen bzw. das jeweilige Interesse an der Offenlegung zu befriedigen.[609] Ein legitimes, also überwiegendes Interesse ist jedenfalls dann zu verneinen, wenn die Weitergabe nur erfolgt, um die gegnerische Partei zu schädigen.[610] Demgegenüber können vier Fälle unterschieden werden, in denen ein legitimes Interesse vorliegt: wenn die Offenlegung gesetzlich vorgesehen ist bzw. gesetzliche Offenlegungspflichten bestehen, bei Vorliegen vertraglicher Offenlegungspflichten, im Falle eines öffentlichen Interesses sowie bei einem überwiegenden persönlichen Interesse an der Offenlegung.[611] Dabei kann das Interesse an der Nicht-Weitergabe je nach Gegenstand der Vertraulichkeitspflicht im Ausgangspunkt unterschiedlich stark zu gewichten sein. So wird das Interesse an der Nicht-Weitergabe von Informationen über die Existenz[612] und den Gegenstand des Schiedsverfahrens sowie über die Involvierung in selbiges grundsätzlich höher zu gewichten sein, als das Interesse an der Nicht-Weitergabe von Beweisurkunden.[613] Zumindest im Ausgangspunkt am höchsten einzustufen ist wohl das Interesse an der Nicht-Weitergabe der Verfahrensakten und Schiedssprüche. *Stacher* ist darin zuzustimmen, dass die Nicht-Öffentlichkeit bzw. Parteiöffentlichkeit des Verfahrens, also der Ausschluss Dritter vom Verfahren, wenig Sinn hätte, wenn diesen Dritten der Zugang zu den Verfahrensakten und Schiedssprüchen offen stünde.[614]

Ein legitimes Interesse besteht stets, soweit die Offenlegung gesetzlich vorgesehen ist bzw. eine gesetzliche Verpflichtung hierzu besteht.[615] Die gesetzlich vorgesehene Inanspruchnahme der staatlichen Gerichte, insbesondere im Rahmen des Aufhebungs- und Vollstreckungsverfahrens, aber auch des einstweiligen Rechtsschutzes, ist daher nicht von der Vertraulichkeitspflicht umfasst.[616] Auch

---

[609] *Leisinger*, S. 196, 201.

[610] *Stacher*, S. 174 ff.

[611] *Leisinger*, S. 192 ff.

[612] Die möglichen Auswirkungen einer Offenlegung der Existenz eines Schiedsverfahrens belegt musterhaft das Schiedsverfahren zwischen *True North Communications* und *Publicis*, hierzu und zu weiteren Beispielen *Leisinger*, S. 189.

[613] Jedenfalls solange die Beweisurkunden nicht selbst vertrauliche Informationen enthalten, vgl. *Stacher*, S. 175.

[614] *Stacher*, S. 176 m.w.N. Ebenso der englische Court of Appeal in der bereits zitierten Entscheidung *Ali Shipping Corporation v Shipyard Trogir* [1997] APP. L.R. 12/19 (CA): „*The obligation of confidentiality [...] arises as an essential corollary of the privacy of arbitration proceedings.*" Widersprüchlich hier *Leisinger*, S. 186, der meint, die Verfahrensakten seien bereits durch den Grundsatz der Nichtöffentlichkeit geschützt und dennoch formuliert: „Ohne eine auf diese Dokumente bezogene Vertraulichkeitspflicht wäre der allgemein anerkannte Grundsatz der Nichtöffentlichkeit praktisch ohne Wirkung."

[615] *Stacher*, S. 176 Fn. 937 m.w.N.

[616] *Schütze*, Rn. 538; *Stacher*, S. 176 f. Fn. 937; OLG Frankfurt a.M., Beschl. v. 22.10.2004 – 2 Sch 1/04, BeckRS 2008, 03899; *Leisinger*, S. 256 ff., der auf S. 260 f. allerdings auch auf eine französische Entscheidung verweist, die nahelegt, dass die An-

die Veröffentlichung staatlicher Entscheidungen in Aufhebungs- und Vollstreck-
barerklärungsverfahren kann nicht unter Berufung auf die Vertraulichkeitspflicht
verhindert werden.[617] Gesetzliche Offenlegungspflichten ergeben sich beispielsweise aus dem Gesellschaftsrecht, insbesondere für börsennotierte Gesellschaf-
ten, und aus dem Insolvenzrecht.[618] Eine vertragliche Pflicht kann demgegenüber
nicht stets ein legitimes Interesse darstellen. Andernfalls könnte sich eine Partei
einfach vertraglich zur Weitergabe verpflichten und dadurch ein legitimes Interesse an der Offenlegung bewirken. Insoweit ist eine Prüfung im Einzelfall angebracht. So wird beispielsweise im Falle einer versicherungsvertraglichen Offen-
legungspflicht ein legitimes Interesse regelmäßig zu bejahen sein, während beim
Unternehmenskauf die widerstreitenden Interessen im Einzelfall gegeneinander
abgewogen werden müssen.[619] Ein öffentliches Interesse legitimiert eine Offenlegung nur in besonderen Ausnahmefällen.[620] Auch ein persönliches Interesse an
der Offenlegung kann nur ausnahmsweise ein legitimes Interesse darstellen, beispielsweise wenn die Offenlegung zur Umsetzung des Schiedsspruchs oder zur
Rechtsverfolgung in einem Zweitverfahren erforderlich ist.[621] Kein legitimes Interesse besteht jedenfalls daran, den Schiedsspruch nur um der Veröffentlichung
willen zu veröffentlichen. Daran ändert sich selbst dann nichts, wenn die Veröffentlichung in anonymisierter Form erfolgt und auch aus den sonstigen Fakten
keine Rückschlüsse auf die Parteien möglich sind.[622] Denn zum einen kann
gerade nicht ausgeschlossen werden, dass Brancheninsider und Wettbewerber
aufgrund der Fakten auf die Parteien schließen können – eine Abgrenzung, ab
welcher Menge an Fakten Rückschlüsse möglich sind und wann nicht, erscheint
somit kaum möglich und praxisfern. Zum anderen ist das grundsätzliche Interesse an der Vertraulichkeit des Schiedsspruchs gerade hoch einzustufen, und ein
schlicht neutrales Interesse an der bloßen Veröffentlichung überwiegt dieses
nicht.

---

rufung eines staatlichen Gerichts ausnahmsweise keinem legitimen Interesse entspricht,
also die Vertraulichkeitspflicht verletzt, wenn der Antrag offensichtlich unbegründet,
die Anrufung also treuwidrig war.

[617] *Lionnet/Lionnet*, S. 456; *Lachmann*, Rn. 146, der zudem darauf hinweist, dass die
Veröffentlichung staatlicher Urteile in den USA und Frankreich in nicht-anonymisierter
Form erfolgt. Ebenso grundsätzlich in der Schweiz, vgl. *Lachmann*, Rn. 152.

[618] *Leisinger*, S. 192 ff.; s. a. *Geiben*, S. 35 ff., der allerdings eine Vertraulichkeitspflicht verneint.

[619] *Leisinger*, S. 197 ff.

[620] *Leisinger*, S. 211 ff. Anders wenn nicht ausschließlich Private an dem Schiedsverfahren beteiligt sind, vgl. *Leisinger*, S. 201 ff.

[621] *Leisinger*, S. 214 ff.; *Stacher*, S. 177 ff.; s. a. *Lionnet/Lionnet*, S. 458, die allerdings aufgrund der Vollstreckung bzw. Aufhebung bereits eine Geheimhaltungspflicht
ablehnen.

[622] A. A. *Stacher*, S. 177.

2. Zuständigkeit und Klagbarkeit

Die Zuständigkeit des Schiedsgerichts ist grundsätzlich umfassend[623] und erfasst somit auch eine Entscheidung über die Vertraulichkeitspflicht. Hierfür spricht auch, dass gerade vor dem Schiedsgericht die Vertraulichkeit am stärksten gewahrt wird und somit dem Parteiinteresse hieran entsprochen wird.[624] In der Regel wird einer Partei aber daran gelegen sein, eine drohende Offenlegung durch Maßnahmen des einstweiligen Rechtsschutzes zu verhindern.[625] Im Falle des Eilrechtsschutzes besteht eine nicht abdingbare[626] kumulative Konkurrenz[627] zwischen dem Schiedsgericht und den staatlichen Gerichten.[628] Auch wenn das Schiedsgericht eine größere Auswahl an möglichen Maßnahmen hat, weil es nicht an die der *lex loci arbitri* bekannten Maßnahmearten gebunden ist, erscheint der direkte Gang zum staatlichen Gericht in der Regel effektiver, da sich die Zulässigkeit der angeordneten Maßnahme nach der *lex fori* des Vollstreckungsgerichts richtet.[629]

In der Rechtssache *van Uden*[630] hatte der EuGH – damals noch unter Geltung des EuGVÜ – klargestellt, dass sich die internationale Zuständigkeit in Verfahren des einstweiligen Rechtsschutzes dann nicht nach dem Übereinkommen bestimmt, wenn die jeweilige Maßnahme einen schiedsrechtlichen, also einen auf das Schiedsverfahren an sich bezogenen Anspruch betrifft und nicht einen Anspruch in der Hauptsache. Hieran hat sich – wie bereits klargestellt[631] – auch durch die neue, seit dem 10.01.2015 geltende EuGVVO nichts geändert. Bei der Vertraulichkeitspflicht handelt es sich um einen solchen schiedsrechtlichen Anspruch, sodass sich die internationale Zuständigkeit nicht nach europäischem Zuständigkeitsrecht, sondern nach dem nationalen Recht des angerufenen Gerichts richtet.

Wie bereits herausgearbeitet, ist die Klagbarkeit einer Schutzpflicht anhand einer Interessenabwägung zu bestimmen und grundsätzlich dann zu bejahen, wenn ein besonderes Präventionsinteresse vorliegt.[632] Obwohl sowohl eine exis-

---

[623] Siehe Kap. 3 B. III. 2.

[624] Ebenso *Leisinger*, S. 276, der aber unnötigerweise zwischen Entscheidungen über die Vertraulichkeitspflicht während und nach dem Schiedsverfahren differenziert, in beiden Fällen aber die Zuständigkeit des Schiedsgerichts bejaht.

[625] Zu den möglichen Maßnahmen *Leisinger*, S. 278 f.

[626] *Landbrecht*, SchiedsVZ 2013, 241, 242.

[627] *Münch*, in: MüKo/ZPO, Band 3, § 1033 Rn. 2 m.w.N.

[628] Vgl. §§ 1033, 1041 ZPO.

[629] *Leisinger*, S. 275; *Schwab/Walter*, Kap. 17a Rn. 5.

[630] EuGH Rs. C-391/95 – *Van Uden*, EuZW 1999, 413. Dazu *Illmer*, SchiedsVZ 2011, 248, 249 f.

[631] Siehe Kap. 3 C. III. 2. b) bb).

[632] Siehe Kap. 3 C. III. 2. b) cc) (2).

tenzgefährdende Schädigung als auch die Verletzung eines absoluten Rechtsguts regelmäßig ausscheidet, sollte die Vertraulichkeitspflicht klagbar sein, da durch eine Verletzung möglicherweise irreparable Nachteile entstehen und dem Gläubiger kein anderweitiger effektiver Schutz zur Verfügung steht.[633]

3. Rechtsnatur der Vertraulichkeitspflicht

Vergleichbare Schwierigkeiten wie bei der Bestimmung der Rechtsnatur der Umsetzungspflicht[634] stellen sich auch bei der Bestimmung der Rechtsnatur der Vertraulichkeitspflicht, da ihr Gegenstand nicht nur das Schiedsverfahren selbst ist. Denn die Vertraulichkeitspflicht „hat ganz allgemein die Nichtoffenbarung bestimmter Informationen und Dokumente zum Gegenstand und besteht unabhängig davon, ob die Offenbarung während des Schiedsverfahrens, in einem Zweitverfahren oder nach dem Schiedsverfahren, aber losgelöst von einem Zweitverfahren erfolgt, z. B. gegenüber der Presse."[635] Insbesondere wirkt sie also auch nach Abschluss des Schiedsverfahrens fort und hat in der Regel gerade in diesem Stadium Relevanz. Das spricht aber nicht dafür, dass die Vertraulichkeitspflicht privatrechtlich zu qualifizieren ist.[636] Denn „[d]ie Pflicht wird erst aufgrund des prozessualen Handelns der Parteien und des Schiedsgerichts relevant und befasst sich somit mit einer Konsequenz des Schiedsverfahrens, des Zugangs zu gewissen Informationen und Dokumenten; sie ist deshalb auf ein Verfahren ausgerichtet und hat ohne dieses keine Bedeutung. Aufgrund dieses Konnexes ist es gerechtfertigt, auch die Vertraulichkeitspflicht als prozessuale Pflicht zu qualifizieren."[637] Sie ist deshalb jedenfalls überwiegend und damit auch insgesamt prozessual zu qualifizieren.[638]

4. Privatrechtliche Folgen

a) Kündigungsrecht

Die Schiedsvereinbarung begründet ein Dauerschuldverhältnis, das aus wichtigem Grund gekündigt werden kann.[639] Die Verletzung der Vertraulichkeitspflicht stellt aber grundsätzlich keinen solchen wichtigen, zur Kündigung berechtigen-

---

[633] Ähnlich *Leisinger*, S. 278 f. I. E. wohl ebenso *Stacher*, S. 180 Fn. 954.

[634] Siehe Kap. 3 C. V.

[635] *Stacher*, S. 180.

[636] So aber *Leisinger*, S. 144.

[637] *Stacher*, S. 180.

[638] Siehe Kap. 2 E. III. I. E. ebenso wohl bereits *Hellwig*, S. 57, der alle „Förderungspflichten" prozessual qualifiziert. Ebenso *Hausmann*, FS Lorenz, S. 359, 361; *Kurth*, S. 74. A. A. *Habscheid*, KTS 1955, 33, 35; *Schäfer*, S. 118, 138; *Blomeyer*, Zivilprozessrecht, S. 713, der alle Verpflichtungswirkungen dem materiellen Recht zuordnet.

[639] Siehe Kap. 3 C. III. 5. b).

den Grund dar.[640] Ganz allgemein führt eine solche Verletzung regelmäßig nicht dazu, dass effektiver Rechtsschutz durch das Schiedsverfahren ausgeschlossen bzw. gefährdet ist. Ein Kündigungsrecht entspräche zudem nicht dem Interesse der vertragstreuen Partei bzw. diese würde sich durch die Kündigung widersprüchlich verhalten. Denn nach einer Kündigung müsste die Streitigkeit vor einem staatlichen Gericht – also vollständig öffentlich – ausgetragen werden.[641] Ein Kündigungsrecht muss *ultima ratio* bleiben und kann demnach nur dann in Betracht kommen, wenn derart viele Informationen über bzw. aus dem Schiedsverfahren offengelegt wurden, dass die Vertraulichkeit des Schiedsverfahrens faktisch keinen Sinn mehr hat. Da die Vertraulichkeit im weiteren Sinne aber nicht nur durch die Vertraulichkeitspflicht zwischen den Parteien, sondern auch durch die Nicht-Öffentlichkeit des Schiedsverfahrens und die Vertraulichkeitspflicht – zumindest – der Schiedsrichter gesichert wird und immer noch ein Parteiinteresse daran bestehen kann, über die vertraulichen Informationen trotz Offenlegung in vertraulicher Atmosphäre zu verhandeln, sollten hieran hohe Anforderungen gestellt werden. Im Ergebnis besteht ein Kündigungsrecht nur in absoluten Ausnahmefällen, in denen die Vertraulichkeit des Schiedsverfahrens im weiteren Sinne faktisch ihren Sinn verloren hat.[642]

b) Schadenersatzanspruch

Der Schadenersatzanspruch fällt regelmäßig in die im Zweifel weit und umfassend zu verstehende Kompetenz des Schiedsgerichts.[643] Zur Bestimmung des anwendbaren Rechts ist es wie bei dem aus einer Verletzung der Unterlassungspflicht resultierenden Schadenersatzanspruch sachgerecht, auf § 1051 ZPO zurückzugreifen, da der Schadenersatz einen eigenständigen Streitgegenstand darstellt, über welchen das Schiedsgericht in einem Sachentscheid entscheiden muss.[644] Haben die Parteien das auf die Schiedsvereinbarung anwendbare Recht nicht gewählt, so findet das Recht des Staates Anwendung, zu welchem die Vertraulichkeitspflicht die engste Verbindung aufweist. Aus denselben Überlegungen wie bei der Unterlassungspflicht ist dies nicht der Staat, in welchem die Vertrau-

---

[640] A. A. Das Stockholm *Tingsrätt* in seiner Entscheidung vom 10.9.1998. Aufgehoben durch den *Svea Hovrätt* mit Urteil vom 30.3.1999, bestätigt durch den *Högsta Domstolen* mit Beschluss vom 6.9.1999, kritisch hierzu *Nacimiento,* BB 2001 Beil. 6, 7 ff.; s.a. *Leisinger,* S. 280 ff.

[641] *Leisinger,* S. 283, der zudem annimmt, es bestünde eine Missbrauchsgefahr dahingehend, dass eine Partei versuchen könnte, sich durch die Offenlegung von Informationen von einem ungewünschten Schiedsverfahren zu lösen. Das überzeugt nicht, denn das etwaige Kündigungsrecht läge dann jedenfalls bei der vertragstreuen und gerade nicht bei der vertragsbrüchigen Partei.

[642] I.E. ebenso *Stacher,* S. 173 Fn. 920; *Leisinger,* S. 282 f.; wohl auch OLG Frankfurt a. M., SchiedsVZ 2013, 49, 59.

[643] Siehe Kap. 3 B. III. 2.

[644] Siehe Kap. 3 C. III. 4. c) aa).

lichkeitspflicht verletzt wurde, sondern der Staat, in welchem das Schiedsverfahren stattfindet.[645] Anwendung findet somit auch hier die *lex loci arbitri*.

Handelt es sich hierbei um deutsches Recht, so stellt eine Verletzung der Vertraulichkeitspflicht die Verletzung einer Schutzpflicht[646] i. S. v. § 241 Abs. 2 BGB im Rahmen des Schuldverhältnisses der Schiedsvereinbarung dar und begründet damit einen Schadenersatzanspruch gemäß § 280 Abs. 1 BGB.[647] Insoweit Informationen aus dem Schiedsverfahren, insbesondere also Geschäfts- und Betriebsgeheimnisse, offengelegt werden, mag der Nachweis einer Verletzung im Einzelfall nur schwer gelingen.[648] Anders aber, wenn es sich um Informationen über das Schiedsverfahren handelt. Das Vertretenmüssen der gegen die Vertraulichkeitspflicht verstoßenden Partei wird gemäß § 280 Abs. 1 S. 2 BGB vermutet. Diese Vermutung wird regelmäßig nur schwer zu widerlegen sein. Zwar mag die Bestimmung des Umfangs der Vertraulichkeitspflicht anhand des legitimen Interesses in Grenzbereichen schwierig sein. Im Grundsatz ist aber von der Vertraulichkeit auszugehen, sodass von der vertragsverletzenden Partei erhöhte Anstrengungen gefordert werden können. Wie bei der Unterlassungspflicht ist die Vermutung des Verschuldens damit nur widerlegbar, wenn der Vertragsbrüchige nachweist, dass die Frage der Vertraulichkeitsverpflichtung aufgeworfen und gewissenhaft und sorgfältig geprüft wurde, bevor die Offenlegung erfolgte und das Vorliegen eines legitimen Interesses nach den hieraus gewonnen Erkenntnissen vertretbar erscheint.[649] Wesentlich schwieriger kann demgegenüber die Bestimmung und der Nachweis von Kausalität und Höhe des Schadens ausfallen.[650]

5. Fazit

Durch eine Schiedsvereinbarung verpflichten sich die Parteien zur Vertraulichkeit. Anders als die anderen Verpflichtungen kann diese Pflicht zwar nicht durch

---

[645] Siehe Kap. 3 C. III. 4. c) aa).

[646] Die Vertraulichkeitspflicht ist eine Schutzpflicht und keine Nebenleistungspflicht, weil sie weder der Normdisposition als etwaiger Hauptleistung noch der Durchführung des Schiedsverfahrens als Vertragszweck dient, sondern einzig das Integritätsinteresse der Parteien schützt. Zu dieser Abgrenzung bereits unter Kap. 3 C. III. 2. B) cc) (1). Ähnlich *Holder*, S. 29.

[647] Ebenso *Leisinger*, S. 283; *Geiben*, S. 56, der allerdings nicht davon ausgeht, dass eine Schiedsvereinbarung grundsätzlich eine Vertraulichkeitspflicht begründet; für das schweizerische Recht *Stacher*, S. 173 Fn. 919.

[648] *Sawang*, S. 300.

[649] Siehe Kap. 3 C. III. 4. d) dd).

[650] *Leisinger*, S. 283, der daher die Vereinbarung einer Vertragsstrafe empfiehlt. Aufgrund der Vielgestaltigkeit möglicher Vertraulichkeitsverletzungen, wird jedoch auch die Vereinbarung einer Vertragsstrafe regelmäßig erhebliche Schwierigkeiten bereiten; *Sawang*, S. 300, die zudem darauf hinweist, dass der Geschädigte eventuell auch auf seinem Schaden sitzen bleibt, wenn der Vertraulichkeitsverletzer wirtschaftlich schwach gestellt ist.

Auslegung dem mutmaßlichen Parteiwillen, wohl aber durch ergänzende Vertragsauslegung dem hypothetischen Parteiwillen entnommen werden. Die Vertraulichkeitspflicht reicht jedoch nur so weit, wie das Interesse an der Nichtoffenlegung nicht durch ein legitimes Interesse an der Weitergabe verdrängt wird. Eine Partei hat dementsprechend nur dann einen Anspruch auf Vertraulichkeit, wenn sich die andere Partei nicht auf ein legitimes Interesse an der Weitergabe berufen kann. Bei der Vertraulichkeitspflicht handelt es sich um eine klagbare vertragliche Pflicht prozessualer Natur. Im Falle eines Verstoßes kommt ein Kündigungsrecht nur in Ausnahmefällen in Betracht. Ein Schadenersatzanspruch ist zwar grundsätzlich möglich, der Nachweis eines kausalen Schaden bereitet in der Regel aber große Schwierigkeiten.

Trotz der zwischen den Parteien bestehenden Vertraulichkeitspflicht, der Verschwiegenheitpflicht der Schiedsrichter, der Parteiöffentlichkeit des Schiedsverfahrens und der Nichtveröffentlichung des Schiedsspruchs ist festzuhalten, dass insgesamt kein absoluter Schutz der Vertraulichkeit besteht.[651] Denn zum einen ist die zwischen den Parteien bestehende Vertraulichkeitspflicht nicht absolut und zum anderen unterliegen Zeugen, Sachverständige und sonstige Dritte grundsätzlich keiner Pflicht zur Vertraulichkeit.

VII. Ergebnis zur Verpflichtungswirkung der Schiedsvereinbarung

Neben der Gestaltungswirkung[652] kommt der Schiedsvereinbarung eine Verpflichtungswirkung zu. Die durch sie begründeten Pflichten betreffen den Rechtsschutz und sind folglich prozessual zu qualifizieren. Einige Pflichten sind klagbar und teilweise lösen Pflichtverstöße privatrechtliche Folgen aus, wie insbesondere einen Schadenersatzanspruch oder ein Kündigungsrecht.

---

[651] *Leuering,* NJW 2014, 657, 658, insb. zu Offenlegungspflichten bei Organhaftungsfällen.

[652] Verweis auf „Gestaltungswirkung der Schiedsvereinbarung" unter „Kap. 3: Untersuchung und Qualifikation der einzelnen Elemente der Schiedsvereinbarung".

Schlussbetrachtung

Aus der bewegten historischen Entwicklung der Schiedsgerichtsbarkeit insgesamt und der Terminologie und des Verständnisses von der Schiedsvereinbarung im Besonderen haben sich drei Meinungen über die Rechtsnatur der Schiedsvereinbarung herausgebildet. Während sich ein rein privatrechtliches und ein rein prozessuales Verständnis gegenüberstehen, qualifiziert eine dritte Ansicht die Schiedsvereinbarung als gemischt materiell- und prozessrechtlichen Vertrag.

I. Die Qualifikation verfahrensbezogener Verträge

Die unterschiedlichen Ansichten über die Rechtsnatur der Schiedsvereinbarung sind auf unterschiedliche Methoden der Qualifikation verfahrensbezogener Verträge zurückzuführen. Diese Arbeit hat gezeigt, dass der Inhalt eines Vertrages das maßgebliche Kriterium für dessen Qualifikation als Prozessrechts- oder Privatrechtsvertrag ist. Betrifft der Vertragsinhalt den Rechtsschutz, liegt ein Prozessvertrag vor, ist er hingegen für den Streitgegenstand (mit Ausnahme des Prozessvertrags selbst als Streitgegenstand) relevant, liegt ein Privatrechtsvertrag vor. Enthält ein Vertrag eine Vielzahl von Regelungen, ist es sachgerecht, diese einzelnen Vertragselemente ihrem Inhalt entsprechend zu qualifizieren und bei unterschiedlicher Rechtsnatur der einzelnen Elemente keinen gemischten Vertrag, sondern einen (aus privat- und prozessrechtlichen Elementen zusammengesetzten) Vertrag mit Doppeltatbestand anzunehmen.

Die so vorgenommene Qualifikation entscheidet aber nur darüber, ob ein Vertrag (insgesamt bzw. ein oder mehrere Vertragsbestandteile) dem Privatrecht oder dem Prozessrecht unterliegt. Der Rückgriff auf das allgemeine Vertragsrecht wird demgegenüber durch eine prozessuale Qualifikation nicht versperrt. Auch die kollisionsrechtliche Behandlung vollzieht sich grundsätzlich unabhängig von der Vertragsrechtsnatur. Da das Prozessrecht, dem der Prozessvertrag grundsätzlich unterliegt, jedoch in Grenzbereichen zu einer Modifikation des Vertragsrechts führen kann, kommt der Rechtsnatur jedenfalls eine geringe Bedeutung zu, im Mindesten aber eine Orientierungsfunktion zur Lösung von Einzelfragen.

II. Die Wirkungen der Schiedsvereinbarung

Der Abschluss einer Schiedsvereinbarung hat Gestaltungs- und Verpflichtungswirkung. Die Schiedsvereinbarung enthält zunächst eine Normdisposition – insoweit kommt ihr Gestaltungswirkung zu. Diese Normdisposition modifiziert unmittelbar, also im Zeitpunkt ihres Abschlusses, sowohl die Kompetenz- als auch die Verfahrensordnung: Das Schiedsgericht tritt zur endgültigen Streitentscheidung an die Stelle der staatlichen Gerichte und das Verfahren richtet sich nach anderen als den normalerweise – in staatlichen Gerichtsverfahren – geltenden Verfahrensregeln. Die Zuständigkeit des Schiedsgerichts ist grundsätzlich umfassend, belässt aber eine Zuständigkeit der staatlichen Gerichte für Kontroll- und Hilfsfunktionen. Da die Normdisposition im Zeitpunkt des Abschlusses der Schiedsvereinbarung bereits umgesetzt ist, kann diese durch eine spätere Klage vor einem staatlichen Gericht nicht verletzt werden, sodass ein Schadenersatzanspruch hieraus nicht abgeleitet werden kann.

Die Gestaltungswirkung der Schiedsvereinbarung wird ergänzt von Verpflichtungswirkungen. Insbesondere tritt neben die Normdisposition die Pflicht der Parteien, eine Klageerhebung (zur endgültigen Entscheidung in der Hauptsache) vor den staatlichen Gerichten zu unterlassen. Diese Unterlassungspflicht ist zwar nicht klagbar, ihre Verletzung kann aber einen – vor dem Schiedsgericht einklagbaren – Schadenersatzanspruch begründen sowie die Möglichkeit eröffnen, sich von der Schiedsvereinbarung durch Aufhebungsvertrag oder Kündigung zu lösen. Die Parteien verpflichten sich durch eine Schiedsvereinbarung auch dazu, an der Bildung des Schiedsgerichts mitzuwirken, insbesondere also die Schiedsrichter zu benennen. Diese Pflicht ist regelmäßig nicht klagbar und ein Verstoß führt weder zu einem Kündigungsrecht noch – jedenfalls in der Regel – zu der Möglichkeit eines Aufhebungsvertrags. Eine Schiedsvereinbarung begründet zudem die Pflicht, die Hälfte des Kostenvorschusses an das Schiedsgericht zu leisten. Hierbei handelt es sich um eine vor dem Schiedsgericht klagbare Pflicht. Bei einem Verstoß kann sich die vertragstreue Partei unter bestimmten Voraussetzungen von der Schiedsvereinbarung durch Aufhebung oder Kündigung lösen. Eine Schiedsvereinbarung verpflichtet überdies auch zu wahrem Sachvortrag. Diese Wahrheitspflicht ist jedoch nicht klagbar. Ein Verstoß begründet zwar unter bestimmten Voraussetzungen einen Schadenersatzanspruch, aber kein Kündigungsrecht. Auch die Pflicht, den Schiedsspruch umzusetzen, wird bereits durch die Schiedsvereinbarung begründet. Während ein Schadenersatzanspruch bei einem Verstoß gegen die Umsetzungspflicht grundsätzlich in Betracht kommt, scheidet eine Loslösung von der Schiedsvereinbarung durch Kündigung oder Aufhebung aus. Zudem verpflichtet die Schiedsvereinbarung zur Vertraulichkeit, wobei sich deren Reichweite nach einer Interessenabwägung der Parteien bestimmt. Die Vertraulichkeitspflicht ist sowohl vor den nationalen Gerichten als auch vor dem Schiedsgericht klagbar. Bei einem Verstoß kommt ein Schadenersatzanspruch grundsätzlich in Betracht, ein Kündigungsrecht jedoch nur in Ausnahmefällen. Darüber hinaus begründet die Schiedsvereinbarung allgemeine Mitwirkungspflichten, welche regelmäßig weder klagbar sind, noch bei Verstoß einen Schadenersatzanspruch begründen. Ein Kündigungsrecht kommt hier regelmäßig nur bei einem Verstoß gegen mehrere Pflichten in Betracht.

III. Das Verhältnis der Wirkungen zueinander

Gestaltungs- und Verpflichtungswirkung entstehen im selben Zeitpunkt, nämlich mit Abschluss der Schiedsvereinbarung.[1] Zwar ergänzen sie sich, existieren aber dennoch bloß nebeneinander. Sie bedingen sich nicht und stehen nicht zueinander wie Verpflichtungs- und Verfügungsgeschäft. Insbesondere ist die Gestaltungswirkung der Normdisposition nicht die Erfüllung der Unterlassungspflicht.[2] Und im Gegensatz zu dem verpflichtenden Teil der Schiedsvereinbarung ist die Normdisposition bereits im Zeitpunkt ihres Abschlusses umgesetzt.[3]

IV. Die Rechtsnatur der Schiedsvereinbarung

Sowohl die Normdisposition als auch die einzelnen Verpflichtungen sind prozessualer Natur. Die Schiedsvereinbarung ist somit ein ausschließlich aus prozessualen Elementen zusammengesetzter Vertrag, mithin ein Prozessvertrag. Die Debatte um die Frage, welche Wirkungen der Schiedsvereinbarung nun die haupt- oder nebensächlichen bzw. charakteristischen oder nicht-charakteristischen sind, kann somit jedenfalls in Bezug auf die Bestimmung ihrer Rechtsnatur dahinstehen.

Der eingangs erwähnten Ansicht, bei dem Streit um die Rechtsnatur der Schiedsvereinbarung handele es sich um einen eher theoretischen, akademischen Streit, da jedenfalls materiell-rechtliche Wirkungen überwiegend anerkannt seien, kann somit nur teilweise gefolgt werden. Richtig ist zwar, dass der Streit um die Rechtsnatur wenig praxisrelevant ist, da man sich über die verpflichtende Wirkung neben der Normdisposition bzw. zumindest in Bezug auf die Möglichkeit einer verpflichtenden Wirkung zu weiten Teilen einig ist. Allerdings handelt es sich hierbei nicht um materiell-rechtliche, sondern um prozessuale Wirkungen. Zudem führt das die Schiedsvereinbarung als Prozessvertrag grundsätzlich beherrschende Prozessrecht zu einem modifizierten Vertragsrecht, sodass die Rechtsnatur für die Lösung von Einzelfragen entscheidend ist. Die praktischen Konsequenzen sind jedoch gering. Insbesondere löst eine Verletzung der prozessualen Pflichten regelmäßig privatrechtliche Folgen aus.

V. Absicherung der Wirkungen in der Praxis

Diese Arbeit hat gezeigt, dass der Abschluss einer Schiedsvereinbarung eine Vielzahl von Pflichten auslöst, die regelmäßig klagbar sind und bei einem Verstoß hiergegen Schadenersatzansprüche oder Lösungsmöglichkeiten begründen.

---

[1] *Stacher*, S. 81 f.
[2] *Hellwig*, S. 92; zustimmend *Stacher*, S. 82.
[3] Siehe Kap. 3 B. II. 3.

Diese Wirkungen sind jedoch in der Rechtsprechung wie in der Literatur sowohl im Grundsatz als auch in ihrer konkreten Ausgestaltung teilweise umstritten. Dem Praktiker ist daher zu raten, umstrittene Wirkungen wie beispielsweise eine Vertraulichkeitspflicht der Schiedsvertragsparteien durch eine ausdrückliche Regelung in die Vereinbarung aufzunehmen. Dies mag überflüssig sein, ist aber zulässig und erscheint zweckmäßig, um der derzeitigen Rechtsunsicherheit zu begegnen.[4]

---

[4] Ebenso *Schütze,* Rn. 539, für die Vertraulichkeit und Geheimhaltung; *Kahlert,* S. 246 ff.; *Schlosser,* in: Stein/Jonas, Band 10, § 1029 Rn. 58 m. Fn. 196; *Lachmann,* Rn. 148 f.; *Schütze,* Rn. 539; *Oldenstam/von Pachelbel,* SchiedsVZ 2006, 31 ff.

Literaturverzeichnis

Altenrath, Johannes: Grundlage und Wirkung des Schiedsspruchs, Berlin 1907, zitiert: *Altenrath*

Asmussen, Sven: Schiedsfähigkeit von Beschlussmängelkonflikten in Körperschaften, Baden-Baden 2008, zitiert: *Asmussen*

Barber, Horst: Objektive Schiedsfähigkeit und *ordre public* in der internationalen Schiedsgerichtsbarkeit, Frankfurt a. M./Berlin/Bern/New York/Paris/Wien 1994, zitiert: *Barber*

Bartels, Axel: Geheimnisverrat des Dissenters im schiedsrichterlichen Verfahren?, in: Zeitschrift für das Schiedsverfahren 2014, S. 133–137, zitiert: *Bartels,* SchiedsVZ 2014

Baumbach, Adolf: Das privatrechtliche Schiedsgerichtsverfahren, Berlin 1931, zitiert: *Baumbach*

Baumbach, Adolf/*Lauterbach,* Wolfgang/*Albers,* Jan/*Hartmann,* Peter: Zivilprozessordnung, 75. Auflage, München 2017, zitiert: B/L/A/H

– Zivilprozeßordnung mit Gerichtsverfassungsgesetz und anderen Nebengesetzen 49. Auflage, München 1991, zitiert: *Bearbeiter,* in: B/L/A/H, 49. Aufl.

Baumgärtel, Gottfried: Neue Tendenzen der Prozesshandlungslehre, in: Zeitschrift für Zivilprozess 87 (1974), S. 121–137, zitiert: *Baumgärtel,* ZZP 87 (1974)

– Buchbesprechung zu Hans-Jürgen Hellwig: Zur Systematik des zivilprozeßrechtlichen Vertrages, in: Archiv für die civilistische Praxis, Band 169 (1969), S. 186–189, zitiert: *Baumgärtel,* AcP 169 (1969)

– Wesen und Begriff der Prozeßhandlung einer Partei im Zivilprozeß, Berlin/Frankfurt 1957, zitiert: *Baumgärtel*

Berg, Albert Jan van den: The New York Arbitration Convention of 1958, Antwerpen/Boston/London/Frankfurt 1981, zitiert: *van den Berg*

Berger, Klaus Peter: Herausforderungen für die (deutsche) Schiedsgerichtsbarkeit, in: Zeitschrift für Schiedsverfahren 2009, S. 289–299, zitiert: *Berger,* SchiedsVZ 2009

– Die Ergänzenden Regeln für Beschleunigte Verfahren der Deutschen Institution für Schiedsgerichtsbarkeit, in: Zeitschrift für Schiedsverfahren 2008, S. 105–110, zitiert: *Berger,* SchiedsVZ 2008

– Internationale Wirtschaftsschiedsgerichtsbarkeit Verfahrens- und materiellrechtliche Grundprobleme im Spiegel moderner Schiedsgesetze und Schiedspraxis, Berlin 1992, zitiert: *Berger*

Berger, Klaus Peter/*Scholl,* Bernd: Die *comitas gentium* gestern und heute, in: Weitsicht in Versicherung und Wirtschaft – Gedächtnisschrift für Ulrich Hübner, S. 569–587,

Heidelberg/München/Landsberg/Frechen/Hamburg 2012, zitiert: *Berger/Scholl,* FS Hübner

Bethmann-Hollweg, Moritz August von: Der Civilprozeß des gemeinen Rechts in geschichtlicher Entwicklung, Bonn 1873, zitiert: *v. Bethmann-Hollweg*

Bettermann, Karl August: Anmerkung zu BGH, Urteil v. 21.12.1964 – III ZR 70/63 (OLG Hamm), in: Juristenzeitung (JZ) 1966, S. 445–447, zitiert: *Bettermann,* JZ 1966

Beulker, Jette: Die Eingriffsnormenproblematik in internationalen Schiedsverfahren, Tübingen 2005, zitiert: *Beulker*

Blomeyer, Arwed: Zivilprozessrecht, Berlin/Göttingen/Heidelberg 1963, zitiert: *Blomeyer,* Zivilprozessrecht

Blomeyer, Karl: Betrachtungen zur Schiedsgerichtsbarkeit, in: Beiträge zum Zivilprozessrecht, Festgabe zum siebzigsten Geburtstag von Leo Rosenberg, S. 51–71, München/Berlin 1949, zitiert: *Blomeyer,* FS Rosenberg

Böckstiegel, Karl-Heinz: Die Schiedsgerichtsbarkeit in Deutschland – Standort und Stellenwert, in: Zeitschrift für Schiedsverfahren 2009, S. 3–8, zitiert: *Böckstiegel,* SchiedsVZ 2009

Böckstiegel, Karl-Heinz/*Kröll,* Stefan Michael/*Nacimiento,* Patricia (Hrsg.): Arbitration in Germany – The Model Law in Practice, Alphen aan den Rijn 2007, zitiert: *Bearbeiter,* in: Arbitration in Germany

Bolley, Heinrich Ernst Ferdinand: Entwürfe und Anträge zu einer umfassenden Civil-Gerichts- und Prozessordnung für das Königreich Württemberg, Erster Band, Stuttgart 1844, zitiert: *Bolley*

Bork, Reinhard: Allgemeiner Teil des Bürgerlichen Gesetzbuchs, 4. Auflage, Tübingen 2016, zitiert: *Bork*

– Der Begriff der objektiven Schiedsfähigkeit, in: Zeitschrift für Zivilprozeß (ZZP) Band 100 (1987), S. 249–272, zitiert: *Bork,* ZZP 1987

Bork, Reinhard/*Roth,* Herbert (Hrsg.): Stein/Jonas – Kommentar zur Zivilprozessordnung, Band 1, 23. Auflage, Tübingen 2014, zitiert: *Bearbeiter,* in: Stein/Jonas

Born, Gary: International Commercial Arbitration, Second Edition, The Netherlands 2014, zitiert: *Born*

Born, Gary/*Koepp,* Johannes: Towards a Uniform Standard of Validity of International Arbitration Agreements Under the New York Convention: Grenzüberschreitungen – Beiträge zum Internationalen Verfahrensrecht und zur Schiedsgerichtsbarkeit – Festschrift für Peter Schlosser zum 70. Geburtstag, S. 59–73, Tübingen 2005, zitiert: *Born/Koepp,* in: FS Schlosser

Borris, Christian: Die „Ergänzenden Regeln für gesellschaftsrechtliche Streitigkeiten" der DIS („DIS-ERGeS"), in: Zeitschrift für Schiedsverfahren 2009, S. 299–311, zitiert: *Borris,* SchiedsVZ 2009

Breetzke, Ernst: Zuständigkeitsfragen im schiedsgerichtlichen Verfahren, Anmerkung zu OLG Oldenburg, NJW 1971, 1461, in: Neue Juristische Wochenschrift (NJW) 1971, S. 2080–2081, zitiert: *Breetzke,* NJW 1971

Brunner, Heinrich/*Schwerin,* Claudius Freiherr von: Deutsche Rechtsgeschichte, München/Leipzig 1928, zitiert: *Brunner/v. Schwerin*

Bruns, Rudolf: Zivilprozessrecht, 2. Auflage, München 1979, zitiert: *Bruns*

Bryant, Jennifer/*Dehne,* Bodo: Schiedsfähigkeit gesellschaftsrechtlicher Beschlussmängelstreitigkeiten – Eine Bestandsaufnahme, in: Kölner Schrift zum Wirtschaftsrecht 2013, S. 152–161, zitiert: *Bryant/Dehne,* KSzW 2013

Bucher, Eugen: Was macht den Schiedsrichter? – Abschied vom „Schiedsrichtervertrag" und Weiteres zu Prozessverträgen, in: Grenzüberschreitungen – Beiträge zum Internationalen Verfahrensrecht und zur Schiedsgerichtsbarkeit – Festschrift für Peter Schlosser zum 70. Geburtstag, S. 97–118, Tübingen 2005, zitiert: *Bucher,* FS Schlosser

Bülow, Oskar von: Klage und Urteil, in: Zeitschrift für Zivilprozess 31 (1903), S. 191–270, zitiert: *von Bülow,* ZZP 31 (1903)

– Dispositives Civilproceßrecht und die verbindliche Kraft der Rechtsordnung, in: Archiv für die civilistische Praxis 64 (1881), S. 1–109, zitiert: *von Bülow,* AcP 64 (1881)

Buntenbroich, David/*Kaul,* Markus: Transparenz in Investitionsschiedsverfahren – Der Fall Vattenfall und die UNCITRAL-Transparenzregeln, in: Zeitschrift für Schiedsverfahren 2014, S. 1–8, zitiert: *Buntenbroich/Kaul,* SchiedsVZ 2014

Buschmann, Arno: Mit Brief und Siegel – Kleine Kulturgeschichte des Privatrechts, München 2014, zitiert: *Buschmann*

Caron, David D./*Caplan,* Lee M.: The UNCITRAL Arbitration Rules, 2. Auflage, Croydon 2013, zitiert: *Caron/Caplan*

Claproth, Justus: Einleitung in den ordentlichen bürgerlichen Proceß, Erster Theil, Göttingen 1795, zitiert: *Claproth*

Coing, Helmut: Europäisches Privatrecht, Band I: Älteres Gemeines Recht (1500 bis 1800), München 1985, zitiert: *Coing*

Deckenbrock, Christian: Ersatzfähigkeit außervertraglicher Rechtsverteidigungskosten bei unberechtigter Geltendmachung vertraglicher Ansprüche, in: Neue Juristische Wochenschrift 2009, S. 1247–1249, zitiert: *Deckenbrock,* NJW 2009

Diedrich, Frank: Grundlagen der Schiedsgerichtsbarkeit, in: Juristische Schulung (JuS) 1998, S. 158–166, zitiert: *Diedrich,* JuS 1998

Dütz, Wilhelm: Rechtsstaatlicher Gerichtsschutz im Privatrecht, Bad Homburg v. d. H./Berlin/Zürich 1970, zitiert: *Dütz*

Duve, Christian/*Keller,* Moritz: Privatisierung der Justiz – bleibt die Rechtsfortbildung auf der Strecke? – Ein Beitrag zur Auflösung des Spannungsverhältnisses von Privatautonomie und Rechtsfortbildung in der Schiedsgerichtsbarkeit, in: Zeitschrift für das Schiedsverfahren 2005, S. 169–178, zitiert: *Duve/Keller,* SchiedsVZ 2005

Ebbing, Frank: Private Zivilgerichte, München 2003, zitiert: *Ebbing*

Eickmann, Karl Wilhelm: Beweisverträge im Zivilprozeß, Bochum 1987, zitiert: *Eickmann*

Elsing, Siegfried H.: Internationale Schiedsgerichte als Mittler zwischen den prozessualen Rechtskulturen, in: Recht der Internationalen Wirtschaft, Beilage 3 zu Heft 12/ 2000, S. 19–26, zitiert: *Elsing,* RIW Beil. 3 2002

Endemann, Wilhelm: Das Deutsche Civilproceßrecht, Heidelberg 1868, zitiert: *Endemann*

Finkenauer, Thomas: Vererblichkeit und Drittwirkungen der Stipulation im klassischen römischen Recht, Tübingen 2010, zitiert: *Finkenauer*

Förschler, Peter/*Steinle,* Hermann: Der Zivilprozess – Ein Lehrbuch für die Praxis, 7. Auflage, Stuttgart 2010, zitiert: *Förschler/Steinle*

Franklin, Otto: Sententiae curiae regiae: Rechtssprüche des Reichshofes im Mittelalter, Hannover 1870, zitiert: *Franklin*

Gal, Jens: Die Haftung des Schiedsrichters in der internationalen Handelsschiedsgerichtsbarkeit, Tübingen 2009, zitiert: *Gal*

Gebauer, Martin: Zur subjektiven Reichweite von Schieds- und Gerichtsstandsvereinbarungen – Maßstab und anwendbares Recht, in: Ars aequi et boni in mundo – Festschrift für Rolf A. Schütze zum 80. Geburtstag, S. 95–107, München 2015, zitiert: *Gebauer,* FS Schütze

–   Gerichtsstandsvereinbarung und Pflichtverletzung, in: Recht ohne Grenzen – Festschrift für Athanassios Kaissis zum 65. Geburtstag, S. 267–285, München 2012, zitiert: *Gebauer,* FS Kaissis

Geiben, Jörg: Die Privatsphäre und Vertraulichkeit im Schiedsverfahren – Eine rechtsvergleichende Untersuchung des deutschen, englischen und US-amerikanischen Schiedsrechts, Köln/Berlin/Bonn/München 2001, zitiert: *Geiben*

Geimer, Reinhold: Internationales Zivilprozessrecht, 7. Auflage, Köln 2015, zitiert: *Geimer*

–   Das Schiedsvereinbarungsstatut in der Anerkennungsperspektive, in: Praxis des Internationalen Privat- und Verfahrensrechts (IPRax) 2006, S. 233–236, zitiert: *Geimer,* IPRax 2006

Gern, Alfons: Neue Aspekte der Abgrenzung des öffentlich-rechtlichen vom privatrechtlichen Vertrag, in: Verwaltungsarchiv (70) 1979, S. 219–235, zitiert: *Gern,* VerwArch 1979

–   Der Vertrag zwischen Privaten über öffentlichrechtliche Berechtigungen und Verpflichtungen – Zur Dogmatik des öffentlichrechtlichen Vertrages, Berlin 1977, zitiert: *Gern*

Glück, Christian Friedrich: Ausführliche Erläuterung der Pandecten, 6. Teil, 1. Abteilung, Erlangen 1800, zitiert: *Glück*

Goldmann, Franz: Kündigung des Schiedsvertrages aus einem wichtigen Grunde, in: Zeitschrift für Zivilprozeß (ZZP), Band 51 (1926), S. 442, zitiert: *Goldmann*

Goldschmidt, James: Zivilprozessrecht, Berlin 1929, zitiert: *Goldschmidt,* Zivilprozessrecht

–   Der Prozess als Rechtslage, Berlin 1925, zitiert: *Goldschmidt*

Gottwald, Peter: Internationale Gerichtsstandsvereinbarungen, Verträge zwischen Prozeßrecht und materiellem Recht, in: Festschrift für Wolfram Henckel zum 70. Geburtstag, S. 295–309, Berlin/New York 1995, zitiert: *Gottwald,* FS Henckel

Götz, Klaus-Jürgen: Zivilrechtliche Ersatzansprüche bei schädigender Rechtsverfolgung, Berlin 1989, zitiert: *Götz*

Graf Vitzthum (Hrsg.): Völkerrecht, 7. Auflage, Berlin/Boston 2016, zitiert: *Bearbeiter,* in: Völkerrecht

Graf von Westphalen, Friedrich: Vae victis – der Schrecken der Schiedsgerichtsbarkeit, in: Zeitschrift für Wirtschaftsrecht (ZIP) 1986, S. 1159, zitiert: *Graf von Westphalen,* ZIP 1986

Haas, Ulrich: Vertraulichkeit im Zusammenhang mit Schiedsverfahren, in: Recht ohne Grenzen – Festschrift für Athanassios Kaissis zum 65. Geburtstag, S. 315–331, München 2012, zitiert: *Haas,* FS Kaissis

Habersack, Mathias (Redakteur): Münchener Kommentar zum Bürgerlichen Gesetzbuch, Band 6 Schuldrecht – Besonderer Teil IV, 7. Auflage, München 2017, zitiert: *Bearbeiter,* in: MüKo/BGB, Band 6

Habscheid, Walther: Die Kündigung des Schiedsvertrages aus wichtigem Grund, in: Konkurs-, Treuhand- und Schiedsgerichtswesen (KTS) 1980, S. 285–296, zitiert: *Habscheid,* KTS 1980

– Aus der höchstrichterlichen Rechtsprechung zur Schiedsgerichtsbarkeit, in: Konkurs-, Treuhand- und Schiedsgerichtswesen (KTS) 1972, S. 209–219, zitiert: *Habscheid,* KTS 1972

– Aus der höchstrichterlichen Rechtsprechung zur Schiedsgerichtsbarkeit, in: Konkurs-, Treuhand- und Schiedsgerichtswesen (KTS) 1971, S. 131–139, zitiert: *Habscheid,* KTS 1971

– Das Problem der Unabhängigkeit der Schiedsgerichte, in: Neue Juristische Wochenschrift (NJW) 1962, S. 5–12, zitiert: *Habscheid,* NJW 1962

– Die Rechtsnatur des Schiedsvertrags und ihre Auswirkungen, in: Konkurs-, Treuhand- und Schiedsgerichtswesen 1955, S. 33–39, zitiert: *Habscheid,* KTS 1955

Habscheid, Walther/*Calavros,* Constantin: Aus der höchstrichterlichen Rechtsprechung zur Schiedsgerichtsbarkeit, in: Konkurs-, Treuhand- und Schiedsgerichtswesen (KTS) 1979, S. 1–12, zitiert: *Habscheid/Calavros,* KTS 1979

Hahn, Carl/*Stegemann,* Eduard (Hrsg.): Die gesamten Materialien zu den Reichs-Justizgesetzen, Band 2, Materialien zur Zivilprozeßordnung, 2. Auflage, Neudruck der Ausgabe Berlin 1881, Aalen 1983, zitiert: *Hahn*

Hähnchen, Susanne: Rechtsgeschichte, Von der Römischen Antike bis zur Neuzeit, 5. Auflage, Heidelberg 2016, zitiert: *Hähnchen*

Häsemeyer, Ludwig: Schadenshaftung im Zivilrechtsstreit, Heidelberg/Hamburg 1979, zitiert: *Häsemeyer*

Hausmann, Rainer: Einheitliche Anknüpfung internationaler Gerichtsstands- und Schiedsvereinbarungen?, in: Festschrift für Werner Lorenz zum siebzigsten Geburtstag, S. 359–378, Tübingen 1991, zitiert: *Hausmann,* FS Lorenz

Hay, Peter: US-Amerikanisches Recht, 6. Auflage, München 2015, zitiert: *Hay*

Hayum, Simon: Der Schiedsvertrag, Tübingen 1892, zitiert: *Hayum*

Hein, Jan von (Redakteur): Münchener Kommentar zum Bürgerlichen Gesetzbuch, Band 10 Internationales Privatrecht I, Europäisches Kollisionsrecht, Einführungsgesetz zum Bürgerlichen Gesetzbuche (Art. 1–24), 6. Auflage, München 2015, zitiert: *Bearbeiter,* in: MüKo/BGB, Band 10

Hellwig, Hans-Jürgen: Schadensersatzpflichten aus prozessualem Verhalten, in: Neue Juristische Wochenschrift (NJW) 1968, S. 1072–1076, zitiert: *Hellwig,* NJW 1968

– Zur Systematik des zivilprozeßrechtlichen Vertrages, Bonn 1968, zitiert: *Hellwig*

Hellwig, Konrad: System des deutschen Zivilprozessrechts, Teil 2, Neudruck der Ausgabe Leipzig 1912, Aalen 1968, zitiert: *Hellwig,* System

Henckel, Wolfram: Vorbeugender Rechtsschutz im Zivilrecht, in: Archiv für die civilistische Praxis, Band 174 (1974), S. 97–144, zitiert: *Henckel,* AcP 174 (1974)

– Prozessrecht und materielles Recht, Göttingen 1970, zitiert: *Henckel*

Henn, Günter: Schiedsverfahrensrecht, 3. Auflage, Heidelberg 2000, zitiert: *Henn*

Hess, Burkhard: Europäisches Zivilprozessrecht, Heidelberg 2010, zitiert: *Hess*

Hilbig, Katharina: Schiedsvereinbarungen über GmbH-Beschlussmängelstreitigkeiten – Zugleich Anmerkung zu BGH, Urt. v. 6.4.2009, Az. II ZR 255/08 „Schiedsfähigkeit II", in: Zeitschrift für Schiedsverfahren 2009, S. 247–258, zitiert: *Hilbig,* SchiedsVZ 2009

Hirsch, Günter: Schiedsgerichte – ein Offenbarungseid für die staatlichen Gerichte?, in: Zeitschrift für Schiedsverfahren 2003, S. 49–52, zitiert: *Hirsch,* SchiedsVZ 2003

Hoffet, Franz: Rechtliche Beziehungen zwischen Schiedsrichtern und Parteien, Zürich 1991, zitiert: *Hoffet*

Hoffmann, Bernd von: Internationale Handelsschiedsgerichtsbarkeit, Frankfurt/Berlin 1970, zitiert: *v. Hoffmann*

Hoffmann, Bernd von/*Thorn,* Karsten: Internationales Privatrecht, 9. Auflage, München 2007, zitiert: *v. Hoffmann/Thorn*

Hoffmann, Hermann: Schiedsgerichte als Gewinner der Globalisierung? Eine empirische Analyse zur Bedeutung staatlicher und privater Gerichtsbarkeit für den internationalen Handel, in: Zeitschrift für Schiedsverfahren 2010, S. 96–101, zitiert: *Hoffmann,* SchiedsVZ 2010

Holder, Daniel: Vertraulichkeit im Schiedsverfahren nach deutschem Recht – Unter Berücksichtigung der Rechtslage in England, Australien, Schweden und Neuseeland, Frankfurt am Main 2009, zitiert: *Holder*

Hommerich, August: Deutschtum und Schiedsgerichtsbarkeit, Freiburg 1918, zitiert: *Hommerich*

Hopt, Klaus: Schadensersatz aus unberechtigter Verfahrenseinleitung, München 1968, zitiert: *Hopt*

Illmer, Martin: Der Kommissionsvorschlag zur Reform der Schnittstelle der EuGVO mit der Schiedsgerichtsbarkeit, in: Zeitschrift für Schiedsverfahren 2011, S. 248–257, zitiert: *Illmer,* SchiedsVZ 2011

Ipsen, Knut: Völkerrecht, 6. Auflage, München 2014, zitiert: *Ipsen*

Jauernig, Othmar/*Hess,* Burkhard: Zivilprozessrecht, 30. Auflage, München 2011, zitiert: *Jauernig/Hess*

Jayme, Erik: Ausländische Rechtsregeln und Tatbestand inländischer Sachnormen. Betrachtungen zu Ehrenzweigs Datum-Theorie, in: Gedächtnisschrift für Albert A. Ehrenzweig, S. 37–49, Karlsruhe/Heidelberg 1976, zitiert: *Erik Jayme,* Gedächtnisschrift

Jürgens, Rolf: Die Rechtsnatur des Schiedsvertrages, Göttingen 1929, zitiert: *Jürgens*

Kahlert, Heiner: Vertraulichkeit im Schiedsverfahren, Tübingen 2015, zitiert: *Kahlert*

Kaser, Max: Das Römische Privatrecht. Erster Abschnitt: Das Altrömische, das Vorklassische und Klassische Recht, 2. Auflage, München 1971, zitiert: *Kaser*

Kaser, Max/*Hackl,* Karl: Das römische Zivilprozessrecht, 2. Auflage, München 1996, zitiert: *Kaser/Hackl*

Kegel, Gerhard: Internationales Privatrecht, München/Berlin 1960, zitiert: *Kegel*

Kersting, Christian: Die Beendigung einer Schiedsvereinbarung durch Anrufung staatlicher Gerichte, in: Zeitschrift für Schiedsverfahren 2013, S. 297–307, zitiert: *Kersting,* SchiedsVZ 2013

Kisch, Guido: Leipziger Schöffenspruchsammlung, Leipzig 1919, zitiert: LS-*Kisch*

Kisch, Wilhelm: Einige Bemerkungen zum Wesen des Schiedsvertrages, in: Zeitschrift für Zivilprozeß (ZZP), Band 51 (1926), S. 321, zitiert: *Kisch*

Knellwolf, Markus: Zur materiellrechtlichen Bedeutung der Schiedsabrede, in: Beiträge zu Grenzfragen des Prozessrechts, S. 45–2, Zürich 1991, zitiert: *Knellwolf*

Köhler, Andreas: Eingriffsnormen – Der „unfertige Teil" des europäischen IPR, Tübingen 2013, zitiert: *Köhler,* Eingriffsnormen

Köhler, Helmut: Vertragliche Unterlassungspflichten, in: Archiv für die civilistische Praxis, Band 190 (1990), S. 496–537, zitiert: *H. Köhler,* AcP 190 (1990)

Kohler, Josef: Gesammelte Beiträge zum Zivilprozeß, Neudruck der Ausgabe Berlin 1894, Aalen 1969, zitiert: *Kohler,* GB

– Ueber prozeßrechtliche Verträge und Kreationen, in: Beiträge zur Erläuterung des Deutschen Rechts, Band 31 (1887), S. 276–324 u. 481–534, zitiert: *Kohler,* Gruchots Beiträge 31

– Zur Literatur des Civilprozesses: Weizsäcker, Das römische Schiedsrichteramt unter Vergleichung mit dem officium judicis, in: Kritische Vierteljahresschrift für Gesetzgebung und Rechtswissenschaft, Band 22, S. 465–470, München 1880, zitiert: *Kohler,* KV

König, Ute: Zur Bestimmung des Schiedsvertragsstatuts bei fehlender Gesetzesgrundlage nach Inkrafttreten der Rom I-Verordnung, in: Zeitschrift für das Schiedsverfahren 2012, S. 129–133, zitiert: *König,* SchiedsVZ 2012

Konzen, Horst: Rechtsverhältnisse zwischen Prozeßparteien, Berlin 1976, zitiert: *Konzen*

Kornblum, Udo: Bemerkungen zur Gerichtsstandsvereinbarung, in: Zeitschrift für das gesamte Familienrecht (FamRZ), Band 20 (1973), S. 416–423, zitiert: *Kornblum,* FamRZ 20 (1973)

Kornmeier, Udo: Schiedsfähigkeit und materielle Vergleichsbefugnis, in: Zeitschrift für Zivilprozeß (ZZP), Band 94 (1981), S. 27–49, zitiert: *Kornmeier,* ZZP 1981

Koussoulis, Stelios: Zur Dogmatik des auf die Schiedsvereinbarung anwendbaren Rechts, in: Grenzüberschreitungen – Beiträge zum Internationalen Verfahrensrecht und zur Schiedsgerichtsbarkeit – Festschrift für Peter Schlosser zum 70. Geburtstag, S. 415–427, Tübingen 2005, zitiert: *Koussoulis,* FS Schlosser

Krapfl, Claudia: Die Dokumentenvorlage im internationalen Schiedsverfahren, Frankfurt a. M. 2007, zitiert: *Krapfl*

Krause, Hermann: Die geschichtliche Entwicklung des Schiedsgerichtswesens in Deutschland, Berlin 1930, zitiert: *Krause*

Kropholler, Jan: Internationales Einheitsrecht, Tübingen 1975, zitiert: *Kropholler*

Kropholler, Jan / *Hein,* Jan von: Europäisches Zivilprozessrecht, 9. Auflage, Frankfurt a. M. 2011, zitiert: *Kropholler/von Hein*

Krüger, Wolfgang (Hrsg.) / *Rauscher,* Thomas (Hrsg.): Münchener Kommentar zur Zivilprozessordnung, Band 1 §§ 1–354, 5. Auflage, München 2016, zitiert: *Bearbeiter,* in: MüKo/ZPO, Band 1

– Münchener Kommentar zur Zivilprozessordnung, Band 3 §§ 1025–1109, 4. Auflage, München 2013, zitiert: *Bearbeiter,* in: MüKo/ZPO, Band 3

Krüger, Wolfgang (Redakteur): Münchener Kommentar zum Bürgerlichen Gesetzbuch, Band 2 Schuldrecht – Allgemeiner Teil, 7. Auflage, München 2016, zitiert: *Bearbeiter,* in: MüKo/BGB, Band 2

Kurth, Jürgen: Inländischer Rechtsschutz gegen Verfahren vor ausländischen Gerichten, Berlin 1989, zitiert: *Kurth*

Laas, Tim: „Entgangener Gewinn" – Grundsätze der Schadensbewertung bei internationalen Schiedsverfahren, in: Zeitschrift für das Schiedsverfahren 2014, S. 166–173, zitiert: *Laas,* SchiedsVZ 2014

Lachmann, Jens-Peter: Handbuch für die Schiedsgerichtsbarkeit, 3. Auflage, Köln 2008, zitiert: *Lachmann*

Lammasch, Heinrich: Die Lehre von der Schiedsgerichtsbarkeit in ihrem ganzen Umfange, Berlin / Stuttgart / Leipzig 1914, zitiert: *Lammasch*

Landbrecht, Johannes: Staatlicher Eilrechtsschutz am deutschen Schiedsort und grenzüberschreitende Vollstreckung, in: Zeitschrift für das Schiedsverfahren 2013, S. 241–248, zitiert: *Landbrecht,* SchiedsVZ 2013

Lange, Hermann / *Kriechbaum,* Maximiliane: Römisches Recht im Mittelalter, Band II, München 2007, zitiert: *Lange/Kriechbaum*

Lehmann, Matthias: Anti-suit injunctions zum Schutz internationaler Schiedsvereinbarungen und EuGVVO, in: Neue Juristische Wochenschrift 2009, S. 1645–1648,
zitiert: *Lehmann,* NJW 2009

– Die Schiedsfähigkeit wirtschaftsrechtlicher Streitigkeiten als transnationales Rechtsprinzip, Baden-Baden 2003, zitiert: *Lehmann*

Leisinger, Christian: Vertraulichkeit in internationalen Schiedsverfahren, Baden-Baden
2012, zitiert: *Leisinger*

Lenel, Otto: Das Edictum Perpetuum, 3. Neudruck der 3. Auflage Leipzig 1927, Aalen
1985, zitiert: *Lenel,* EP

Lenenbach, Markus: Antitrust Injunctions in England, Germany and the United States:
Their Treatment under European Civil Procedure and the Hague Convention, in:
Loyola of Los Angeles International and Comparative Law Review 1998, S. 257–
323, zitiert: *Lenenbach,* Loy. L.A. Int'l & Comp. L. Rev. 1998

Lent, Friedrich: Zur Unterscheidung von Lasten und Pflichten der Parteien im Zivilprozeß, in: Zeitschrift für Zivilprozeß 67 (1954), S. 344–356, zitiert: *Lent,* ZZP 67
(1954)

Leuering, Dieter: Organhaftung und Schiedsverfahren, in: Neue Juristische Wochenschrift 2014, S. 657–661, zitiert: *Leuering,* NJW 2014

Linke, Hartmut/*Hau,* Wolfgang: Internationales Zivilverfahrensrecht, 6. Auflage, Köln
2015, zitiert: *Linke/Hau*

Looschelders, Dirk: Schuldrecht Allgemeiner Teil, 14. Auflage, München 2016, zitiert:
Looschelders

Lord Collins of Mapesbury (Hrsg.): Dicey, Morris and Collins on the Conflict of Laws,
Volume 1, 15. Auflage, London 2012, zitiert: *Dicey/Morris/Collins*

Lorenz, Werner: Die Rechtsnatur von Schiedsvertrag und Schiedsspruch, in: Archiv für
die civilistische Praxis (AcP), Band 157 (1958), S. 265–302, zitiert: *Lorenz,* AcP
157 (1958)

Lotz, Burkhard: Der Sachverständige im Schiedsverfahren, in: Zeitschrift für Schiedsverfahren 2011, S. 203–209, zitiert: *Lotz,* SchiedsVZ 2011

Lüke, Gerhard (Hrsg.)/*Walchshöfer,* Alfred (Hrsg.): Münchener Kommentar zur Zivilprozessordnung, Band 3 §§ 803–1048, 1. Auflage, München 1992, zitiert: *Bearbeiter,* in: MüKo/ZPO, Band 3, 1. Aufl.

Lüke, Wolfgang: Zivilprozessrecht, 10. Auflage, München 2011, zitiert: *Lüke*

Maack, Martina: Englische antisuit injunctions im europäischen Zivilrechtsverkehr, Berlin 1999, zitiert: *Maack*

Mankowski, Peter: Rom I-VO und Schiedsverfahren, in: Recht der Internationalen Wirtschaft (RIW) 2011, S. 30–44, zitiert: *Schlosser,* RIW 2011

– Ist eine vertragliche Absicherung von Gerichtsstandsvereinbarungen möglich?, in:
Praxis des Internationalen Privat- und Verfahrensrechts 2009, S. 23–35, zitiert: *Mankowski,* IPRax 2009

Markert, Lars/*Wilske,* Stephan: Entwicklungen in der internationalen Schiedsgerichtsbarkeit im Jahr 2009 und Ausblick auf 2010, in: Zeitschrift für das Schiedsverfahren 2010, S. 62–67, zitiert: *Markert/Wilske,* SchiedsVZ 2010

Martinek, Michael: Die Mitwirkungsverweigerung des Schiedsbeklagten, Festschrift für Akira Ishikawa, S. 269–292, Berlin/New York 2001, zitiert: *Martinek,* FS Ishikawa

Medicus, Dieter: Zur Anwendbarkeit des Allgemeinen Schuldrechts auf Schutzpflichten, in: Festschrift für Claus Wilhelm Canaris zum 70. Geburtstag, Band I, S. 835–855, München 2007, zitiert: *Medicus,* FS Canaris

Medicus, Dieter/*Petersen,* Jens: Allgemeiner Teil des BGB, 11. Auflage, Heidelberg 2016, zitiert: *Medicus/Petersen*

Menger, Christian-Friedrich: Unterscheidung von öffentlichem und privatem Recht, in: Fortschritte des Verwaltungsrechts – Festschrift für Hans J. Wolff zum 75. Geburtstag, S. 149–166, München 1973, zitiert: *Menger,* FS Wolff

– Zum Koppelungsverbot bei öffentlich-rechtlichen Verträgen, in: Verwaltungsarchiv, Band 64 (1973), S. 203–208, zitiert: *Menger,* VerwArch 64 (1973)

Mezger, Ernst: Anmerkung zu OLG Hamburg, Urteil vom 22.9.1978 – 14 U 78/77, in: Recht der Internationalen Wirtschaft (RIW) 1979, S. 486–493, zitiert: *Mezger,* RIW 1979

Mugdan, Benno: Die gesammelten Materialien zum Bürgerlichen Gesetzbuch für das Deutsche Reich, II. Band, Recht der Schuldverhältnisse, Berlin 1899, zitiert: *Mugdan*

Musielak, Hans-Joachim/*Voit,* Wolfgang (Hrsg.): Zivilprozessordnung mit Gerichtsverfassungsgesetz, 13. Auflage, München 2016, zitiert: *Bearbeiter,* in: Musielak/Voit

Mutius, Albert von: Zulässigkeit und Grenzen verwaltungsrechtlicher Verträge über kommunale Folgelasten, in: Verwaltungsarchiv, Band 65 (1974), S. 201–217, zitiert: *v. Mutius,* VerwArch 65 (1974)

Nacimiento, Patricia: Abschied von der Vertraulichkeit im Schiedsverfahren?, in: Betriebs-Berater 2001, Beilage 6, S. 7–10, zitiert: *Nacimiento,* BB 2001 Beil. 6

Nagel, Heinrich/*Gottwald,* Peter: Internationales Zivilprozessrecht, 7. Auflage, Köln 2013, zitiert: *Nagel/Gottwald*

Nedden, Jan Heiner/*Herzberg,* Axel Benjamin: ICC-SchO DIS-SchO – Praxiskommentar zu den Schiedsgerichtsordnungen, Köln 2014, zitiert: *Bearbeiter,* in: ICC-SchO/DIS-SchO

Neuner, Robert: Zum Problem der ausländischen Schiedssprüche, in: Zeitschrift für Ausländisches und Internationales Privatrecht (RabelsZ), Band 3 (1929), S. 37–62, zitiert: *Neuner,* RabelsZ 3 (1929)

– Privatrecht und Prozessrecht, Mannheim/Berlin/Leipzig 1925, zitiert: *Neuner*

Niedermaier, Tilman: Schieds- und Schiedsverfahrensvereinbarungen in strukturellen Ungleichgewichtslagen, Tübingen 2013, zitiert: *Niedermaier*

Niese, Werner: Doppelfunktionelle Prozeßhandlungen, Göttingen 1950, zitiert: *Niese*

Nikisch, Arthur: Zivilprozeßrecht, Tübingen 1950, zitiert: *Nikisch*

Nolting, Ekkehard: Schiedsfähigkeit von Beschlussmängelstreitigkeiten bei der GmbH, in: Zeitschrift für Schiedsverfahren 2011, S. 319–323, zitiert: *Nolting,* SchiedsVZ 2011

Nueber, Michael: Nochmals: Schiedsgerichtsbarkeit ist vom Anwendungsbereich der Rom I-VO nicht erfasst, in: Zeitschrift für das Schiedsverfahren 2014, S. 186–190, zitiert: *Nueber,* SchiedsVZ 2014

Oberhammer, Paul: Zur Vertraulichkeit von Schiedsverfahren, in: Festschrift für Kostas E. Beys dem Rechtsdenker in attischer Dialektik, Zweiter Band, S. 1139–1166, Athen 2003, zitiert: *Oberhammer,* FS Beys

Oertmann, Paul: Schiedsrichter und staatliches Recht, in: Zeitschrift für Deutschen Zivilprozess, Band 47 (1918), S. 105–149, zitiert: *Oertmann,* ZZP 47 (1918)

– Der vorgängige Rechtsmittelverzicht, in: Zeitschrift für Deutschen Zivilprozess, Band 45 (1915), S. 389–427, zitiert: *Oertmann,* ZZP 45 (1915)

Oldenstam, Robin/*Pachelbel,* Johann von: Confidentiality and Arbitration – a few reflections and practical notes, in: Zeitschrift für Schiedsverfahren 2006, S. 31–36, zitiert: *Oldenstam/von Pachelbel,* SchiedsVZ 2006

Orfanides, Georgios: Die Berücksichtigung von Willensmängeln im Zivilprozeß, Köln 1982, zitiert: *Orfanides*

Palandt, Otto: Bürgerliches Gesetzbuch, 76. Auflage, München 2017, zitiert: *Bearbeiter,* in: Palandt

Papmehl, Markus: Die Schiedsfähigkeit gesellschaftsrechtlicher Streitigkeiten, Frankfurt am Main 2001, zitiert: *Papmehl*

Pfeiffer, Thomas: Die Absicherung von Gerichtsstandsvereinbarungen durch Vereinbarung eines materiell-rechtlichen Kostenerstattungsanspruchs, in: Facetten des Verfahrensrechts, Liber amicorum Walter F. Lindacher, S. 77–88, Köln/Berlin/München 2007, zitiert: *Pfeiffer,* FS Lindacher

– Internationale Zuständigkeit und prozessuale Gerechtigkeit, Frankfurt a. M. 1995, zitiert: *Pfeiffer*

Pfizer, Gustav: Das Urtheil und seine Surrogate nach dem Entwurf des bürgerlichen Gesetzbuchs, in: Gruchots Beiträge zur Erläuterung des deutschen Rechts 35 (1891), S. 281–326, zitiert: *Pfizer*

Pohlmann, Petra: Zivilprozessrecht, 3. Auflage, München 2014, zitiert: *Pohlmann*

Pollack, Rudolf: Die Gerichtsstände der §§ 47 und 48 der österreichischen Jurisdictionsnorm (Forum prorogatum), in: Zeitschrift für das Privat- und öffentliche Recht der Gegenwart, Nr. 18, Wien 1891, S. 64–112, zitiert: Pollack, GrünhutsZ. 18

Prager, Franz: Schiedsrecht (Recht des privaten Schiedsverfahrens), München/Berlin/ Leipzig 1931, zitiert: *Prager*

Prütting, Hanns/*Gehrlein,* Markus: ZPO Kommentar, 9. Auflage, Köln 2017, zitiert: *Bearbeiter,* in: Prütting/Gehrlein

Prütting, Hanns/*Wegen,* Gerhard/*Weinreich,* Gerd: BGB Kommentar, 12. Auflage, Köln 2017, zitiert: *Bearbeiter,* in: Prütting/Wegen/Weinreich

Puchta, Wolfgang Heinrich: Das Institut der Schiedsrichter: nach seinem heutigen Gebrauche und seiner Brauchbarkeit für Abkürzung und Verminderung der Prozesse, Erlangen 1823, zitiert: *Puchta*

Raape, Leo: Internationales Privatrecht, 5. Auflage, Berlin/Frankfurt 1961, zitiert: *Raape*

Raeschke-Kessler, Hilmar: Neuere Entwicklungen im Bereich der Internationalen Schiedsgerichtsbarkeit, in: Neue Juristische Wochenschrift (NJW) 1988, S. 3041–3051, zitiert: *Raeschke-Kessler*, NJW 1988

Rahmann, Detlef: Ausschluß staatlicher Gerichtszuständigkeit, Köln/Berlin/Bonn/München 1984, zitiert: *Rahmann*

Rauscher, Thomas (Hrsg.): Europäisches Zivilprozess- und Kollisionsrecht EuZPR/EuIPR, Band I, Brüssel Ia-VO, 4. Auflage, München 2016, zitiert: *Bearbeiter*, in: EuZPR/EuIPR, 4. Aufl.

– Internationales Privatrecht, 4. Auflage, Heidelberg 2012, zitiert: *Rauscher*

– (Hrsg.): Europäisches Zivilprozess- und Kollisionsrecht EuZPR/EuIPR, Brüssel I-VO, LugÜbk 2007, Bearbeitung 2011, München 2011, zitiert: *Bearbeiter*, in: EuZPR/EuIPR, Bearbeitung 2011

– Unzulässigkeit einer anti-suit injunction unter Brüssel I, in: Praxis des Internationalen Privat- und Verfahrensrecht 2004, S. 405–409, zitiert: *Rauscher*, IPRax 2004

Real, Gustav K. L.: Der Schiedsrichtervertrag: Inhalt und rechtliche Regelung im deutschen Recht mit rechtsvergleichenden Ausblicken, Köln/Berlin/Bonn/München 1983, zitiert: *Real*

Redfern, Alan/*Hunter*, Martin/*Blackaby*, Nigel/*Partasides*, Constantine: Redfern and Hunter on International Arbitration, Student Version, 6. Auflage, New York 2015, zitiert: *Redfern/Hunter*

Reithmann, Christoph/*Martiny*, Dieter: Internationales Vertragsrecht, 8. Auflage, Köln 2015, zitiert: *Bearbeiter*, in: Reithmann/Martiny

Risch, Carl: Die Lehre vom Vergleiche mit Ausschluss des Eides und Compromisses nach gemeinem Civilrechte, Erlangen 1855, zitiert: *Risch*

Rosenberg, Leo: Lehrbuch des deutschen Zivilprozeßrechts, 2. Auflage, Berlin 1929, zitiert: *Rosenberg*

– Stellvertretung im Prozess, Berlin 1908, zitiert: *Rosenberg*, Stellvertretung

Rosenberg, Leo/*Schwab*, Karl Heinz/*Gottwald*, Peter: Zivilprozeßrecht, 17. Auflage, München 2010, zitiert: *Rosenberg/Schwab/Gottwald*

Roth, Günter: Der Vorbehalt des Ordre Public gegenüber fremden gerichtlichen Entscheidungen, Bielefeld 1967, zitiert: *Roth*

Sachse: Beweisverträge, in: Zeitschrift für Deutschen Zivilprozeß (ZZP), Band 54 (1929), S. 409–434, zitiert: *Sachse*, ZZP 54 (1929)

Saenger, Ingo (Hrsg.): Zivilprozessordnung, 7. Auflage, Baden-Baden 2017, zitiert: *Bearbeiter*, in: Saenger

Sandrock, Otto: Prorogierter Gerichtsstand in Deutschland, Kosten in den USA: Erstattungsfähigkeit in Deutschland?, in: Recht der Internationalen Wirtschaft 2004, S. 809–816, zitiert: *Sandrock,* RIW 2004

Savigny, Friedrich Carl von: System des heutigen römischen Rechts, Band 8, 1849, zitiert: *Savigny*

Sawang, Judith: Geheimhaltung und rechtliches Gehör im Schiedsverfahren nach deutschem Recht, Tübingen 2010, zitiert: *Sawang*

Schack, Haimo: Internationales Zivilverfahrensrecht, 6. Auflage, München 2014, zitiert: *Schack*

Schäfer, Manuela: Die Verträge zur Durchführung des Schiedsverfahrens, Teil I, Frankfurt 2010, zitiert: *Schäfer*

Schiedermair, Gerhard: Buchbesprechung zu Baumbach-Schwab: Schiedsgerichtsbarkeit, in: Zeitschrift für Zivilprozess, Band 74 (1961), S. 142–144, zitiert: *Schiedermair,* ZZP 1961

– Vereinbarungen im Zivilprozess, Bonn 1935, zitiert: *Schiedermair*

Schlosser, Peter: Materiell-rechtliche Wirkungen von (nationalen und internationalen) Gerichtsstandsvereinbarungen, in: Facetten des Verfahrensrechts, Liber amicorum Walter F. Lindacher, S. 111–123, Köln/Berlin/München 2007, zitiert: *Schlosser,* FS Lindacher

– Anti-suit injunctions zur Unterstützung von internationalen Schiedsverfahren, in: Recht der Internationalen Wirtschaft (RIW) 2006, S. 486–492, zitiert: *Schlosser,* RIW 2006

– Das Recht der internationalen privaten Schiedsgerichtsbarkeit, 2. Auflage, Tübingen 1989, zitiert: *Schlosser*

– Notwendige Reformen des deutschen Rechts der Schiedsgerichtsbarkeit, in: Zeitschrift für Wirtschaftsrecht (ZIP) 1987, S. 492–500, zitiert: *Schlosser,* ZIP 1987

– Das Internationale an der internationalen privaten Schiedsgerichtsbarkeit, in: Recht der internationalen Wirtschaft 1982, S. 857–867, zitiert: *Schlosser,* RIW 1982

– Einverständliches Parteihandeln im Zivilprozeß, Tübingen 1968, zitiert: *Schlosser,* Parteihandeln

Schmehl, Christine: Parallelverfahren und Justizgewährung, Tübingen 2011, zitiert: *Schmehl*

Schmidt, Christian: Anti-suit injunctions im Wettbewerb der Rechtssysteme, in: Recht der Internationalen Wirtschaft (RIW) 2006, S. 492–498, zitiert: *C. Schmidt,* RIW 2006

Schmidt, Felix: Die Typologie von Schiedssprüchen, Köln 2012, zitiert: *F. Schmidt*

Schmidt-Diemitz, Rolf: Internationale Schiedsgerichtsbarkeit – eine empirische Untersuchung, in: Der Betrieb (DB) 1999, S. 369–372, zitiert: *Schmidt-Diemitz,* DB 1999

Schroeder, Hans-Patrick: Die lex mercatoria arbitralis, Frankfurt a. M. 2007, zitiert: *Schroeder*

Schubert, Werner: Entstehung und Quellen der Civilprozeßordnung von 1877, Erster Halbband, Frankfurt 1987, zitiert: *Schubert*

Schulze, Jörn-Christian: Grenzen der objektiven Schiedsfähigkeit im Rahmen des § 1030 ZPO, Frankfurt a. M. 2003, zitiert: *Schulze*

Schulze, Reiner (Schriftleitung): Bürgerliches Gesetzbuch – Handkommentar, 9. Auflage, Baden-Baden 2017, zitiert: *Bearbeiter,* in: Hk-BGB

Schurig, Klaus: Kollisionsnorm und Sachrecht – Zu Struktur, Standort und Methode des Internationalen Privatrechts, Berlin 1981, zitiert: *Schurig*

Schütze, Rolf A.: Schiedsgericht und Schiedsverfahren, 6. Auflage, München 2016, zitiert: *Schütze*

- Die verkannte Funktion der Schiedsvereinbarung im internationalen Zivilprozessrecht, IPRax 2006, S. 442–444, zitiert: *Schütze,* IPRax 2006

- Armut in internationalen Schiedsverfahren, in: Grenzüberschreitungen – Beiträge zum Internationalen Verfahrensrecht und zur Schiedsgerichtsbarkeit – Festschrift für Peter Schlosser zum 70. Geburtstag, S. 867–876, Tübingen 2005, zitiert: *Schütze,* in: FS Schlosser

Schütze, Rolf A./*Tscherning,* Dieter/*Wais,* Walter: Handbuch des Schiedsverfahrens, 2. Auflage, Berlin/New York 1990, zitiert: *Schütze/Tscherning/Wais*

Schwab, Karl Heinz: Probleme der Prozeßhandlungslehre, in: Festschrift für Gottfried Baumgärtel, Köln/Berlin/Bonn/München 1990, S. 503–513, zitiert: *Schwab*

Schwab, Karl Heinz/*Walter,* Gerhard: Schiedsgerichtsbarkeit, 7. Auflage, München 2005, zitiert: *Schwab/Walter*

Seegers, Christian: Das neue Recht der Gerichtsstandsvereinbarung unter besonderer Berücksichtigung ihrer Vereinbarung in Allgemeinen Geschäftsbedingungen, Frankfurt a. M./Bern 1977, zitiert: *Seegers*

Siebert, Ralf: Die verfahrensrechtliche Problematik des Musterprozesses, Köln 1973, zitiert: *Siebert*

Stacher, Marco: Die Rechtsnatur der Schiedsvereinbarung, Zürich/St. Gallen 2007, zitiert: *Stacher*

Staudinger, J.: von Staudingers Kommentar zum Bürgerlichen Gesetzbuch mit Einführungsgesetz und Nebengesetzen, Buch 2 Einleitung zum Schuldrecht; §§ 241–243 (Treu und Glauben), Neubearbeitung 2015 Berlin 2015, zitiert: *Bearbeiter,* in: Staudinger

Stein, Friedrich/*Gaupp,* Friedrich Ludwig: Die Civilprozeßordnung für das Deutsche Reich, Zweiter Band, 8. und 9. Auflage, Tübingen 1908, zitiert: *Stein/Gaupp,* Civilprozeßordnung

Stein, Friedrich/*Jonas,* Martin: ZPO – Kommentar zur Zivilprozessordnung, Band 10, 23. Auflage, Tübingen 2014, zitiert: *Bearbeiter,* in: Stein/Jonas, Band 10

Stober, Rolf/*Kluth,* Winfried/*Müller,* Martin/*Peilert,* Andreas: Verwaltungsrecht I, 12. Auflage, München 2007, zitiert: *Wolff/Bachof/Stober/Kluth*

Strupp, Karl: Die internationale Schiedsgerichtsbarkeit, Berlin/Leipzig 1914, zitiert: *Strupp*

Stürner, Johannes: Hilfspersonen im Schiedsverfahren nach deutschem Recht, in: Zeitschrift für Schiedsverfahren 2013, S. 322–327, zitiert: *Stürner,* SchiedsVZ 2013

Stürner, Michael/*Wendelstein,* Christoph: Das Schiedsvereinbarungsstatut bei vertraglichen Streitigkeiten, Praxis des Internationalen Privat- und Verfahrensrechts 2014, S. 473–480, zitiert: *Stürner/Wendelstein,* IPRax 2014

Stürner, Rolf: Der Anspruch auf Erfüllung von Treue- und Sorgfaltspflichten, in: Juristenzeitung (JZ) 1976, S. 384–392, zitiert: *Stürner,* JZ 1976

Teubner, Ernst/*Künzel,* Thomas: Prozessverträge – Zulässigkeit, Abschluß und Wirkungen, Monatszeitschrift für Deutsches Recht 42 (1988), S. 720–726, zitiert: *Teubner/ Künzel,* MdR 1988

Thibaut, Anton Friedrich Justus: System des Pandekten-Rechts, Zweiter Band, 8. Auflage, Stuttgart 1834, zitiert: *Thibaut*

Thole, Christoph: Die Haftung bei unberechtigten Nacherfüllungsverlangen und sonstigen Fällen von schädigender Rechtsverfolgung, in: Archiv für die civilistische Praxis 2009, S. 498–542, zitiert: *Thole,* AcP 2009

Thomas, Heinz/*Putzo,* Hans: Zivilprozessordnung, 37. Auflage, München 2016, zitiert: *Bearbeiter,* in: Thomas/Putzo

– Zivilprozessordnung, 3. Auflage, München 1968, zitiert: *Thomas/Putzo,* 3. Auflage

Wach, Adolf: Handbuch des Deutschen Civilprozessrechts, Erster Band, Leipzig 1885, zitiert: *Wach*

Wackenhuth, Michael: Zur Behandlung der rügelosen Einlassung in nationalen und internationalen Schiedsverfahren, in: Konkurs-, Treuhand- und Schiedsgerichtswesen 1985, S. 425–442, zitiert: *Wackenhuth,* KTS 1985

Wagner, Gerhard: Prozeßverträge, Tübingen 1998, zitiert: *Wagner*

Walsmann, Hans: Der Irrtum im Prozeßrecht, in: Archiv für die civilistische Praxis, Band 102 (1907), S. 1–214, zitiert: *Walsmann,* AcP 102 (1907)

Webster, Thomas H./*Bühler,* Michael W.: Handbook of ICC Arbitration, 3. Auflage, London 2014, zitiert: *Webster/Bühler*

Weller, Marc-Philippe: Die Vertragstreue: Vertragsbindung – Naturalerfüllungsgrundsatz – Leistungstreue, Tübingen 2009, zitiert: *Weller*

Wendelstein, Christoph: Kollisionsrechtliche Probleme der Telemedizin – zugleich ein Beitrag zur Koordination von Vertrag und Delikt auf der Ebene des europäischen Kollisionsrechts, Tübingen 2012, zitiert: *Wendelstein*

Wengler, Wilhelm: Völkerrecht, Band I, Berlin/Göttingen/Heidelberg 1964, zitiert: *Wengler*

Westermann, Harm Peter: Das dissenting vote im Schiedsverfahren, in: Zeitschrift für das Schiedsverfahren 2009, S. 102–109, zitiert: *Westermann,* SchiedsVZ 2009

– Schiedsfähigkeit von gesellschaftsrechtlichen Fragen, in: Schiedsgerichtsbarkeit in gesellschaftsrechtlichen und erbrechtlichen Angelegenheiten, S. 31–48, Köln 1996, zitiert: *H. P. Westermann*, Schiedsfähigkeit

Wieczorek, Bernhard/*Schütze*, Rolf A.: Zivilprozessordnung und Nebengesetze, Band 11, 4. Auflage, Berlin/Boston 2014, zitiert: *Bearbeiter*, in: Wieczorek/Schütze

– Zivilprozeßordnung und Nebengesetze, 5. Band, 3. Auflage, Berlin/New York 1995, zitiert: *Bearbeiter*, in: Wieczorek/Schütze, 3. Aufl.

Wilske, Stephan/*Markert*, Lars: Entwicklungen in der internationalen Schiedsgerichts-barkeit im Jahr 2012 und Ausblick auf 2013, in: Zeitschrift für das Schiedsverfahren 2013, S. 96–106, zitiert: *Wilske/Markert*, SchiedsVZ 2013

– Entwicklungen in der internationalen Schiedsgerichtsbarkeit im Jahr 2011 und Aus-blick auf 2012, in: Zeitschrift für das Schiedsverfahren 2012, S. 58–66, zitiert: *Wilske/Markert*, SchiedsVZ 2012

– Entwicklungen in der internationalen Schiedsgerichtsbarkeit im Jahr 2010 und Aus-blick auf 2011, in: Zeitschrift für das Schiedsverfahren 2011, S. 57–64, zitiert: *Wilske/Markert*, SchiedsVZ 2011

Wilske, Stephan/*Markert*, Lars/*Bräuninger*, Laura: Entwicklungen in der internationalen Schiedsgerichtsbarkeit im Jahr 2016 und Ausblick auf 2017, in: Zeitschrift für das Schiedsverfahren 2017, S. 49–72, zitiert: *Wilske/Markert/Bräuninger*, SchiedsVZ 2017

– Entwicklungen in der internationalen Schiedsgerichtsbarkeit im Jahr 2015 und Aus-blick auf 2016, in: Zeitschrift für das Schiedsverfahren 2016, S. 127–145, zitiert: *Wilske/Markert/Bräuninger*, SchiedsVZ 2016

– Entwicklungen in der internationalen Schiedsgerichtsbarkeit im Jahr 2014 und Aus-blick auf 2015, in: Zeitschrift für das Schiedsverfahren 2015, S. 49–68, zitiert: *Wilske/Markert/Bräuninger*, SchiedsVZ 2015

– Entwicklungen in der internationalen Schiedsgerichtsbarkeit im Jahr 2013 und Aus-blick auf 2014, in: Zeitschrift für das Schiedsverfahren 2014, S. 49–65, zitiert: *Wilske/Markert/Bräuninger*, SchiedsVZ 2014

Wirth, Hans-Rainer: Gerichtsstandsvereinbarungen im internationalen Handelsverkehr, in: Neue Juristische Wochenschrift (NJW) 1978, S. 460–464, zitiert: *Wirth*, NJW 1978

Wittinghofer, Mathias: Emmott v. Michael Wilson & Partners Ltd: Der englische Court of Appeal meint es ernst mit der Vertraulichkeit im Schiedsverfahren – oder nicht?, in: Zeitschrift für Schiedsverfahren 2009, S. 156–160, zitiert: *Wittinghofer*, Schieds-VZ 2009

Wolff, Johanna: Grenze der Heimlichkeit, in: Neue Zeitschrift für Verwaltungsrecht 2012, S. 205–209, zitiert: *Wolff*, NVwZ 2012

Wünsch, Horst: Schiedsgerichtsbarkeit in Handelssachen, Graz 1968, zitiert: *Wünsch*

Zeiss, Walter: Schadensersatzpflichten aus prozessualem Verhalten, in: Neue Juristische Wochenschrift (NJW) 1967, S. 703–709, zitiert: *Zeiss*, NJW 1967

Ziegler, Karl-Heinz: Geschichtliche und dogmatische Aspekte des Schiedsvertrages, in: Rechtsgeschichte und Privatrechtsdogmatik, S. 669–677, Heidelberg 1999, zitiert: *Ziegler*

– Das private Schiedsgericht im antiken römischen Recht, München 1971, zitiert: *Ziegler,* Schiedsgericht

Zimmermann, Reinhard: The Law of Obligations: Roman Foundations of the Civilian Tradition, Cape Town/Wetton/Johannesburg 1990, zitiert: *Zimmermann*

Zöller, Richard (Begründer): Zivilprozessordnung, 31. Auflage, Köln 2016, zitiert: Zöller/*Bearbeiter*

Zorn, Philipp: Vorwort in: Deutschtum und Schiedsgerichtsbarkeit, Freiburg 1918, zitiert: *Zorn*

Sachverzeichnis